**Valerie Young**

# El síndrome de la impostura

Cómo identificarlo y superarlo

Traducción del inglés de Elsa Gómez

Título original: THE SECRET THOUGHTS OF SUCCESSFUL WOMEN: AND MEN:
Why Capable People Suffer from Imposter Syndrome
and How to Thrive in Spite of it

© Valerie Young, 2011, 2023
Edición publicada por acuerdo con Currency,
un sello de Crown Publishing Group, de Penguin Random House LLC

© de la edición en castellano:
2024 Editorial Kairós, S.A.
Numancia 117-121, 08029 Barcelona, España
www.editorialkairos.com

© traducción del inglés al español de Elsa Gómez
Revisión de Alicia Conde

**Diseño cubierta:** Katrien Van Steen
**Fotocomposición:** Florence Carreté
**Impresión y encuadernación:** Romanyà-Valls. 08786 Capellades

**Primera edición:** Marzo 2024
**ISBN:** 978-84-1121-238-0
**Depósito legal:** B 3.805-2024

Todos los derechos reservados.
Cualquier forma de reproducción, distribución, comunicación
pública o transformación de esta obra solo puede ser realizada
con la autorización de sus titulares, salvo excepción prevista por
la ley. Diríjase a CEDRO (Centro Español de Derechos Reprográficos,
www.cedro.org) si necesita algún fragmento de esta obra.

Este libro ha sido impreso con papel que proviene de fuentes respetuosas
con la sociedad y el medio ambiente y cuenta con los requisitos necesarios
para ser considerado un «libro amigo de los bosques».

Este libro está dedicado a las dos descubridoras del fenómeno de la impostura, las doctoras Pauline Clance y Suzanne Imes. Al poner nombre a los sentimientos, liberaron a innumerables personas –yo entre ellas– de una innecesaria falta de confianza en sí mismas y en sus capacidades.

# Sumario

| | |
|---|---|
| Introducción | 9 |
| 1. ¿Te sientes una impostora, un impostor? Únete al club | 23 |
| 2. En busca del origen | 39 |
| 3. No todo está en tu cabeza | 67 |
| 4. A salvo en tu escondite | 97 |
| 5. ¿Qué tienen que ver realmente la suerte, el don de la oportunidad, los contactos y la simpatía con el éxito? | 121 |
| 6. Reglamento de la competencia para simples mortales | 135 |
| 7. La respuesta al fracaso, los errores y las críticas | 177 |
| 8. El éxito en las mujeres y su instinto de conexión afectiva | 195 |
| 9. ¿Es «miedo» al éxito o es otra cosa? | 225 |
| 10. Tres razones por las que a una mujer le cuesta más «fingir hasta conseguirlo» y por qué lo debes hacer | 245 |
| 11. Reconsidera la posibilidad de ser audaz y asumir riesgos | 275 |
| 12. Lo que realmente supone hacer realidad tus sueños | 297 |
| Apéndice: Me pasó algo gracioso cuando estaba a punto de empezar a escribir este libro | 319 |

## 8 Sumario

| | |
|---|---|
| Notas | 323 |
| Agradecimientos | 337 |
| Nota de la autora | 341 |
| Índice | 343 |

# Introducción

Cuando una mujer es capaz de hacer algo, piensa que no tiene demasiado mérito. Lo veo en las estudiantes de veintiún años que acaban de licenciarse, en las que han terminado los estudios de posgrado y están a punto de recibir el grado de doctoras, y lo veo en las profesionales que llevan diez, quince o veinte años trabajando.

Directora de asuntos de minorías estudiantiles
en una prestigiosa universidad femenina

Son innumerables los libros que prometen revelar los «secretos» del éxito. Este no es uno de ellos. Ya eres una persona de éxito, solo que no sientes que haya sido obra tuya. Y de eso trata este libro: de ayudar a personas como tú, que ya han alcanzado cierto éxito académico o profesional, a *sentirse* orgullosas por lo que han conseguido. Este libro expone los miedos e inseguridades ocultos que conocen bien millones de mujeres –y hombres– de consumada valía, e indaga en las mil razones por las que secretamente sienten que no merecen el éxito que han conseguido con tanta determinación y esfuerzo.

Dicho sea de paso, no hace falta que te sientas una persona particularmente «triunfadora» para que puedas detectar una contradicción entre la aparente confianza y competencia que muestras de cara al público y la voz secreta que te hace dudar de tus capacidades reales. Probablemente, si diriges una pequeña empresa, o estás en los

**10    El síndrome de la impostura**

inicios de tu carrera profesional, o eres estudiante de secundaria, no te consideres todavía una «persona de éxito» –al menos no en el sentido en que la sociedad la define–, y creas que el síndrome de la impostura que te acosa en secreto desaparecerá para siempre el día que consigas un éxito rotundo. Si es tu caso, más vale que vayas asimilando que no será así.

Ni más ni menos que entre el ochenta y el ochenta y uno por ciento de quienes ocupan puestos de dirección general y ejecutiva en empresas del Reino Unido aseguran que, a veces, sienten que no tienen la preparación necesaria para hacer frente a una situación dada, o que no están a la altura de las responsabilidades de su cargo.[1] Así que, en vez de acabarse para siempre el sentimiento de que eres un fraude, lo único que cambia cuando llegas a lo más alto es que ahora tienes la sensación de estar engañando a más gente aún y desde más arriba. Podrías ganar el Premio Nobel de Física o un Óscar de la Academia y seguir preguntándote: *¿Y si descubren que no soy tan inteligente como creen? ¿De verdad puedo engañar a todo el mundo?* o *¿Quién me he creído que soy?*

De ahí que al principio me resistiera a titular este libro *The Secret Thoughts of Successful Women And Men* [en la edición original], pero a mi agente, a la editora y al director de la editorial les gustaba tanto que cedí. A mí, sin embargo, no me decía nada, no tenía nada que ver conmigo ni con la gente de la que hablaba el libro. Me evocaba la imagen de alguien que dirigía una empresa o un país o que había llegado a la cima en algún campo. Y, como supe después, no me pasaba solo a mí. Varias profesionales de prestigio me contaron que se habían quedado desconcertadas cuando alguien había visto el libro encima de su mesa y les había preguntado: «Y dime, ¿cuáles son tus pensamientos secretos?». Me dijeron que habían tardado unos instantes en asimilar que esa persona se refería a ellas. Está claro que esas mujeres habían dado pasos importantes en su vida y habían alcanzado objetivos, y yo también: tengo un título superior, dirigí una empresa, puse en marcha dos negocios muy prósperos... Y con todo, si viera este libro en un escaparate, lo primero que me vendría a la mente al leer el título [original] sería: *Me pregunto qué pensarán en secreto esas mujeres.*

Ya hablaremos más adelante de la relación, a veces complicada, que establecemos con el éxito. Pero, por ahora, traigo buenas noticias: este libro va a mostrarte de verdad la manera de –como dice el famoso anuncio de Apple– «pensar diferente». Vas a aprender a pensar de manera nueva no solo en lo que significa ser competente, en la suerte, el fingimiento, el fracaso y, por supuesto, el éxito, sino también en ti. ¿Significa esto que a continuación tendrás más éxito en la vida? Indudablemente. En cuanto dispongas de las herramientas para transformar tu forma de pensar, empezarás a alcanzar nuevas cotas. Ten por seguro que este libro te ayudará a prosperar.

Si te soy sincera, este es el libro que me hubiera gustado tener en 1982. Llevaba cuatro años haciendo un programa de posgrado en pedagogía y postergando de un modo ya preocupante el momento de redactar la tesis. Un día, en clase, una compañera empezó a leer en voz alta un artículo de un par de psicólogas de la Universidad Estatal de Georgia, las doctoras Pauline Rose Clance y Suzanne Imes, titulado «El fenómeno de la impostura en mujeres de consumada valía».[*2] En cada una de las ciento cincuenta mujeres a las que habían

---

\*  Con frecuencia se le ha dado el nombre de «estudio» al artículo publicado por Clance e Imes en 1978 (yo también lo hice en un principio), cuando en realidad no lo es. Las autoras no hicieron una investigación empírica y, por tanto, no eligieron ni excluyeron sujetos. Sus conclusiones se basaban en la observación clínica de ciento cincuenta mujeres con las que habían trabajado en dos contextos universitarios. Una

tratado en situaciones diversas, Clance e Imes habían detectado una tendencia a desestimar invariablemente cualquier logro que hubieran conseguido, convencidas además de que su éxito dejaría de serlo en cuanto se descubriera el terrible secreto de que, en realidad, eran unas «impostoras».

Me di cuenta de que llevaba un rato asintiendo como uno de esos perritos de cabeza basculante que lleva la gente en el salpicadero. *Dios mío*, pensé, *¡está hablando de mí!* Pero cuando miré a mi alrededor, vi que el resto de la clase –la profesora incluida– asentían también. No me podía creer lo que estaba viendo. Conocía a aquellas mujeres. Había estudiado con ellas, habíamos dado clases juntas, había leído sus trabajos. No tenía duda de que eran personas sumamente inteligentes, elocuentes y competentes. Enterarme de que hasta ellas tenían la sensación de estar engañando a todo el mundo me dejó de piedra.

Varias de nosotras empezamos a reunirnos como una especie de grupo informal de «apoyo a la impostora»; nos sentábamos y hacíamos lo que las mujeres suelen hacer cuando están bajo tensión: desnudar nuestras almas. Hablábamos de lo intimidadas que nos sentíamos

---

tercera parte de ellas eran clientes de terapia con problemas específicos independientes del sentimiento de impostura, y el resto habían participado en grupos de interacción orientados al crecimiento o en clases impartidas por las autoras. Y aunque, sin duda, las ciento cincuenta personas a las que observaron las psicólogas eran «mujeres decididas y sumamente competentes», hubo quienes entendieron que el artículo se refería en concreto a mujeres que ocupaban además un puesto destacado en sus respectivos campos. En realidad, la gran mayoría de ellas (ciento diez) eran estudiantes universitarias, y ninguna de las veintidós profesionales descritas, que trabajaban en el ámbito del derecho, la enfermería, el asesoramiento, la antropología, la educación religiosa, el trabajo social, la terapia ocupacional o la enseñanza, ocupaba puestos directivos.

Introducción **13**

cuando teníamos que dar explicaciones de nuestra investigación al director o directora de nuestra tesis. De que en la mayoría de los casos, salíamos de la sesión confundidas y sintiéndonos unas ineptas. De que sin duda habíamos conseguido engañar a todo el departamento de admisión, pero cualquiera que nos mirara de cerca se daría cuenta de que, en realidad, no teníamos madera de eruditas. Algunas estábamos convencidas de que ciertas profesoras y profesores habían hecho la vista gorda con nuestras evidentes carencias intelectuales simplemente porque les caíamos simpáticas. Todas coincidíamos en que la sensación de ser un fraude estaba impidiéndonos terminar la tesis en el tiempo previsto, o, en mi caso, empezarla.

El crítico literario inglés del siglo xix John Churton Collins tenía razón al decir que «Conocer nuestros respectivos secretos nos proporcionaría un gran alivio». El solo hecho de estar en compañía de mujeres que tenían las mismas inseguridades que yo me tranquilizaba enormemente. Y todo iba bien hasta la tercera reunión. Fue entonces cuando empecé a tener la sensación bastante angustiosa de que, aunque todas decían que se sentían unas impostoras… ¡Yo sabía que la única verdadera impostora era yo!

Así que vi que tenía dos opciones: podía dejar que mis miedos secretos siguieran interponiéndose entre mis objetivos y yo, o podía canalizar la energía para intentar comprenderlos. Elegí lo segundo. El fenómeno de la impostura, o síndrome de la impostora o del impostor, como se conoce más comúnmente fuera del ámbito académico, fue el impulso para la investigación doctoral, en la que indagué en la realidad, al parecer tan extendida, de que tantas mujeres a todas luces inteligentes y capaces sientan que son cualquier cosa menos eso.

En mi búsqueda de respuestas, entrevisté en profundidad a quince mujeres, de las que algo más de la mitad eran mujeres de color. Hablé con ejecutivas, profesionales sanitarias, trabajadoras de los servicios sociales y orientadoras académicas. Quería que me contaran qué tipo de barreras personales habían observado en las mujeres que trabajaban bajo su dirección o que acudían a ellas en busca de asesoramiento. Lo que averigüé en aquellas entrevistas me sirvió de base para un taller de un día de duración que llevaba por título «Superar el síndrome de la impostora: la falta de confianza de las mujeres en sí mismas y en sus capacidades» y que dirigimos conjuntamente mi compañera de posgrado Lee Anne Bell y yo.

Reservamos una pequeña sala de reuniones en un hotel de la zona, colocamos algunos folletos a la vista y cruzamos los dedos, esperando que vinieran al menos unas cuantas personas. Después de aquel, organizamos varios talleres más, con la sala a rebosar en todos ellos, antes de que Lee se mudara a otra ciudad para dedicarse a la enseñanza universitaria. Yo seguí hablando sobre el síndrome de la impostora en charlas y talleres, y en 2019 cambié el nombre del programa, lo llamé: «Repensar el síndrome de la impostura».

Sacar del ámbito de la psicoterapia los sentimientos de impostura y llevarlos al terreno de la educación ha tenido un efecto formidable. Hasta la fecha, más de medio millón de personas han asistido a este taller. El simple hecho de haberles ofrecido una forma alternativa de considerarse a sí mismas y valorar su competencia ha tenido resultados asombrosos. Las mujeres han pedido –y conseguido– aumentos de sueldo. Ejecutivas de empresa que habían participado en el taller como estudiantes me contaban años más tarde que la transformación había sido tan radical que querían que ahora me dirigiera a sus empleadas. Escritoras y escritores que durante años habían dudado de la calidad de sus escritos empezaron a publicar un libro detrás de otro. Hombres y mujeres que hasta entonces no habían tenido la

Introducción **15**

confianza y el coraje para poner en marcha un negocio o dar un paso empresarial se atrevieron a hacerlo. Una cirujana me contó que tenía tal seguridad en sí misma que incluso había empezado a encargarse de intervenciones más complicadas.

Lo que expongo en este libro nace fundamentalmente de mi investigación inicial. De vez en cuando, me baso en la experiencia profesional y de gestión adquirida durante los siete años que ocupé un puesto directivo en una destacada empresa estadounidense (incluida en la lista de las doscientas empresas de capital abierto más prósperas de Estados Unidos que publica anualmente la revista *Forbes*) y los veinticinco años que he trabajado como empresaria y pionera del *coaching* profesional fuera del entorno laboral. Sin embargo, la mayor parte de lo que descubrirás en estas páginas procede de la experiencia y comprensión colectivas de quienes han participado en mis talleres a lo largo de cuatro décadas.

Durante ese tiempo he dirigido talleres para miles de estudiantes y el personal docente y administrativo de más de cien universidades y escuelas universitarias de Estados Unidos, Canadá, Europa, Japón y el Reino Unido, entre ellas Harvard, Stanford, Smith, el Centro Tecnológico de Massachusetts (MIT), Meharry y Oxford. Por desgracia, el síndrome de la impostura no termina cuando recibimos un certificado de estudios. Parte de lo que leerás se basa en los testimonios de personas que trabajan en organizaciones tan diversas como Google, Pfizer, Moody's, Hello Fresh, Procter & Gamble, la NASA, la Sociedad Internacional de Mujeres Ingenieras, la Asociación de Mujeres Camioneras, el Instituto Nacional del Cáncer y numerosas organizaciones de mujeres empresarias de todo Canadá.

Además, he organizado seminarios para grupos de personal médico y de enfermería, psicoterapeutas, optómetras, auxiliares de administración de empresas, profesionales de la joyería, de los servicios sociales, del asesoramiento financiero, de la abogacía, escritores y escritoras de novelas románticas…, todo lo cual se ha incorporado a este libro. Por diversas que fueran sus respectivas ocupaciones y situaciones personales, las mujeres y hombres con los que he trabajado tienen algo importante en común: no son impostoras ni impostores. Y, como pronto descubrirás, tampoco tú lo eres.

## El síndrome de la impostura antes y ahora

Está claro que hay cantidad de cosas que han cambiado en la vida de las mujeres desde 1982. Ojalá pudiera decir que la presencia del síndrome de la impostura es una de ellas. Lamentablemente, de los cuatro temas generales que trata este libro, los tres que surgieron de mi investigación inicial no tienen menos vigencia hoy que entonces:

1. *La forma en que defines y experimentas la competencia, el éxito y el fracaso depende por entero de lo competente que te sientas y de la seguridad que tengas en ti.* Modificar tu forma de entender la competencia, el fracaso y el éxito es la vía más rápida para superar el síndrome de la impostura.

2. *Las barreras que las mujeres se autoimponen con su actitud y comportamiento limitadores deben considerarse en el marco de las expectativas y realidades socioculturales.* Si hay situaciones en las que te resulta difícil considerarte suficientemente cualificada o competente, puede ser porque también a la sociedad le cuesta a veces verte de esa manera. A pesar de todos los progresos sociales, lo cierto es que los prejuicios inconscientes, por parte de las mujeres

Introducción **17**

tanto como de los hombres, pueden hacer que, por el hecho de ser mujer, se te considere menos competente y menos merecedora de un contrato, un ascenso o una subvención. Por supuesto, las mujeres no somos las únicas a las que en la sociedad y en la mayoría de las organizaciones se nos subestima debido a los estereotipos aún vigentes sobre la aptitud y la inteligencia. Lo mismo hace treinta años que ahora, el racismo, el capacitismo, el edadismo, el clasismo y cualquier otra actitud discriminadora por el motivo que sea, puede dar al traste con nuestros más serios esfuerzos por avanzar.

3. *Es imposible separar lo que supone para una mujer triunfar en el mundo —en lo cual se incluye el «miedo al éxito»— de su instinto básico de conexión afectiva.* Mudarte a otra ciudad para estudiar o para ocupar un nuevo puesto de trabajo, conseguir un importante ascenso o prepararte para trabajar en un campo predominantemente masculino son solo algunas de las situaciones en las que puedes sentirte insegura. Podría ser porque el síndrome de la impostura hace su aparición. Pero, en algunos casos, eso que das por sentado que es miedo al éxito es en realidad una hipersensibilidad a cómo repercutirá el éxito en tu relación con las personas cercanas.

Hay un aspecto de la seguridad en una misma que no estaba presente en 1980 y del que te hablaré en estas páginas. En aquel tiempo, las mujeres se esforzaban por derribar las barreras culturales, educativas y legales que les impedían acceder a profesiones y ocupaciones mejor remuneradas y que históricamente habían sido exclusivas de los hombres. En la actualidad, las barreras estructurales han desaparecido en gran medida, por lo cual, en el caso de muchas mujeres, los esfuerzos van dirigidos a integrar trabajo y vida personal y a encontrar satisfacción y motivación en el trabajo, en lugar de a la búsqueda unidireccional de igualdad de sueldo, estatus y poder. En

**18**    El síndrome de la impostura

general, es un cambio favorable. Sin embargo, a la vez ha complicado las cosas, porque hace que en ocasiones no sepas si lo que te frena a la hora de dar un paso es la falta de confianza en tus capacidades o que tus prioridades son otras.

### ¿Pueden los hombres sentirse unos impostores?

Cuando la psicología empezó a estudiar el fenómeno de la impostura, se pensaba que era algo que afectaba sobre todo a las mujeres. Pero se ha demostrado que no es así. De hecho, es uno de los pocos problemas psicológicos que de entrada se pensó que afectaba principalmente a las mujeres, y que con el tiempo se ha visto que afecta a todo el mundo.[3] Cada vez son más los hombres que asisten a mis seminarios, y entre estudiantes de posgrado la proporción de hombres y mujeres que sufren el síndrome es más o menos la misma.

Quizá te preguntes: si también hay hombres que se sienten unos impostores, ¿cómo es que este libro se centra tanto en las mujeres? Es una pregunta legítima y, francamente, en un principio tampoco yo sabía con claridad la respuesta. He conocido a innumerables hombres que sufrían terriblemente a causa del miedo a ser un fraude, entre ellos un miembro de la policía montada de Canadá, un abogado que había interpuesto un recurso de casación ante el Tribunal Supremo, un beneficiario de la prestigiosa beca MacArthur, conocida popularmente como «la subvención para genios», y todo un equipo de ingenieros aeroespaciales, uno de los cuales me habló del «terror» que siente cada vez que recibe un encargo importante. Al final, sin embargo, encontré más razones a favor que en contra para poner de relieve los elementos por los que las mujeres sufren el fenómeno de la impostura de un modo diferente a como lo experimentan otros grupos marginados.

Para empezar, pese al creciente interés de los hombres por el tema, sería inexacto suponer que han empezado a buscar desesperadamente una solución. Según las últimas cifras, casi el noventa por ciento de las tesis sobre el fenómeno de la impostura estaban escritas por mujeres. Y, salvo raras excepciones, cuando se me invita a dar una charla, las peticiones provienen de grupos de recursos para empleadas, o de asociaciones de mujeres, o de iniciativas universitarias, empresariales o de otro tipo cuya misión es atraer, motivar, retener y apoyar a las trabajadoras o a estudiantes o miembros del sexo femenino.

Y lo que es más importante, este libro va dirigido a las mujeres porque a nosotras el síndrome de la impostura nos frena más. Betty Rollin, corresponsal de la cadena de televisión NBC durante muchos años, lo expresó inmejorablemente cuando escribió: «Me sé la teoría esa de que los hombres tienen el mismo miedo que nosotras, solo que ellos lo reprimen. Vale, entonces debe de ser que lo de la represión funciona. Porque, cuando miro a mi alrededor en la oficina, veo a un montón de hombres que son bastante menos competentes de lo que creen ser y a un montón de mujeres a las que les pasa justo lo contrario: son mucho más competentes de lo que piensan y, si siguen así, más de lo que nadie pensará jamás».

La siguiente pregunta obvia es: ¿puede este libro serles de ayuda a los hombres que sufren el síndrome de la impostura? ¡Por supuesto que sí! En especial, si eres un hombre de color, si vienes de una familia de clase trabajadora, eres estudiante o te identificas con cualquiera de los demás grupos «de riesgo» de los que hablo en el libro. Y si eres orientador, mentor, profesor, director, padre o entrenador, es decir, si

**20**   El síndrome de la impostura

estás en una posición de responsabilidad hacia otras personas, este libro te será igualmente de enorme provecho.

Aunque algunos aspectos del libro se dirigen más directamente a las mujeres, los mensajes esenciales le serán de utilidad a cualquiera que los lea. Por un lado, verás que he incluido varias voces masculinas. Debes saber también que, cuando hago referencia a los hombres o a diferencias de género más generales en relación con el síndrome, a menos que indique lo contrario, no es que esté haciendo distinciones entre «impostores» e «impostoras». En otras palabras, cuando hablo de la experiencia de la impostura, incluyo a los hombres también.

Y ya que hablamos de esto, llevo suficiente tiempo haciendo este trabajo como para saber que hablar de diferencias sociales no solo da pie al debate, sino también a posibles malentendidos. Hay quienes sostienen que poner de relieve las diferencias refuerza los estereotipos. Hay quienes prefieren no mencionar en absoluto las diferencias de género, por considerar que cualquier diferencia es sinónimo de conflicto. Y habrá tal vez quienes tergiversen mis explicaciones y concluyan que, a mi entender, los hombres son una panda de fanfarrones a los que les sobra seguridad; o lo contrario: que los hombres tienen claro lo que quieren y las mujeres son tan tímidas e inseguras que dan pena. Por supuesto, ni lo uno ni lo otro es verdad.

Tú y yo sabemos que ni todas las mujeres son de una manera ni todos los hombres son de otra. Aun así, cuando se habla de diferencias de género, es imposible no hacer ciertas «generolizaciones», y admito que este libro no es una excepción.

Con esto, te pido permiso para utilizar aquí los términos «hombres» y «mujeres» en sentido genérico, consciente de que las diferencias que se establezcan entre grupos de cualquier tipo son siempre afirmaciones sobre los términos medios.

## Cómo sacarle el máximo provecho a este libro

Aunque sé que parece un tópico, cuanto más inviertas en este libro, más provecho le sacarás. Pensarás que es obvio, pero he oído a mucha gente quejarse de que habían leído todos los «libros de consejos» imaginables y «nada funcionaba». Mi pregunta es siempre la misma: «¿Aplicaste los consejos?». La respuesta es invariablemente «no». Siempre es más fácil continuar leyendo que pararse a hacer los ejercicios, y es cierto que probar a comportarte de una manera nueva puede resultar de entrada bastante incómodo. Sin embargo, solo cuando nos comprometemos activamente en el proceso, se produce un cambio.

Sé que el síndrome de la impostura puede causar una gran angustia, y precisamente por eso he intentado aportar un poco de ligereza a un tema que contiene a menudo una fuerte carga emocional. Aunque quizá en este momento te parezca imposible, créeme que, para cuando llegues al final del libro, te reirás de lo absurdo que resulta que personas plenamente capaces –incluida tú– se sientan unas impostoras, unas farsantes, un fraude. Como dijo el genial Bugs Bunny: «No te tomes la vida demasiado en serio. No saldrás con vida».

Por último, que estés leyendo este libro es señal de que estás en disposición de «pensar diferente». Me dice que has decidido, de una vez por todas, que ha llegado el momento de verte como la persona inteligente y competente que realmente eres.

# 1. ¿Te sientes una impostora, un impostor? Únete al club

> El problema de la humanidad es que
> las personas estúpidas y fanáticas están seguras de todo,
> y las inteligentes están llenas de dudas.
>
> BERTRAND RUSSELL

No hay que esforzarse demasiado para encontrar a personas de talento, inteligentes y competentes que se sienten cualquier cosa menos eso. Joyce Roché, al volver la vista atrás a la época en la que era una de las pocas mujeres, y de las poquísimas personas de raza negra, en triunfar en el mundo empresarial, recuerda lo que sentía al verse convertida en ejecutiva de alto nivel tanto en Revlon como en Avon: «En lo más hondo de tu ser, no te crees lo que dicen. Estás convencida de que es cuestión de tiempo que tropieces y "todo el mundo" descubra la verdad, y te digan: "Este no es tu sitio. Sabíamos que no valías para esto. Ha sido un error lamentable apostar por ti"».[1]

Cuando la empresaria Liz Ryan, fundadora y directora ejecutiva de la comunidad de debate empresarial y tecnológico en línea WorldWIT, de la que forman parte mujeres de todo el mundo, ganó el premio Stevie, el equivalente empresarial de un Óscar, no se sintió una ganadora. Al subir al escenario para recoger el premio, lo único que pensaba Ryan era: *¿A quién demonios están premiando? Yo no soy más que una madre que tiene el cuarto de la lavadora a rebosar y un niño de dos años con el pelo pegoteado de papilla de frutas.*[2]

No es la única en pensar cosas de este tipo. Cualquiera habría imaginado que, tras una rápida serie de ascensos, Kevin estaría feliz.[*] Sin embargo, no lo está, siente que es un fraude. Admite que desde que ha empezado a trabajar en la nueva empresa ha tenido un éxito tras otro, pero lo que cuenta en secreto es: «Me cago de miedo, [porque] estoy fuera de lugar, y tarde o temprano todos se van a dar cuenta». Dawn, desesperada por dejar de vivir al ritmo acelerado que le imponía su trabajo, invirtió miles de dólares y una considerable cantidad de tiempo en formarse para trabajar de *coach* empresarial. Al cabo de dos años y un centenar de horas de *coaching*, aún no se atrevía a crear su propio negocio: «Es que no puedo quitarme de encima la sensación de que conseguí el título solo porque engañé a todo el mundo».

En esto se traduce en la práctica el síndrome de la impostura. ¿Y tú, qué es lo que te dices en secreto cada vez que logras un objetivo?

## Compruébalo

- ¿Atribuyes tu éxito a la suerte, o a que llegaste en el momento oportuno, o a un error informático?
- ¿Te dices: *Si yo he podido hacerlo, puede hacerlo cualquiera?*

---

\* Los nombres que aparecen en el libro se han cambiado todos, a menos que se indique lo contrario.

- ¿Te torturas por haber cometido hasta el más mínimo fallo en tu trabajo?
- ¿Te hundes en la miseria al oír cualquier crítica, por constructiva que sea, porque la consideras prueba fehaciente de tu ineptitud?
- Cuando tienes éxito, ¿sientes secretamente que has vuelto a engañar a todo el mundo?
- ¿Te angustias pensando que es cuestión de tiempo que te «descubran»?

Si has respondido afirmativamente a alguna de estas preguntas, entonces sabes mejor que nadie que en realidad importa poco cuántos elogios hayas recibido en tu vida, cuántos títulos tengas o lo alto que hayas llegado. Es cierto que mucha gente piensa que tienes talento, que eres inteligente o incluso brillante. Pero tú no. No es solo que no lo pienses, sino que tienes serias dudas sobre tus capacidades. Da igual lo que hayas conseguido o lo que crean otros, en el fondo tienes el convencimiento de que eres una impostora, una farsante, un fraude (y si eres hombre, un fraude, un farsante, un impostor).

## Bienvenida y bienvenido al club

Aunque no nos conocemos, sospecho que sé ya muchas cosas de ti. De entrada, probablemente intentas dar la imagen de persona sumamente capaz y preparada, pero en realidad crees que te consideran solo medianamente competente. Cuando haces una presentación que deja impresionado a todo el mundo, o sacas un sobresaliente en un examen, o consigues el trabajo que quieres –*como suele suceder*–, piensas que has tenido suerte, o que es porque le has dedicado horas sin fin, no porque seas en verdad excelente en lo que haces. Quienes te conocen o trabajan contigo no tienen ni idea de que te pasas las noches en vela preguntándote en qué momento descubrirán que, en realidad, eres un fraude.

Sé además que eres inteligente. A pesar de que a ti no siempre te lo parezca, hay una parte de ti que también lo sabe. Lo que pasa es que no consideras que tu agudeza sea una constante; no en todas las situaciones te da de verdad la impresión de ser una persona inteligente. Y por inteligente no me refiero necesariamente a «intelectual», aunque es muy probable que tengas al menos un título universitario, o incluso dos o tres.

Por si fuera poco, eres alguien que suele conseguir lo que se propone; es decir, lo que según la mayoría de los criterios se considera una persona de éxito, pese a que quizá tampoco en este caso sea esa la imagen que tienes de ti. No hablo exclusivamente de que hayas conseguido fama o estatus o una posición económica desahogada (aunque es muy posible que lo hayas hecho). No hace falta que hayas sido número uno de tu promoción ni que hayas llegado a lo más alto en ningún terreno. Pero algo tienes que haber conseguido si sientes que eres un fraude. Por lo general, se trata de algo que no esperabas de ti, o que aún no dominas, al menos no hasta el punto que satisfaría a tu ridículo nivel de exigencia. ¿He acertado? Lo imaginaba.

El Club de la Impostura tiene millones de miembros en todo el mundo. Está compuesto por mujeres y hombres de todas las razas, religiones y clases socioeconómicas, con una formación académica que va desde quienes ni siquiera terminaron la educación secundaria hasta quienes tienen varios doctorados. Hombres y mujeres que provienen de campos tan diversos como el derecho, la música y la medicina, y cuyos puestos de trabajo van desde el nivel más básico hasta el de dirección de empresas.

## ¡Por fin, alguien ha puesto nombre a los sentimientos!

Puede que ni siquiera sepas que esos sentimientos de inseguridad y ansiedad, difusos pero abrumadores, tienen nombre. Yo tampoco lo sabía, hasta llegar a la escuela de posgrado y encontrarme con aquel artículo de 1978 titulado «El fenómeno de la impostura en mujeres de consumada valía», escrito por Pauline Clance y Suzanne Imes. Por aquel entonces, ambas psicólogas clínicas trabajaban en la Universidad Estatal de Georgia, y en las sesiones de asesoramiento observaron que muchas estudiantes aventajadas y profesionales competentes admitían tener la sensación de que su éxito era inmerecido.

En esencia, el síndrome de la impostora o del impostor, como más comúnmente se conoce, hace referencia a la convicción persistente que tienen muchas personas de no poseer la inteligencia, las capacidades o la preparación que se les atribuyen. Están convencidas de que los elogios que reciben en reconocimiento a sus logros son inmerecidos, y que si consiguen algo es por casualidad, o gracias a su simpatía, sus contactos o cualquier otro factor externo. Como no se sienten merecedoras de sus éxitos ni se permiten interiorizarlos, dudan continuamente de si serán capaces de repetir los logros pasados. Cuando lo consiguen, sienten más alivio que alegría.

A veces esa inseguridad y ansiedad se van desvaneciendo a medida que adquieres conocimientos y experiencia. Y a veces, como le ocurre a tanta gente, sientes que eres un fraude desde el día que empiezas tu primer trabajo hasta el día que te jubilas. Además, hay personas en las que la sensación de fingimiento se extiende a otros aspectos de la vida, como las relaciones de pareja o la crianza. Por ejemplo, están las madres que trabajan fuera de casa y, el día de la fiesta del colegio, llevan una tarta que han comprado en la pastelería y cuentan que la han hecho ellas, para no sentirse juzgadas por las madres que se han quedado en casa haciendo repostería. O las personas que aceptan tener una cita con alguien que no les interesa lo más mínimo.

De todos modos, los sentimientos fraudulentos de los que habla este libro tienen que ver con inseguridades relacionadas con los conocimientos o las habilidades y, por tanto, se dan sobre todo en los ámbitos académico y profesional. Y no es de extrañar que afloren sobre todo en épocas de transición, o cuando nos enfrentamos al reto de llevar a cabo una tarea de alto nivel o en la que no tenemos experiencia.

Nadie sabe con certeza desde cuándo existe el síndrome de la impostura. Bien podría ser que el primer o la primera artista rupestre rechazara los gruñidos de admiración de su grupo con un «Bah, ¿esta pintura? ¡Cualquier neandertal podría haberla hecho!». Lo que sí se sabe es que el fenómeno es muy común. ¿Cómo de común? En un estudio sobre personas de éxito realizado por la psicóloga Gail Matthews, ni más ni menos que el setenta por ciento afirmaron haber experimentado sentimientos de impostura en algún momento de su vida.[3]

A propósito, el «síndrome» de la impostura no es, ni ha sido nunca, un trastorno psicológico diagnosticable. Para consternación del mundo académico y de la psicología y demás profesionales del campo de la salud mental, la denominación «fenómeno de la impostura» empezó a transformarse ya en 1983 en «síndrome de la impostora». (Yo misma lo utilicé en 1985 en un artículo que escribí para la revista *Executive Female*).

La confusión es comprensible. La Asociación Estadounidense de Psicología define el término «síndrome» como «conjunto de síntomas y signos que atienden por lo general a una única causa (o a un conjunto de causas relacionadas) y que, en conjunto, indican un trastorno físico o mental o enfermedad concreta». Fuera del mundo académico y de la psicología, suele entenderse por «síndrome» la segunda definición, no clínica, que da del término el diccionario Merriam-Webster: «Conjunto de fenómenos concurrentes (como emociones o acciones) que suelen formar un patrón identificable».*

Y el síndrome de la impostura no quiere decir en absoluto que te hagas pasar intencionadamente por quien no eres. Ni que te comportes como una auténtica o un auténtico «trepa», y vayas trampeando a base de artimañas tu ascenso hasta la cima. Es más, en el contexto académico se ha visto que aquellas personas que se identifican con el síndrome de la impostura son precisamente las menos propensas a utilizar ningún tipo de engaño deliberado, como plagiar un trabajo o copiar en un examen.[4]

También es fácil pensar que «síndrome de la impostura» no es más que una manera sofisticada de referirse a la baja autoestima. No es así. Algunos estudios han establecido paralelismos entre uno y otra, pero el hecho de que en otros estudios no se haya encontrado una relación significativa entre ambas cosas indica que una persona puede sentirse insegura sin sentir que es un fraude. Esto no quiere decir que a veces no tengas problemas de autoestima (¡y quién no!). Sin embargo, el que te identifiques con este síndrome da a entender que tu autoestima es, al menos, lo bastante sólida como para que puedas fijarte objetivos y conseguirlos. Como has hecho hasta ahora.

---

\* Definición del *Diccionario de la lengua española* de la Real Academia Española. Síndrome: 1. Med. Conjunto de síntomas característicos de una enfermedad o un estado determinado. 2. Conjunto de signos o fenómenos reveladores de una situación generalmente negativa. (*N. de la T.*)

## «Sí, he tenido algunos éxitos, pero puedo explicar por qué»

Hay muchas pruebas concretas de tu éxito: buenas notas, comentarios elogiosos, ascensos, aumentos de sueldo, estatus, reconocimiento, quizá incluso premios y otros galardones. Lo que pasa es que, desde tu punto de vista, eso no demuestra nada. Como cualquier «impostora» e «impostor» dominas el arte de ingeniar razones que expliquen cada uno de tus logros. A ver si te reconoces en alguna de estas.

*He tenido suerte.* Una de las explicaciones más socorridas es la de atribuir los logros al azar. Piensas: *En esta ocasión, la suerte me ha sonreído, pero puede que la próxima vez no tenga la misma fortuna.*

*Simplemente, tuve el don de la oportunidad* o *Se alinearon los astros.* La candidata seleccionada para ocupar un importante puesto ejecutivo cree que la razón de que la eligieran a ella es que el comité de selección había bebido demasiado durante la cena y el alcohol les nubló el juicio.

*Es porque les he caído bien.* Crees que tu simpatía es otra de las claves de tu éxito. Podrías ser número uno de tu promoción y seguir pensando que es porque al tribunal examinador le has caído en gracia.

*Si yo lo he conseguido, puede hacerlo cualquiera.* Tienes el convencimiento de que tu éxito se debe a la simplicidad de la tarea en cuestión. Una estudiante de posgrado que acababa de defender su tesis doctoral en astrofísica en el Instituto Tecnológico de California me dijo: «Supongo que, si yo soy capaz de doctorarme en astrofísica por el Cal Tech, puede hacerlo cualquiera que se lo proponga». (Tuve que explicarle que la mayoría de la gente, incluida yo, tiene dificultades hasta para hacer operaciones matemáticas básicas).

*Debe de ser que admiten a todo el mundo.* Secretamente, crees que, si de entre la larga lista de aspirantes te han admitido a ti, es porque el nivel de conocimientos del resto era ínfimo. Una administradora universitaria me dijo que, cuando se enteró de que la habían aceptado para un programa de posgrado en el Smith College, dudó si quería aceptar: «Pensé, "¿qué nivel tan vergonzoso debe de haber en ese sitio?"». Es la versión impostora de la famosa frase de Groucho Marx: «Nunca me haría socio de un club que admitiera a gente como yo».

*Alguien ha debido de cometer un lamentable error.* María Rodríguez y Linda Brown estudiaron en universidades distintas en décadas diferentes. A pesar de que no tuvieron el gusto de conocerse, su explicación fue exactamente la misma: «Tengo un nombre bastante común. En el fondo, creo que en la oficina de admisiones confundieron mi solicitud con la de otra chica que se llamaba igual, y acabé entrando yo en vez de ella».

*He tenido mucha ayuda.* No hay nada de malo en compartir el mérito. Lo que pasa es que, desde tu punto de vista, cualquier colaboración o cooperación o apoyo anula automáticamente tu propia contribución.

*Tenía contactos.* En lugar de entender que conocer a determinada persona puede darte cierta ventaja, tienes el convencimiento de que conocer a esa determinada persona es la única razón por la que entraste en la universidad, conseguiste el trabajo o te hicieron un contrato.

*Lo dicen solo por amabilidad.* La creencia de que quienes hablan bien de tu trabajo lo hacen exclusivamente por educación está tan arraigada en las mujeres que, cada vez que llego a este punto en una presentación, basta con que pronuncie las primeras palabras, «Lo dicen solo…», para que las voces del público femenino, todas a una, terminen la frase: «por amabilidad».

*Les daba lástima.* Cuando una persona «impostora» vuelve a la universidad en la edad madura, es frecuente oírla preguntarse en voz alta si el profesorado no estará apiadándose de ella. Sospecha que, conscientes de los esfuerzos que tiene que hacer para compaginar la vida doméstica, el trabajo y los estudios, la tratan con una indulgencia excepcional.

## Excusas y más excusas

- Un estudiante que ha terminado el curso de posgrado con un currículum impresionante insiste en que «parece excelente en teoría».
- Una estudiante estadounidense de posgrado que entra en un programa de investigación para el que las pruebas de selección son extraordinariamente difíciles, dado que solo se hace una nueva admisión por año, está convencida de que la eligieron porque la facultad buscaba diversidad... y ella es de la región del Medio Oeste.
- Una estudiante que está haciendo la especialidad de ingeniería microbiológica aclara rápidamente, cada vez que a alguien le impresiona su campo de estudio, que «suena impresionante solo porque tiene un nombre largo».

## He vuelto a engañar a todo el mundo

Por un lado, tendrás que admitir que solo una mente excepcional puede idear tantas excusas y tan ingeniosas para «justificar» el éxito. Así que, ahora mismo, párate un momento y date unas palmaditas en la espalda. Vale. No te congratules en exceso, porque por otro lado tienes un problema, ¿no? Si no eres capaz de reivindicar esencialmente como tuya la autoría de tus logros, cada vez que te encuentres ante una prueba manifiesta de tus capacidades, te preguntarás con desconcierto cómo lo has hecho. Aunque tus logros emanan claramente de ti, tienes la extraña sensación de que no están conectados contigo. Y si no sientes que hay una conexión entre tú y tus logros, la única explicación posible es que estás engañando a todo el mundo.

Parecería lógico pensar que el éxito mitigaría esa sensación de ser un fraude. Cuantos más objetivos consigues, más evidente debería ser para ti que sabes de verdad lo que haces. Sin embargo, ocurre justo lo contrario; en lugar de reducir la presión, el éxito la empeora porque ahora tienes, además, una reputación que defender. En lugar de ser motivo de celebración, los elogios, las primas y el estatus pueden resultarte opresivos. Piensas: *A partir de ahora esperarán que haga todos los trabajos igual de bien que este, y este no tengo ni idea de cómo lo he hecho.*

En vez de estimularte, el éxito puede hacerte abandonar por completo. Especialmente si ha sido un éxito fulminante: el ascenso a la cima ha sido tan rápido que te encuentras de repente en territorio desconocido y te preguntas: *¿Cómo ha ocurrido? ¿Qué he hecho para ganarme esto? ¿Merezco de verdad estar aquí?* En cualquiera de los casos, tanto si el éxito llega en los comienzos como tras una larga trayectoria profesional, la sensación de la impostora o el impostor es: *Dan por hecho que seré competente ya siempre, y no tengo claro que pueda serlo.* Piensas esto porque, a tu modo de ver, un éxito no está relacionado con el siguiente. En lugar de ser acumulativo, cada logro es un hecho aislado, y la sensación de éxito es, por tanto, muy tenue. Piensas: *Sí, me ha ido bien hasta ahora...*

## Pero ¡a saber lo que ocurrirá la próxima vez!

Sabes que la buena fortuna no puede durar para siempre, así que, en lugar de disfrutar de tus logros, vives con el temor constante a que finalmente se descubra tu ineptitud y todo el mundo te humille, o cosas peores. Y como tienes el convencimiento de que cada nueva prueba será tu perdición, cuando ves acercarse la fecha del examen, o de la entrevista, o de la presentación, empieza a invadirte la ansiedad y te entran toda clase de inseguridades. Piensas: *Un paso en falso y estoy fuera*. Esta aprensión suele ir seguida de un éxito y, a continuación, de un alivio escéptico. Es un patrón que se repite sin fin.

Por supuesto, te dices que será «la próxima vez» cuando te desenmascaren. Como Deb, socia de un despacho jurídico que, a pesar de su sólida trayectoria, se enfrentaba a cada nuevo caso con un miedo cada vez más angustioso. Un día se sorprendió buscando distraídamente trabajos de camarera en internet. Mientras se esforzaba por comprender aquel comportamiento, se dio cuenta de que, cuando trabajaba de camarera en la época de la universidad, al menos sabía lo que hacía.

Puede que haya días en los que la idea de que te desenmascaren de una vez te dé cierto alivio. A pesar de lo humillante que sería que todo el mundo descubriera que eres un fraude, no puedes evitar imaginar cuánto más fácil sería tu vida si pudieras abandonar la farsa y no tuvieras que esforzarte más por dar esa imagen de profesional respetable y competente. Además, sabes que aprenderías muy rápido a preguntar: *¿Quiere patatas fritas de guarnición, señor?* o a hacer cualquier otra cosa que esté *más a tu nivel*.

Incluso aunque no albergues fantasías de ese tipo, sabes lo que es vivir siempre temiendo que suceda lo inevitable. A Jodie Foster le ocurrió; la primera vez, cuando dejó en suspenso su carrera de actriz y se matriculó en la universidad, y después en 1988 cuando ganó el Óscar a la mejor actriz por *Acusados*. «Pensé que había sido por accidente –contó en el programa de información periodística de la CBS *60 Minutes*–, lo mismo que cuando me admitieron en Yale. Pensaba que un día se darían cuenta y me quitarían el Óscar. Que vendrían a mi casa, llamarían a la puerta y me dirían: "Perdona, ha sido una equivocación. El Óscar estaba destinado a otra persona. En realidad, era para Meryl Streep"».[5]

El temor y la ansiedad causados por el síndrome de la impostura pueden tener efectos a nivel fisiológico. Una directora de empresa, poco después de su nombramiento, estaba tan obsesionada con la idea de que había conseguido el puesto con engaños que empezó a sentir un fuerte dolor en el pecho. Temiendo lo peor, su ayudante llamó a una ambulancia. Afortunadamente, resultó ser un ataque de ansiedad. Es poco probable que el temor a que te pongan en evidencia sea tan fuerte que acabes en el hospital, pero el estrés tiene sus consecuencias.

Es muy triste que cada día haya estudiantes excepcionales que abandonan los estudios; personas que aceptan trabajos que están muy por debajo de sus capacidades o aspiraciones, o que no se permiten acceder a oportunidades más enriquecedoras, desde el punto de vista mental y económico; personas que abandonan su sueño de escribir un libro, o de dedicarse a la fotografía, o de crear su propia empresa, todo ello en un intento por evitar que se las detecte como fraudes.

Estos son, por supuesto, casos extremos. Lo cierto es que la gran mayoría de quienes batallan con el síndrome de la impostura no se rinden. Como tú, siguen adelante a pesar de las dudas. Consiguen el

**36** El síndrome de la impostura

título, avanzan en su profesión, aceptan el reto y triunfan, a veces de forma espectacular. Aun así, la ansiedad persiste. Afortunadamente, tú no tendrás que sufrirla mucho más.

## De la «impostura» a la confianza

Ahora que estás a punto de iniciar este viaje para sentirte tan brillante y capaz como realmente eres, hay algunas cosas que conviene que sepas. La primera y más importante es que no eres una persona trastornada ni enferma. Es cierto que tus sentimientos de ser un fraude están bastante desajustados, pero a ti no te pasa nada. No voy a intentar disuadirte de ellos, al menos por ahora. Te conozco lo suficiente como para saber que, de todos modos, no me creerías. Y, principalmente, porque es innecesario, ya que muy pronto vas a ser tú quien lo haga. Todas las herramientas, conocimientos e información que necesitas para superar el síndrome de la impostura están a tu disposición en estas páginas.

Hasta ahora, la vergüenza, acompañada de la creencia falsa de que eres el único ser humano del mundo que se siente un fraude, te ha impedido hablar. Sin embargo, por el solo hecho de que hayas escogido este libro, has reconocido algo que tal vez habías mantenido oculto durante años, y al romper el silencio, has dado un paso esencial para salir del síndrome más rápidamente. Así, en lugar de tener una vida entera de impostura, podrás tener algún que otro momento aislado.

A lo largo de estas páginas te animaré a que des tu apoyo a miembros del Club de la Impostura que lo necesiten, y a que te abras a tu vez a recibirlo. Si menciono esto aquí es porque posiblemente hayas aprendido, por las malas, que contarles tus temores a personas que no te entienden suele ser una pérdida de tiempo. Tu familia, tus amistades o tus colegas de trabajo, que de verdad te aprecian, se burlan de tus dudas y te repiten que «te preocupas por nada», o se impacientan si ven que siempre ignoras o rechazas de plano las palabras con que intentan tranquilizarte y hacerte ver lo genial que eres. No es que no te quieran comprender; hacen todo lo posible. Pero si te ven angustiarte a cada momento por tu supuesta ineptitud y conseguir luego un éxito detrás de otro, por más comprensión que quisieran ofrecerte, acabarán no haciéndote ni caso cuando te quejas.

Lo bueno es que ahora sabes que no eres un bicho raro, o al menos que no eres el único que se siente así. Y tengo una noticia mejor aún: te aseguro que es realmente posible desaprender el modelo de pensamiento que te limita y que alimenta en ti el sentimiento de impostura. ¿Cómo lo sé con tanta seguridad? Muy simple. La razón por la que te conozco tan bien es que yo soy tú. Permíteme que me presente oficialmente y te cuente mi secreto no tan secreto: soy una impostora en proceso de rehabilitación. ¡Ya te dije que estabas en buena compañía!

**Resumiendo**

Tienes una destreza extraordinaria para quitar importancia a las pruebas de tu éxito o explicar las circunstancias que han intervenido y, así, no sentirte nunca del todo artífice de tus logros. Como tienes el convencimiento de que has hecho creer a todo el mundo que eres más inteligente y competente de lo que «sabes» que eres, vives con miedo a que te desenmascaren y se revele que eres un fraude.

Ahora que ya puedes poner nombre a esos sentimientos, y que te has enterado de que no eres el único ser humano del mundo que se siente así, al fin tienes la posibilidad de darle la vuelta a este asunto de la impostura y empezar a verte como la persona competente que en verdad eres.

## Lo que puedes hacer

- El síndrome de la impostura entraña una carga emocional demasiado fuerte como para que podamos resolverlo a base de razonamientos. Superarlo requiere también una buena dosis de reflexión. Ten a mano un cuaderno para anotar cualquier detalle importante que vayas descubriendo mientras lees, así como para escribir las respuestas a los ejercicios que encontrarás a lo largo del libro. Tenerlo todo en un mismo lugar te permitirá ver luego con más facilidad la trayectoria completa: desde la impostura, hasta la persona mucho más segura de sí misma a la que conocerás cuando llegues al final del libro.
- Si quieres que sea una experiencia compartida, podrías proponer el libro en un club de lectura o leerlo y comentarlo con una persona cercana.
- Si es la primera vez que oyes hablar del síndrome de la impostura, dedica ahora unos instantes a identificar los datos que te hayan resultado más reveladores hasta el momento. ¿Qué has leído en estas páginas que te haya sorprendido o que creas que puede serte de utilidad? ¿Qué pensamientos, sentimientos o comportamientos has reconocido como tuyos? ¿Qué preguntas tienes? Escríbelas ahora.

## Lo que viene a continuación

La pregunta es: ¿por qué hay personas inteligentes, personas de mucho talento desde Kansas hasta Corea que caen víctimas de esta forma de pensar distorsionada? Para poder desaprender el síndrome de la impostura, necesitas saber de dónde viene. Empecemos por ahí.

# 2. En busca del origen

> Muchas veces nos empeñamos en reparar los síntomas cuando, si fuéramos a la raíz de los problemas, podríamos resolverlos de una vez para siempre.
>
> WANGARI MAATHAI,
> primera mujer africana en recibir el Premio Nobel de la Paz

Los sentimientos de impostura no son algo que empieza y termina en ti, no te los inventas de la nada. Hay un sinfín de circunstancias que pueden provocarte esa clase de sentimientos irracionales. Y en ese «momento de impostura», es una ayuda enorme darte cuenta de las posibles razones que lo provocan. Tomar cierta distancia de ti te permite poner tus respuestas en perspectiva con más rapidez, y hay una gran diferencia entre pensar: *¡Pero cómo puedo ser tan farsante e incompetente!* y saber: *Es totalmente comprensible que me sienta un fraude. Dadas las circunstancias, ¿quién no sentiría lo mismo?*

Entonces, no solo deja de haber motivo para sentir la vergüenza que nacía de creer, equivocadamente, que eras la única persona del mundo que se sentía así, sino que, como estás a punto de descubrir, el sentimiento de ser un fraude no es solo normal, sino en determinadas situaciones resulta totalmente comprensible. Normalizar el síndrome de la impostura, contextualizando más y personalizando menos, puede reducir en buena medida la ansiedad y aumentar tu confianza.

## Siete razones legítimas por las que podrías sentirte un fraude, y qué hacer al respecto

Estás a punto de descubrir siete razones legítimas por las que mujeres y hombres plenamente capaces, igual que tú, acaban sintiéndose impostoras e impostores. Aunque tal vez no te identifiques con cada una de las razones, te garantizo que comprender el panorama general te ayudará a personalizar menos y contextualizar más.

Ninguna de las siete razones es exclusiva de las mujeres, y la mayoría son situacionales. Por ello, es posible que te identifiques más con una o unas cuantas que con otras. Sin embargo, hay una con la que todo el mundo puede identificarse. Levanta la mano si...

### 1. Te criaron unos seres humanos

Como veo que la inmensa mayoría habéis levantado la mano, vamos a examinar lo que en algunos casos es el inicio de nuestra historia de impostura. Tu familia —con la ayuda de toda una diversidad de profesores, profesoras, entrenadores, instructoras y demás personas adultas que eran importantes en tu vida— posiblemente tuvo una influencia decisiva en que empezaras a crearte tus primeras expectativas de ti, lo cual a su vez ha determinado cuánto confías actualmente en tus capacidades, lo competente que te sientes, e incluso el que seas capaz o no de alcanzar tus objetivos y asumir la autoría de tus logros. Los mensajes desalentadores suelen ser los que más perduran, a veces durante años. En su autobiografía, el cantante de cálida y melodiosa voz Andy Williams cuenta que nunca había podido quitarse de la cabeza algo que su padre le dijo cuando era niño: «No tienes el talento que tienen los demás, así que vas a tener que esforzarte mucho más que el resto». Estas palabras le provocaron una «crisis de confianza en sí mismo» que le persiguió, éxito tras éxito, durante toda su larga trayectoria musical.[1]

El sentimiento de impostura puede nacer también de mensajes mucho más sutiles. Si cuando llegabas a casa del instituto con el boletín de notas lleno de sobresalientes, menos un notable, el único comentario de tu padre o de tu madre era: «¿Qué hace ese notable ahí?», es muy probable que hayas acabado siendo obsesivamente perfeccionista. Si lo único que parecía importarles de tu vida era qué notas sacabas, es posible que llegaras a la conclusión de que, para recibir amor, es imprescindible que demuestres lo inteligente que eres.

Hay muchas razones por las que una persona adulta presiona bienintencionadamente a su hijo o su hija para que destaque en el colegio. Si tu padre o tu madre tenían estudios superiores, probablemente querían que siguieras sus pasos. En las familias acomodadas, la excelencia académica se entendía como una obligación, porque era la manera de acceder a una universidad de prestigio. Si creciste en una familia negra en la que se sabía bien cuál era la realidad de los prejuicios raciales, es posible que recibieras el mensaje de que tenías que ser mejor que el resto para que se te considerara igual. En muchas familias de inmigrantes, la educación académica se considera que es, no solo el camino al éxito, sino un requisito esencial para la supervivencia. (La hija de una familia inmigrante me contó, bromeando, que la presión para que sacara buenas notas era tan grande que las primeras palabras que aprendió a decir en inglés fueron «Ivy League»).*

---

\* Agrupación de ocho universidades privadas del noreste de Estados Unidos: Brown, Columbia, Cornell, Dartmouth, Harvard, Pensilvania, Princeton y Yale, consideradas entre las más prestigiosas y de mayor renombre académico. (*N. de la T.*)

Comprender ahora lo que pudo motivar a tu familia a poner el listón tan alto es una ayuda. En aquellos momentos, sin embargo, las razones daban igual, porque para el niño y la niña los elogios son como el oxígeno. O también cabe la posibilidad de que crecieras en una familia que no daba la menor importancia a tus talentos y tus logros. Llegabas a casa con dos matrículas de honor y un trofeo y lo único que oías era: «Ah, mira qué bien» o, lo que es aún peor, no te decían nada. La ausencia de elogios durante la infancia puede hacer que, en la edad adulta, te resulte difícil asumir la autoría de tus logros y sentir que merezcas ningún reconocimiento. Si esto te suena, debes saber que hay muchas razones por las que un padre o una madre puede negar un elogio, y en ninguna de ellas está implícita la falta de amor.

Quizá tenían miedo de que las alabanzas se te subieran a la cabeza, o de que acabaras necesitando que alguien te felicitara para valorarte tú. Si llegabas siempre a casa con unas notas excepcionales, es posible que pronto les pareciera lo normal. O tal vez, si a un hermano o una hermana tuyos no les iba demasiado bien en el colegio, no querían destacarte por tus logros. Dependiendo de cuál fuera el nivel de estudios de tu padre y tu madre, también es posible que no valoraran las cuestiones académicas. O quizá en su infancia les inculcaron la idea de que la modestia y la discreción son una virtud. Probablemente haya otras razones por las que, a pesar de su bondad y su cariño, no expresaron el reconocimiento que tus logros merecían. Aun así, conviene repetirlo: en aquellos momentos, las razones te daban igual, porque para el niño y la niña los elogios son como el oxígeno.

O igual ocurrió justo lo contrario, y recibiste demasiado «oxígeno» de una madre o un padre que te colmaban de elogios hicieras lo que hicieras. Por envidiable que esto pueda parecerles a quienes nunca recibieron una palabra de aprobación, el aplauso inmerecido tiene sus inconvenientes. Porque, si todo lo que hacías se consideraba extraordinario, puede que no hayas aprendido a distinguir entre lo bueno y lo genial, o entre hacer algo con mediano interés y entregarte por entero. Puede que te hayas vuelto tan dependiente de recibir aprobación constante que, si un profesor o tu jefa no te elogian a cada momento, empiezas a tener dudas de si estarás haciendo las cosas bien. Además, tener un padre y una madre demasiado elogiosos significa que, al final, sus elogios no te dicen nada; piensas: *Alaban todo lo que hago porque soy su hija.*

También es posible que crecieras en un ambiente en el que por norma se daba más importancia al trabajo que a los resultados, y todo el mundo recibía algún trofeo o una estrella dorada como premio a sus esfuerzos. Es una táctica con la que, sin duda, se ha conseguido que cantidad de niños y niñas que no tenían dotes naturales para el estudio o el deporte continuaran, figurada o literalmente, en el juego. Sin embargo, tal vez estés entre quienes experimentan gran confusión cuando los elogios no se corresponden realmente con los resultados. Jack, un inteligente estudiante de posgrado de la Universidad Carnegie Mellon, cree que la inclinación de su familia a elogiar exclusivamente los esfuerzos es la causa de que en la actualidad no pueda evitar racionalizar sus logros y sentirse culpable cuando el proceso no coincide con los resultados. Por ejemplo, si aprueba una asignatura sin esforzarse demasiado, se siente poco orgulloso de la nota. Por otro lado, se pregunta si el síndrome de la impostura no es para algunas personas un estímulo que les hace ponerse metas muy ambiciosas que de otro modo no se plantearían. «Hace tiempo que tengo ganas de sorprender a mi padre y a mi madre, de hacer algo que de verdad les cause impresión, para oír al fin un elogio sincero en lugar de lo que me dicen mecánicamente, haga lo que haga».

Como ves, los mensajes sobre el logro, el éxito y el fracaso que recibimos a edad temprana están muy arraigados en nuestro interior. A los ochenta y un años, Andy Williams dijo: «Por fin empiezo a creer que, después de todo, quizá tengo tanto talento como los demás». Puede que te lleve toda una vida descubrir por entero las raíces infantiles de tu sentimiento de ser un fraude y neutralizarlas. Pero eso no quiere decir que no puedas ponerte ya mismo manos a la obra.

Por ejemplo, podrías recordar ahora algún éxito de tu infancia; a poder ser, algo de lo que te enorgullecieras. Tal vez una actividad en la que destacabas, o que te resultaba natural y sencilla, por la que ganaste un premio o te felicitaron. ¿Cuál fue tu reacción en ese momento? ¿Sentiste emoción, vergüenza, sorpresa, orgullo? ¿Lo celebraste, o empezaste a torturarte pensando que hubieras debido hacerlo mejor? ¿Se lo contaste a todo el mundo, o preferiste no llamar la atención? ¿Cómo reaccionaron tu familia y demás personas adultas que había en tu vida al saber de tu éxito? ¿Recibiste de ellas alguna recompensa, elogios, te animaron o te ignoraron? ¿Estaban contentas, decepcionadas, perplejas u orgullosas? ¿Cómo crees que ha influido esta experiencia en tu forma de reaccionar ante el éxito en la actualidad?

Por supuesto, luego está la otra cara de la moneda: los fracasos, los impedimentos y los errores. Piensa ahora en algún «fracaso» u obstáculo memorable que tuvieras en la infancia o en la adolescencia. ¿Había algo que te resultara especialmente difícil, por ejemplo, la lectura, las matemáticas, el arte, aprender otro idioma, los deportes? Tal vez algo que se te daba francamente mal o en lo que fallaste estrepitosamente, como el gran partido, o un examen o una presentación

En busca del origen **45**

en clase. ¿Te tomabas como un fracaso no conseguir matrícula de honor en una asignatura o no ganar el primer premio en el concurso de proyectos de ciencias?

¿Cómo reaccionaste en su día a aquella situación poco afortunada? ¿Sentiste bochorno, decepción, angustia? ¿Te hiciste mil reproches, o te encogiste de hombros sin darle demasiada importancia? ¿Te esforzaste más a continuación por superarte, o te desanimaste y no lo volviste a intentar? ¿Le contaste a alguien lo que sentías? Y tu familia, ¿cómo reaccionó? ¿Te castigaron, te consolaron, te animaron, te protegieron, te ignoraron, te rescataron? Si es el caso, ¿cómo respondieron tu profesor, tu profesora, tu entrenador u otras personas adultas que eran importantes para ti? Por último, ¿cómo crees que ha influido esta experiencia en tu manera de responder actualmente al fracaso y a las dificultades, o en tu disposición a asumir riesgos?

En ocasiones, quienes hoy sufren el síndrome de la impostura tuvieron que soportar en la infancia lo que la psicóloga Joan Harvey denomina «mitos y etiquetas familiares». En las familias numerosas o extendidas es frecuente que a cada niño y niña se le asigne un calificativo basado en lo que, desde la perspectiva adulta, se consideran sus rasgos o talentos más destacados: «el chistoso», «la deportista», «la sensible», «el responsable», «el malo»… Si tenías, por ejemplo, una hermana que era «la lista», quizá te debatías entre creerte el mito familiar y querer demostrarles a tu padre y a tu madre que se equivocaban. Si, por el contrario, el elegido o la elegida eras tú, es posible que sintieras la enorme presión de tener que estar a la altura. Fuera cual fuese tu caso, no era divertido.

Aunque tuvieras la familia más comprensiva del mundo, sin duda aprendiste a medir tus logros adultos a través de sus ojos. Y, por supuesto, cada familia puede tener una idea muy diferente de lo que constituye el éxito. En el caso de Patti, la adolescente coreanoamericana protagonista de la novela *Good Enough* (Pasable) de Paula Yoo, las expectativas que se tenían de ella estaban muy claras. Bajo el título «Qué hacer para que tu familia coreana esté contenta», Yoo escribe tres requisitos:

1. Sacar la nota más alta en la selectividad.
2. Entrar en Harvard, Yale o Princeton.
3. No hablar con chicos.[*]

Puede que los mensajes que tú recibiste fueran mucho menos explícitos, pero, aun así, sabías lo que para tu padre y tu madre era la imagen del éxito. En algunas familias, se concretaba en que terminaras la educación secundaria o la formación profesional para dedicarte a un determinado oficio. En otras, el éxito consistía en que obtuvieras un título universitario tras estudiar una carrera de cuatro años. Había otras en las que no era suficiente con eso: tenías que obtener un título de posgrado. Y otras que exigían todavía más: que te admitieran en una determinada universidad e incluso que el título lo obtuvieras en un campo de estudio determinado, normalmente derecho, medicina o ingeniería. También había familias para las que la educación no era ni de lejos lo más importante, y lo que se esperaba de ti era que te dedicaras al negocio familiar, te alistaras en el ejército, te casaras y fueras madre, te hicieras sacerdote o participaras activamente en las actividades de tu grupo racial, religioso o cultural, algo a lo que algunas comunidades afroamericanas, latinas, indígenas y asiaticoamericanas denominan «éxito colectivo».

---

[*] Los chicos te distraerán de los estudios.

# En busca del origen    47

Así que, dime, ¿cómo se definía el éxito en tu familia? Si estaba centrado en la educación, ¿qué esperaban tu madre y tu padre de ti en sentido académico? ¿Cómo sonaría una conversación típica ante tu boletín de notas? ¿Qué imaginaba tu familia que harías o serías de mayor? A sus ojos, ¿dirías que has cumplido, superado o incumplido sus expectativas? ¿Qué dice tu familia, si es que dice algo, sobre tu nivel actual de logros? Si son cosas de las que no se habla, ¿qué supones que piensan o sienten? Una vez más, ¿qué influencia ha tenido todo esto en cómo te sientes y respondes hoy ante tus logros?

Queremos sentir, por supuesto, que nuestra familia está orgullosa de quiénes somos y lo que hacemos. Si has alcanzado en conjunto el nivel de éxito que tu familia esperaba de ti –y a ti te satisface–, entonces, todo el mundo contento. Pero si tus logros han seguido una vía distinta a la que tu familia tenía pensada para ti, tal vez te preguntes: *¿Realmente vale algo lo que he conseguido?* Si has superado con mucho lo que se esperaba de ti, quizá te sientas culpable por haber llegado más lejos que el resto de la familia. Si no has cumplido las expectativas parentales, es posible que te avergüences de ti. Cualquiera de las dos situaciones puede hacerte salir corriendo a la consulta de psicoterapia más cercana.

Tengas la edad que tengas, nunca superarás del todo la necesidad de recibir de tu familia reconocimiento y aprobación. Pero que los necesites no significa que los recibas. Si la etiqueta de «genio de la familia» le fue asignada a un hermano o una hermana tuyos, por más que te gustaría que eso cambiara, hay cosas que es muy difícil borrar. Y a la inversa, si te coronaron «la lumbrera» de la familia, acepta que no siempre vas a ser capaz de hacer honor a ese título. Por eso, en el momento que tomes la decisión de dejar de perder el tiempo y la energía emocional intentando ganarte la aprobación de tu familia, sentirás un alivio y una libertad enormes. No puedes cambiar el pasado. El futuro, sin embargo, está en tus manos. Mary Ann Evans, más conocida por su seudónimo, George Eliot, dijo: «Nunca es demasiado tarde para ser lo que podrías haber sido». Tampoco es nunca demasiado tarde para ser esa persona segura de sí misma que lleva todos estos años esperando a manifestarse en ti.

Por último, no pierdas de vista que también tu padre y tu madre crecieron bajo la influencia de unos seres humanos. Si nunca te elogiaban, tal vez era porque en su infancia nunca recibieron un elogio. O quizá la razón por la que te exigían perfección académica era que también a ella y a él se la habían exigido, o pensaban que ojalá lo hubieran hecho. El día que finalmente consigas comprender y perdonar a tu padre y a tu madre, podrás hacer lo mismo contigo.

*2. Eres estudiante*

He tenido el honor de dar charlas en más de cien universidades de Estados Unidos, Canadá, Japón, Europa y el Reino Unido; en muchas de ellas, varias veces. En ocasiones es para dirigirme al profesorado. Pero por lo general es para hablar ante un público de estudiantes, pues constituyen un grupo especialmente vulnerable al síndrome de la impostura. Cómo podría no ser así. ¿Conoces a algún otro grupo de personas cuyos conocimientos y habilidades se pongan literalmente a prueba y se califiquen casi a diario?

Si terminaste el bachillerato siendo número uno o dos de tu clase, o recibiste algún premio a tu excelencia académica, es probable que te acostumbraras probablemente a que todo el mundo te considerara no solo inteligente, sino excepcional. Pero luego llegaste a la universidad, y te encontraste de repente siendo una o uno más entre una multitud de estudiantes... ¿Y quién eras entonces? O si, por el contrario, tenías un expediente académico mediocre en el instituto y luego te fue muy bien en la universidad y también después de licenciarte, quizá te preguntaras cómo demonios habías conseguido hacer todo eso.

Es posible que empezaras tu vida académica con la confianza, casi plena, de que todo iría sobre ruedas, y luego un día, por sorpresa, un educador insensible te la hizo añicos. Ni te imaginas la cantidad de veces que lo he oído contar. A una estudiante de ingeniería su profesora le dijo: «No es que seas precisamente una lumbrera, pero quizá consigas arreglártelas». Un estudiante de posgrado me contó que su asesor académico lo trataba siempre con desprecio y condescendencia. El comentario más alentador que le oyó pronunciar en cuatro años fue: «Tranquilo, no hay nada en tu tesis que sea flagrantemente ominoso» (que traducido a lenguaje común significa: «No es demasiado evidente que tu trabajo es una basura»). Ante un comentario como este, ¿cómo podrían no resentirse la confianza y seguridad de cualquiera?

Cuanto más alto apuntes, más probabilidades tienes de acabar sintiéndote un fraude. Si hasta ahora todo el mundo te ha admirado por tu excepcional habilidad intelectual, o tienes un expediente académico que rebosa de matrículas de honor, puede que sientas una presión excesiva por demostrar lo inteligente que eres. O quizá durante toda la carrera has ido aprobando alegremente y con buenas notas un curso detrás de otro, pero, en el momento en que decides obtener un título de posgrado, empiezas a preguntarte si realmente tienes lo que hay que tener para pasar de estudiante a erudita. En cualquiera de estos casos, te preguntas: *¿Sé lo suficiente? ¿De verdad soy capaz de hacer esto? ¿Tengo bastante capacidad?*

Si eres estudiante, hay varias cosas que debes tener presentes.

**50** El síndrome de la impostura

Cada campo de estudio, ya sea el campo jurídico, el de la psicología o el del arte, tiene su propio lenguaje especializado, con frecuencia más enrevesado de lo que haría falta. Para que se te considere una persona experta o erudita, tienes que «elevar» la manera de expresar conceptos que podrían describirse con palabras comunes y corrientes. A veces el lenguaje especializado es tan críptico que, aun teniendo conocimientos relativamente precisos sobre una determinada materia, quizá necesites leer una frase varias veces para entender lo que dice. Y tanto si al final lo descifras como si no, el que de entrada hayas tenido que hacer un esfuerzo para entenderla puede activarte la alarma de la impostura. La verdad sea dicha, si hubiera más especialistas que comunicaran sus conocimientos con la intención de que su trabajo le fuera accesible al gran público, todo el mundo, tú también, se sentiría mucho más capaz y estaría más informado.

Cuando te sientas en un aula y hay a tu alrededor gente que tiene uno o varios títulos, es fácil que des por sentado que toda esa gente es más inteligente que tú. La realidad es que, probablemente, habrá quien saque mejores notas que tú y quien saque peores. En cualquier caso, como señala Thomas Armstrong en *7 clases de inteligencia: identifique y desarrolle sus inteligencias múltiples*, hay distintas formas de inteligencia y la inteligencia académica es solo una de ellas.

Cuando te asalte la inseguridad intelectual, intenta recordarte que no te matriculaste en ese curso solo para que se pongan a prueba tus conocimientos y habilidades con regularidad, sino que pagaste por el privilegio de estar ahí. Recibir una educación cuesta mucho dinero, así que disfruta tu vida de estudiante como disfrutarías un artículo de consumo que hubieras adquirido y aprovecha todos los recursos que tengas a tu alcance, incluidas las tutorías y el asesoramiento académico. Entiende también que algunas asignaturas van a resultarte relativamente fáciles y que, en otras, vas a tener que esforzarte de verdad. Si te cuesta hacer un trabajo, deja de avergonzarte o juzgarte diciéndote que no vales para eso y busca a alguien que te asesore (la mayoría de las universidades tienen un centro de tutoría), o únete a un grupo de estudio, o consigue ayuda de la manera que sea.

Por encima de todo, es importante que te des cuenta de que el síndrome de la impostura forma parte de la experiencia de ser estudiante, más aún si estás cursando estudios de posgrado o perteneces a alguno de los demás grupos que se tratan en este capítulo. Saber esto puede ayudarte en muchos momentos a no tomarte la inseguridad y las dudas como algo personal, sino como una reacción que forma parte de la experiencia colectiva de ser estudiante. Así que repite conmigo con tu voz más enérgica: «Soy ESTUDIANTE. Estoy aquí para APRENDER. ¡ES NORMAL que me sienta idiota!».

*3. Trabajas en una cultura organizativa que te hace dudar constantemente de ti*

Es totalmente posible, desde luego, que trabajes en un ambiente favorable, en el que se fomentan la cooperación y el apoyo mutuo, y aun así te sientas incompetente. Pero si la empresa en la que intentas triunfar es célebre por su cultura «autocanibalista», el riesgo de que se apodere de ti el síndrome de la impostura es mucho mayor.

Que hay culturas organizativas en las que impera el antagonismo interno no es nada nuevo. Hace casi un siglo, la distinguida física y química Marie Curie comentaba sobre el mundo de la ciencia: «Hay científicos sádicos que se apresuran a cazar el mínimo error de sus colegas, en lugar de dedicarse a establecer la verdad».

Tomemos el mundo académico. El debate científico y la investigación rigurosa son lo que motiva a cantidad de estudiantes a hacer

**52**     El síndrome de la impostura

un curso de posgrado y escribir una tesis doctoral. Pero lo que quizá no esperan encontrarse –sobre todo si van a trabajar en un centro de investigaciones muy prestigioso y codiciado– es una cultura en la que el coloquio animado y el espíritu inquisitivo pueden dar paso rápidamente a la hostilidad y los comentarios desdeñosos. A veces es tal la intensidad de estos debates que los físicos de una determinada universidad los llaman «combates» de física.

Tanto es así que Diane Zorn, profesora de la Universidad de York, en Canadá, explica que los elementos menos deseables de la cultura académica, como la competitividad agresiva, el aislamiento derivado de la dedicación al estudio, el nacionalismo que impera en determinadas disciplinas y la falta de asesoramiento, son la causa de que el síndrome de la impostura esté tan extendido en los campus universitarios, y no solo entre estudiantes.[2] En uno de los escasos estudios en que los hombres resultaron identificarse más con el síndrome de la impostura que las mujeres, esos hombres eran profesores universitarios.[3] Y no solo el profesorado se siente un fraude; el personal administrativo de la universidad, entre el que abundan los títulos de doctorado, siente lo mismo.

Las cosas son algo diferentes en el mundo empresarial. Aquí el éxito no se mide por la capacidad para encontrarle fallos a la teoría de cualquier colega, sino por la habilidad para ganar la competición y conseguir el ascenso. Aun así, no faltan los egos, los enfrentamientos y las luchas internas. Haber pasado una década en el mundo empresarial me ha dado ocasión de ver cómo alguien que ocupaba un puesto ejecutivo trataba con desprecio a quienes ocupaban puestos subordinados; que, a pesar de la amistosa política de empresa, se sabe que hay preguntas que no debes hacer si no quieres que se rían de ti, y que es aceptable que asumas riesgos, siempre que in-

En busca del origen    **53**

variablemente aciertes. Cuando el lugar donde pasas la mayor parte de las horas del día te hace sentir que eres una calamidad, es difícil que tu confianza no se resienta.

Así que, si notas que empiezas a cohibirte o que te sientes fuera de lugar en el trabajo, deja de dar por sentado que es porque no eres lo bastante competente o porque te falta experiencia o «categoría», y date cuenta de las distintas maneras en que la cultura organizativa de la empresa puede estar contribuyendo a esos sentimientos de impostura. Por ejemplo, ¿se considera un signo de debilidad pedir asesoramiento –o incluso información–, o es una petición legítima? ¿Se considera normal, y básico para poder aprender, admitir una falta de experiencia en ciertas cuestiones, o se entiende como señal de incompetencia? ¿Es el perfeccionismo la norma tácita?

Solo tú puedes saber si el lugar donde trabajas alimenta tu inteligencia o tus inseguridades. Si te encuentras en un entorno particularmente hostil, trata de hablar con colegas que tengan ideas afines, ya trabajen en tu misma especialidad o en otros campos. Colaborar, o simplemente comunicarte, con gente que entienda de tu trabajo y pueda valorarlo equilibra de alguna manera lo que supone trabajar en un ambiente poco propicio. Y si nada funciona, sigue el consejo de Gerry Laybourne, cofundador de Oxygen Media: «Si te hacen sentir que eres idiota..., despídete». Aunque es obvio que no puedes cambiar de trabajo de la noche a la mañana, harías bien en tener los ojos abiertos y el currículum actualizado.[4]

## 4. El trabajo autónomo

Es posible que trabajes por cuenta propia y sigas sintiéndote un fraude. De hecho, tiene su lógica que trabajar para ti pueda hacer que te cuestiones todavía más lo competente que eres. Al fin y al

**54**　El síndrome de la impostura

cabo, ser tu propia jefa o tu propio jefe significa que no tienes una descripción concreta de tu trabajo a la que atenerte, ni a nadie que alabe o critique lo que haces, ni normas de rendimiento externas que te sirvan de referente. Eres tú quien tiene que crear las normas y hacer los comentarios y definir los objetivos, y la realidad es que probablemente no sea lo que se dice un juego trabajar para alguien tan exigente e implacable como tú.

Trabajar en solitario aumenta además el riesgo de aislamiento profesional. Al no haber nadie con quien puedas explorar o confrontar ideas, muchas veces no sabrás qué decisión tomar. Sin nadie que te señale tus puntos débiles o te dé una palmadita en el hombro de vez en cuando, es más fácil que a veces te desanimes y te invada la inseguridad.

Dado que, por estas y otras razones, es fácil que en muchos momentos pierdas la perspectiva, te podría beneficiar mucho ponerte en contacto con alguien que esté en tu misma situación, y organizar una manera de comunicaros periódicamente para resolver dudas e intercambiar comentarios. No importa demasiado si esa persona trabaja o no en tu mismo sector profesional o campo de investigación; lo importante es que haya alguien que te ayude a cumplir los plazos de entrega, a solucionar problemas, alguien que te aporte ideas y te dé esa reafirmación tan necesaria de que realmente sabes lo que estás haciendo.

### 5. Cuando te dedicas a un trabajo creativo

Después de que su novela *Todo está iluminado* entrara en la lista del *New York Times* de los libros más vendidos en Estados Unidos, Jonathan Safran Foer dijo en una entrevista: «A veces soy despiadado conmigo mismo. Me convenzo de que estoy engañando a la

En busca del origen

**55**

gente».[5] También a la galardonada escritora Maya Angelou le preocupaba que su éxito no fuera más que una artimaña, y se cuenta que en cierta ocasión dijo: «He escrito once libros, pero en el momento de publicar cada uno de ellos he pensado: "Oh, oh, esta vez se van a dar cuenta. Le he estado tomando el pelo a todo el mundo y al final me van a descubrir"».

No es algo que sientan solo quienes se dedican a la escritura. En internet hay innumerables confesiones de hombres y mujeres de la industria del entretenimiento que, a pesar de las alabanzas y los aplausos, viven con la preocupación de que un día se descubra quiénes son de verdad. Por mucho que el público la considere una auténtica estrella, Kate Winslet asegura que, a medida que su éxito iba en aumento, había días en los que se levantaba por la mañana para ir a un rodaje y pensaba: «No puedo hacer esto. Soy una farsante».[6] Y el actor Don Cheadle dice: «Cuando miro mi actuación en cualquier película, solo veo lo que estoy haciendo mal. Tengo la sensación de que todo es una farsa, un fraude». Y otro tanto puede ocurrir cuando se está al otro lado de la cámara, como en el caso de Michael Uslan, el productor de las películas de Batman: «Cuando estoy en el plató, sigo teniendo, todavía hoy, el vago temor de que uno de los guardas de seguridad aparezca en cualquier momento y me eche a la calle».[8]

Según indican los resultados de un estudio, el ochenta y siete por ciento de quienes trabajan en el sector creativo han experimentado el síndrome de la impostura.[9] No es de extrañar. Por su propia naturaleza, es muy fácil que el trabajo creativo te haga dudar de tu calidad como artista, más aún si careces de formación académica. Por un lado, tu obra está a la vista del público. Por otro, lo que te define no es solo tu obra, sino también unos criterios artísticos y literarios que son totalmente subjetivos. ¿Conoces alguna otra ocupación en la que el trabajo de alguien lo juzguen personas cuyo título profesional es el de «crítico» o «crítica». Es todo un reto mantener la confianza cuando sabes que la valoración que se haga de ti como artista dependerá siempre del aplauso que reciba, o no, tu último cuadro, tu última película, tu último libro, cuando sabes que incluso las estrellas más brillantes se apagan rápidamente, cuando tu éxito depende de que seas capaz de demostrar que tienes verdadero talento una y otra vez, hasta un punto que no se te exigiría en la mayoría de las profesiones.

¿Y qué pasa si al final resulta que consigues cierto grado de notoriedad? Cabe suponer que eso te dará seguridad y podrás relajarte. Pero lo cierto es que, por el contrario, posiblemente ahora dudes de ti y sufras todavía más, porque la manera en que reacciona la gente que hay a tu alrededor dista mucho de ser auténtica. «Cuando eres una celebridad —dice el escritor A.J. Jacobs—, cualquier cosa que sale de tu boca y suena vagamente a chiste hace desternillarse de risa a cada persona que está oyéndote a cien metros a la redonda».[10] Si eres objeto de tal adoración, lo natural es que te preguntes si de verdad la mereces.

Dada la presencia casi universal del sentimiento de impostura entre tus colegas del campo creativo, ¿qué pasaría si dejaras de luchar contra él y te adaptaras al programa? La razón por la que he incluido a lo largo del libro tantas confesiones de estrellas de la gran pantalla que a menudo se sienten un fraude es que todo el mundo reconoce su talento. Incluso Meryl Streep, la actriz con más nominaciones a los Óscar de la historia del cine, se acobarda al principio de cada nuevo proyecto, y en cierta ocasión le dijo a un periodista: «Piensas: "¿Por qué querría alguien volver a verme en una película? Y si no sé actuar, ¿por qué me dedico a esto?"».[11] Estamos hablando de Meryl Streep, ¡por el amor de Dios! Si esto no te dice algo sobre lo normal y absurdo que es el síndrome de la impostura, nada lo hará.

Como dijo una vez la estimada coreógrafa Martha Graham: «Nunca estoy satisfecha. No hay artista que tenga un instante de satisfacción. Solo hay una extraña y divina insatisfacción, una bendita inquietud que hace que sigamos creando y viviendo con una pasión e intensidad que el resto de la gente no conoce». Cuando tantas de las personas más aclamadas del planeta se sienten unas impostoras, ¿por qué no ibas a sentirte tú también un impostor o una impostora? En lugar de reprenderte, levántate y haz un alegre bailecito para celebrar la bendita inquietud que te permite compartir la inseguridad humana con algunas de las personas con más talento de todos los tiempos.

## 6. En tierra extranjera

El sentimiento de pertenencia a un lugar nos da seguridad. Por el contrario, tener la sensación de que estás en tierra extraña te obliga en cierto modo a ponerte una máscara, lo cual puede hacer que se cuele fácilmente el sentimiento de impostura. Hay toda clase de situaciones en las que puedes sentirte como un pez fuera del agua: por ejemplo, cuando tienes que desenvolverte fuera de tu marco cultural, o de tu clase socioeconómica, o en un entorno laboral que es nuevo para ti en todos los sentidos.

Si estás trabajando o estudiando en otro país, por ejemplo, ya sabes lo difícil que es encajar. Además de las innumerables expectativas y presiones a las que se enfrenta normalmente cualquiera que realice un trabajo delicado o complejo, tú tienes que hacerlo mientras aprendes a funcionar en una cultura diferente y quizá además en un idioma que no es el tuyo. No es de extrañar que, en Canadá, el 85,7 por ciento del personal sanitario residente de origen extranjero tuviera la angustiosa sensación de ser un fraude.[12]

El sentimiento de pertenencia puede tener que ver también con tu marco socioeconómico. En las universidades del Reino Unido, por ejemplo, se vio que apenas existía un sentimiento de impostura entre el sector de estudiantes que antes habían asistido a colegios privados.[13] Todo lo contrario de lo que ocurre si has crecido en una familia trabajadora y te encuentras de repente en una universidad privada. Sonia Sotomayor, jueza del Tribunal Supremo de Estados Unidos, cuenta que la primera vez que puso el pie en el campus de la Universidad de Princeton, recién llegada del Bronx, se sintió como «una visitante que aterrizara en un país extranjero». Durante todo el primer año, se sentía «demasiado avergonzada y demasiado intimidada como para preguntar nada en clase».[14]

Como profesional de primera generación que «lo ha conseguido», posiblemente, igual que ella, te encuentres en la precaria situación de no encajar del todo. Puede que en el fondo tengas la persistente sensación de que ese no es tu sitio, y de que en realidad no te mereces estar ahí. Mientras charlas alegremente con la gente de tu nuevo mundo, quizá en el fondo estés siempre como esperando que alguien te dé un golpecito en el hombro y te pida que te vayas. «Desde Princeton, en todos los años que estuve en la Facultad de Derecho de Yale y que he pasado en distintos puestos jurídicos, nunca he sentido del todo que forme parte de los mundos que habito –dice Sotomayor–. Vivo mirando de reojo a mi alrededor y preguntándome si estoy a la altura».

Independientemente de la geografía o la clase social, si eres una mujer que trabaja en un entorno corporativo, la realidad es que, lo sepas o no, estás operando en una cultura ajena. Por eso encontrarás decenas de libros dirigidos a las mujeres con el propósito de instruirlas en las reglas no escritas de la política organizativa y cómo abrirse paso a través de ellas, y ni uno solo dirigido expresamente a los hombres para enseñarles a triunfar en un mundo que, culturalmente hablando, no les es ni extraño ni nuevo.

Esto no es poca cosa, si se tiene en cuenta que en el ámbito privado de las relaciones, el hogar y la familia, las mujeres somos mucho menos propensas a tener sentimientos de impostura. No sientes que seas un fraude mientras seleccionas la ropa que vas a meter en la lavadora, ni piensas que sea por accidente que tu mascota te adore. Es cierto que puede haber momentos en los que, por ejemplo, te sientas un poco perdida como madre y tengas que improvisar y cruzar los dedos, pero eso no te hace cuestionar tu capacidad intelectual, ni atribuyes tus pequeños logros cotidianos a un golpe de suerte o a tu simpatía.

Si el síndrome de la impostura dependiera solo de la confianza en nosotras mismas o del marco socioeconómico en el que crecimos, dice la doctora Peggy McIntosh, investigadora sénior de los Centros Wellesley para Mujeres,[*] una mujer sentiría que es una farsante en todos los aspectos de tu vida. Sin embargo, los lugares donde las mujeres somos más propensas a sentirnos incompetentes y fuera de lugar son las esferas públicas de autoridad y poder. Los hombres también, por supuesto. La diferencia está una vez más en que, hasta hace pocas décadas, estos ámbitos eran de dominio casi exclusivamente masculino.

Dado que las mujeres no tenemos una larga historia de pertenencia a estas esferas —sobre todo a los niveles más altos—, las hazañas de los poderosos magos de la industria, las finanzas, la ciencia, la política, e incluso el arte, nos parecen en algunos casos un auténtico

---

[*] Los Centros Wellesley para Mujeres y el Centro de Investigación sobre la Mujer forman parte del Wellesley College, una universidad privada femenina de Massachusetts, fundada en 1875, cuyo lema es la cita bíblica «Non ministrari sed ministrare» (Mateo 20: 28; «No he venido al mundo a que me sirvan, sino a servir»). (*N. de la T.*)

misterio. Es posible que veas a hombres importantes haciendo cosas importantes y pienses que, indudablemente, eso que hacen está más allá de tus capacidades o de tu comprensión. Si no entiendes el juego, lo más probable es que te sientas tan cohibida que ni siquiera lo intentes.

Si te identificas con alguna de las categorías de extrañeza que se describen en este apartado, lo primero es darte un respiro. Es normal que cuando estés fuera de tu zona de confort cultural, por ejemplo, tengas más inseguridad y más dudas sobre tu competencia que alguien que pertenece a esa cultura. Si eres la primera persona de tu familia que tiene estudios universitarios, el simple hecho de que hayas llegado hasta ahí, sin las facilidades de las que gozan quienes pertenecen a una clase social acomodada, te convierte en alguien encomiable y excepcional. Apúntate un tanto por haberlo hecho tan bien, y tenlo presente en cuanto veas asomar el sentimiento de impostura.

Por otro lado, si acabas de llegar realmente a territorio extranjero, busca formas de resolver el aislamiento que acompaña a la inevitable sensación de extrañeza. Si eres estudiante, aprovecha los programas del campus para estudiantes internacionales. Si al terminar los estudios te has ido a trabajar a otro país y no encuentras, en la ciudad donde resides, la manera de relacionarte con gente de tu misma cultura, busca sitios en internet que puedan ponerte en contacto con personas de otras partes del país o de tu país de origen. Cuando lo hayas hecho, busca la ocasión de sacar a colación el síndrome de la impostura, no como una confesión, sino como un tema de debate que puede ser interesante. Dada la naturaleza universal de esos sentimientos, ten por seguro que, una vez que los nombres, encontrarás gente que se identifique con ellos.

Recuerda también que, siempre que te sientas fuera de lugar por el motivo que sea, tendrás que fingir lo justo para encajar. Lo importante es que no te tomes la incomodidad de sentirte fuera de tu elemento como una indicación de que eres menos inteligente o capaz que el resto, o de que no mereces estar ahí. Estás donde estás porque te lo mereces. Punto.

### 7. Representas a todo tu grupo social

La dramaturga, editora, embajadora y congresista Clare Boothe Luce dijo en una ocasión: «Como soy mujer, tengo que hacer insólitos esfuerzos para asegurarme de que consigo lo que quiero. Porque, si fracaso, nadie dirá: "No tiene lo que hay que tener" sino: "Las mujeres no tienen lo que hay que tener"». Ella inició su carrera en 1935, y nos pasó el testigo. Alrededor de ocho décadas después, la presión de saber que sostenemos ese testigo en representación de la totalidad de nuestro género, raza, orientación sexual, etc., sigue existiendo.

Hace unos años, una joven ciega asistió a uno de mis talleres. Se había licenciado hacía poco, y sufría los mismos sentimientos de impostura que el resto de la sala. Pero, además, le creaba una ansiedad enorme ser la primera persona con discapacidad visual que trabajaba en la empresa que acababa de contratarla. «Me preocupa que, si no soy "la Superpersona discapacitada" –explicó–, la próxima vez que alguien con discapacidad solicite trabajo, el comité de selección piense: "Oh, oh, ¡cuidado!, ya hicimos la prueba de contratar a una de esas personas y no funcionó"». Es una situación que también la gente de color conoce bien.

No hace falta ser invidente para conocer la presión de sentir que no actúas solo en representación tuya, sino de todo tu grupo social, lo cual te hace más vulnerable al síndrome de la impostura. Después

**62**    El síndrome de la impostura

de jubilarse, la jueza del Tribunal Supremo Sandra Day O'Connor, reflexionando sobre su condición de pionera, dijo: «Lo que me preocupaba era si sabría hacer el trabajo de jueza lo bastante bien como para convencer a la nación de que mi nombramiento había sido acertado. Si hubiera tropezado repetidamente, creo que les habría hecho la vida más difícil a las mujeres».[15]

Se ha visto que el solo hecho de que una mujer piense que está en minoría con respecto a los hombres hace que sienta una ansiedad palpable (algo que analizaremos con más detalle en un próximo capítulo). En el mejor de los casos, te sientes cohibida; en el peor, intimidada. Y a eso debemos añadir que habrá quien dé por sentado que has llegado adonde estás únicamente gracias a la discriminación positiva (que al entender de ciertas mentes implica que en realidad eres menos capaz)[*] o que te has abierto camino valiéndote de tu físico. Tanto lo uno como lo otro te crearán probablemente inseguridad y aumentarán la presión por tener que demostrar tu valía.

Si crees que estar en desventaja numérica no tiene por qué influir en el rendimiento, ve cambiando de idea. En un estudio del Instituto Tecnológico de Massachusetts (MIT), se descubrió que, en cuanto en un departamento el número de mujeres superaba el quince por ciento, el rendimiento académico de las estudiantes mejoraba. Las alumnas de colegios exclusivamente para chicas tienen mayores aspiraciones profesionales que los alumnos y alumnas de colegios mixtos.[16] Los estudios demuestran repetidamente que, si asististe a una universidad femenina, es probable que tengas mayor autoestima

---

[*]    Conjunto de políticas y prácticas dentro de un gobierno u organización con las que se intenta aumentar la representación de determinados grupos minoritarios en ámbitos en los que están infrarrepresentados, como la educación y el empleo, dándoles un trato preferencial. (*N. de la T.*)

y más seguridad intelectual que tus homólogas que estudiaron en instituciones mixtas. Por su parte, las personas de raza negra que se han licenciado en universidades y escuelas universitarias históricamente negras se muestran más satisfechas con su paso por la universidad que las personas negras que han estudiado en otras instituciones, por razones como haberse sentido apoyadas por la facultad, haber tenido un tutor o una tutora que las ha animado a lo largo de la carrera, y sentir que la universidad las ha preparado para la vida que empieza tras la graduación.

¿Qué puedes hacer como mujer o miembro de un grupo minoritario? En primer lugar, debes saber que el problema no eres tú. Existen diferencias importantes y bien documentadas entre la forma en que los hombres y las mujeres se comunican, negocian, afirman su autoridad, utilizan el humor e interpretan las políticas de empresa. Entender estas diferencias te ayudará a reconocer cuándo lo que percibes como un desaire es más una cuestión de estilo que de sexismo. En esas situaciones, lo mejor es apelar al sentido del humor.

Si eres una persona negra que trabaja en un entorno predominantemente blanco, puede que hayas tenido que aprender a desenvolverte en la cultura dominante. Al mismo tiempo, sin embargo, abrazar tu propia cultura puede servirte de poderoso amortiguador contra las dudas y la inseguridad. Un estudio reveló que, entre las mujeres de color que tenían cargos directivos, aquellas a las que el hecho de pertenecer a su grupo racial o étnico les confería una alta autoestima colectiva no se sentían por lo general unas impostoras.

Otra cosa que puedes hacer es tomar la iniciativa y entablar relaciones con personas de todo tipo que apoyen tus objetivos académicos o profesionales. Únete a una red profesional que haya en tu lugar de trabajo o tu comunidad, o créala tú. Y si vives o trabajas en una empresa en la que no hay diversidad racial o étnica, haz el esfuerzo de asistir a conferencias y otros eventos fuera de tu zona para establecer una red de contactos.

Por último, no confundas la incomodidad que pueda causarte estar en minoría con la idea de que no eres lo bastante inteligente o que, de alguna manera, no mereces estar ahí. Estás donde estás porque lo mereces. Sentirte un bicho raro puede ser estresante. Por eso es tan fundamental que, cuando te asalten sentimientos de impostura, te apuntes un tanto por hacer las cosas tan bien como las haces. Puede haber quien espere que representes a todo tu grupo social, pero no tienes por qué aceptar esa responsabilidad. Tienes tanto derecho a caer de bruces como cualquiera; hazlo valer.

## Resumiendo

Hay siete razones perfectamente válidas por las que puedes sentir que eres un fraude: las expectativas y los mensajes de la familia; ser estudiante; trabajar en una cultura organizativa que alimenta la inseguridad; trabajar en solitario; trabajar en un campo creativo; estar en territorio extranjero o sentirte como si lo estuvieras, y, por último, tener que representar a todo tu grupo social. Una vez que sabes que muchas personas en situaciones, ocupaciones, culturas organizativas y circunstancias similares a las tuyas sienten la misma falta de confianza que sientes tú, puedes tomarte tus sentimientos de impostura como una respuesta influenciada por la situación concreta, y no como algo que tenga que ver con tu valía personal.

## Lo que puedes hacer

- Da un paso atrás y examina si es posible que los mensajes y expectativas de tu familia estén contribuyendo a tus sentimientos de impostura.

En busca del origen · **65**

- Toma nota de cualquier detalle revelador que hayas descubierto al leer sobre una situación en la que te vieras reflejada o reflejado. Anota con qué situación o situaciones de las que se comentan aquí te identificas. Al lado de cada una de ellas, escribe la siguiente frase y complétala: *Lo que siento es absolutamente normal, teniendo en cuenta que* _____ .

- La próxima vez que tengas uno de esos momentos en que es normal que te sientas una impostora o un impostor, pulsa el botón de pausa y aleja la imagen para tener una perspectiva de conjunto. Si sigues creyendo que nadie más que tú se siente un fraude, busca oportunidades –en persona o a través de internet– de conectar con personas que estén en situaciones similares a la tuya, y saca a colación el tema de la impostura. Te garantizo que la convicción de que son sentimientos exclusivamente tuyos no te durará demasiado.

## Lo que viene a continuación

Existe una conexión innegable entre cómo te perciben desde fuera y cómo te sientes por dentro. Para las mujeres, el síndrome de la impostura es tanto una experiencia compartida como individual. Como estás a punto de saber, otra pieza fundamental del rompecabezas son las ideas imperantes sobre la competencia femenina, que explican en gran medida por qué es un síndrome que abunda más entre las mujeres.

# 3. No todo está en tu cabeza

A las mujeres se nos considera un poquito menos competentes.
Nuestros problemas son por supuesto menos acuciantes.
Nuestra experiencia no es del todo igual de válida.

DEE DEE MYERS,
exsecretaria de prensa de la Casa Blanca

Sandra, ejecutiva de un banco internacional de inversiones, me invitó a dar una charla sobre el síndrome de la impostura. Estaba convencida de que a varias directivas con las que había hablado les vendría muy bien escucharme, pero en realidad el motivo de la invitación no era del todo desinteresado. A pesar de su impresionante cargo, y de su salario más impresionante aún, cada vez que la consideraban merecedora de un ascenso pensaba: *¿Es que esta gente no se da cuenta de que no sé, de que voy improvisando sobre la marcha?* Así que tuvo que ser tranquilizador para ella que, en veinticuatro horas, más de doscientas personas se inscribieran para asistir a la charla.

Entre las respuestas que recibió Sandra, había un correo electrónico de otro ejecutivo. Decía simplemente: «No me hacen falta esas cosas. La verdad es que soy bastante más listo de lo que la gente cree». Mi clienta se maravilló de que alguien que hacía el mismo trabajo que ella lo viviera de forma tan distinta. *¿De dónde saca esa seguridad?*, se preguntaba. Poco después, recibí un correo electróni-

**68**   El síndrome de la impostura

co que contaba algo sorprendentemente similar, de una prestigiosa investigadora científica que el día anterior había asistido a un taller sobre el síndrome.

> Mi marido es un tipo encantador y ambicioso que ha llegado a lo más alto de la escala ejecutiva. Anoche, durante la cena, le hablé del síndrome de la impostura. Me dijo con toda sinceridad, sin la menor arrogancia, que no se sentía identificado en absoluto con nada de eso porque él cree de verdad que es más inteligente de lo que nadie le reconoce. ¡Gran carcajada! :-) Solo puedo reírme de lo diferentes que somos él y yo. Es curioso.

La verdad es que sí, es curioso que tantos hombres presumiblemente inteligentes y capaces expresen ese grado de seguridad, y que tantas mujeres igual de brillantes y competentes sean casi incapaces de sentir lo mismo. Es curioso que a las mujeres les cueste tanto reconocer sus aptitudes y que los hombres sientan que no se les reconoce lo suficiente su brillantez. Y que los estudios revelen sistemáticamente que, en cualquier campo profesional –ya sea el mundo de las finanzas, de la docencia o de los deportes–, a los hombres se les considera más entendidos, más capacitados y de más confianza que a las mujeres. La pregunta, por supuesto, es por qué.

En el capítulo anterior te has enterado de siete razones por las que es totalmente comprensible que tú, o cualquiera, pueda sentirse un fraude. Algunas de ellas, como ser estudiante, trabajar en un campo creativo, ser una de las pocas personas «diferentes» en tu lugar de trabajo, trabajar en solitario o estudiar o trabajar en otro país dependen en gran medida de la situación, por lo cual no sería descabellado pensar que tal vez podrías evitar por completo sentirte una impostora con solo evitar cualquiera de esos factores desencadenantes. Otros factores, como la forma en que te educaron o el que seas una profesional de primera generación, por más vueltas que les des no los puedes cambiar.

Hay otro factor que lo toca todo y que es inevitable, y es la sociedad en la que vives. Por eso vamos a cambiar de perspectiva y, en lugar de quedarnos en los factores situacionales, vamos a ver qué elementos de la sociedad pueden hacer que te sientas menos competente de lo que realmente eres. Factores que también ayudan a explicar por qué son las mujeres quienes más comúnmente expresan tener sentimientos de impostura. Vamos a explorar juntas la manera en que determinadas realidades sociales pueden agravar la falta de confianza en nosotras mismas, pero debes tener presente que no todas las mujeres tienen las mismas experiencias. Si, por ejemplo, estuviste en primera línea batallando por derribar las barreras que impedían a las mujeres entrar como miembros de pleno derecho en el mundo laboral, o si tienes un empleo que es atípico para una mujer, es probable que tengas más «historias de guerra» que si has sido la beneficiaria de esas precursoras o trabajas en un entorno más favorable para las mujeres.

Incluso la experiencia de mujeres que trabajan para la misma organización puede ser radicalmente distinta, dependiendo del nivel o departamento en que trabajen, o de si trabajan en las oficinas centrales o se ocupan de asuntos prácticos en vez de administrativos. También el tipo de trabajo que haces tiene su importancia. Si trabajas en un campo en el que predominan las mujeres, como los servicios sociales o la docencia, quizá no tengas que enfrentarte, al menos de una manera obvia, al doble rasero de algunas políticas laborales. En cambio, si, por ejemplo, te ganas la vida actuando delante de una

**70**    El síndrome de la impostura

cámara, sabes muy bien que el mero hecho de cumplir los cuarenta puede hacer que tu carrera cinematográfica se vaya a pique, mientras que a los actores les está permitido envejecer sin que por eso vean disminuir su éxito y sus ingresos.

Puede que una parte de lo que leas en este capítulo te resulte deprimente y desalentador. Sin embargo, saber cómo son de verdad las cosas te ayudará a contextualizar más cualquier sentimiento de impostura y a tomártelo menos como una disfunción tuya. En cuanto observes tu experiencia con un poco de distancia, empezarás a ver que no es por casualidad que te hayas sentido una impostora toda tu vida. Desde ahí vas a poder investigar cómo han influido las realidades externas en lo que ocurría dentro de ti.

Reconocer que hay fuerzas que tienen el poder de actuar en tu contra te da además la oportunidad de aprender a hacerles frente. Por otro lado, esto no debería ser ni mucho menos un pretexto para adoptar el papel de víctima o encasillar en él a las mujeres en general. Es cierto que la sociedad puede influir enormemente en que te sientas competente o no, pero tú también pones tu granito de arena. Por eso, voy a invitarte a que estés atenta a las distintas maneras en que tú misma puedes estar contribuyendo, sin saberlo, a hacerte la vida difícil.

## Las críticas a las mujeres

Se suele decir que tu crítica más feroz eres tú misma. Sin embargo, de lo que quizá no tienes ni idea es de la cantidad de gente que te critica por tu habilidad o tu competencia; gente que, aunque en realidad no te conoce, ha llegado a sus propias conclusiones sobre ti basándose exclusivamente en tu sexo. ¿Recuerdas que decíamos que tienes por costumbre atribuir tus logros a la casualidad? Pues resulta que no eres la única que lo piensa. Los estudios han revelado que es más probable que la gente atribuya el éxito de un hombre a su habilidad, y el tuyo, al azar. En otras palabras, cuando él consigue algo notable, es porque «tiene lo que hay que tener»; cuando lo consigues tú, es porque has tenido suerte.[1]

Luego está el chiste ese de que una mujer tiene que trabajar el doble que un hombre para que se la considere la mitad de eficiente. En algún momento, las mujeres añadieron como remate: «Afortunadamente, no es que sea difícil». Bien, pues ¿adivina qué? Resulta que sí lo es. Como descubrieron las inmunólogas suecas Christine Wenneras y Agnes Wold, para una científica puede ser literalmente dos veces y media más difícil.

Wenneras y Wold querían descubrir cómo era posible que, pese a haber cada vez más mujeres que se doctoraban en algún campo científico en el mundo, los hombres siguieran dominando las altas esferas de la investigación académica. Así que decidieron investigar cómo se concedían las becas de investigación. Se les pusieron todos los impedimentos imaginables. La inquebrantable fe del Consejo Médico Sueco en su sistema de meritocracia les dificultó hasta tal punto el acceso al sistema privado de revisión por pares que tardaron dos años en conseguirlo y necesitaron incluso una orden judicial.[2]

Cuando por fin se descorrió el telón, lo que descubrieron dejó atónita a una comunidad científica compuesta por una abrumadora mayoría de hombres. A cualquier mujer que solicitaba una beca, se le exigía presentar dos veces y media más de investigaciones y/o artículos publicados que a un solicitante masculino para recibir la misma puntuación.[3] Dicho de otro modo, los hombres podían avanzar

**72**    El síndrome de la impostura

más haciendo bastante menos, lo que confirma que, a pesar de las objeciones de que la discriminación positiva «rebajaría los niveles de calidad», la mediocridad nunca ha sido un impedimento para que un hombre pueda tener éxito.

> Trabajo sin descanso para que llegue el día en que las mujeres y la población negra y marrón no cualificadas tengan un sitio al lado de los hombres no cualificados en el gobierno de nuestro país.
>
> Sissy Farenthold,
> miembro de la Cámara de Representantes de Texas en 1968

Ser mujer significa que se te exige más en profesiones en las que cabría esperar que la evaluación fuera puramente objetiva.

- Cuando en el proceso selectivo de intérpretes de orquesta se utiliza una pantalla que oculta su identidad durante la audición, una mujer tiene el doble de probabilidades de superar las rondas preliminares, y sus posibilidades de ser seleccionada en la ronda final se multiplican por cuatro.[4]
- En un instituto de educación secundaria, las profesoras de ciencias recibieron una evaluación más baja que los profesores por parte del alumnado que acababa de graduarse, pese a que las pruebas de selectividad demostraran que la preparación preuniversitaria que habían recibido de unos y otras había sido igual de eficaz.[5]
- En un análisis de más de ochenta mil evaluaciones de desempeño del personal de las Fuerzas Armadas, no se encontraron diferencias basadas en el género en las puntuaciones de la

evaluación objetiva numérica. Sin embargo, se vio que en las evaluaciones subjetivas era más probable que se asignaran calificativos como «compasiva» o «inepta» a las mujeres y «analítico» o «arrogante» a los hombres, y que se asignaran muchos más atributos negativos a las mujeres.[6]

A las mujeres no solo se nos pone el listón más alto, sino que se nos exige que demostremos nuestra competencia de formas que rara vez se les exigen a los hombres. Por ejemplo, cuando en un estudio se hizo que una mujer y un hombre presentaran una candidatura ficticia para un puesto de dirección en distintos centros docentes, el personal seleccionador, a la vista del magnífico currículum vitae de una y otro, consideraba que tenían las mismas probabilidades de ser la persona seleccionada; eso sí, resultó ser cuatro veces y media más probable que a la candidata se le pidiera documentación que avalara todo lo que constaba en el currículo, como que las becas las había conseguido por mérito propio, o una demostración de su manera de enseñar.[7] He oído contar otros casos de «demuéstralo» a innumerables alumnas, así como a estudiantes de color, a quienes se les había acusado de plagio porque su trabajo era «demasiado bueno».

> Por lo que luchamos hoy,
> no es por que una Einstein sea nombrada profesora adjunta.
> Es por que una inepta ascienda
> con la misma rapidez que un inepto.
>
> BELLA ABZUG

**74** El síndrome de la impostura

Por supuesto, también por razones de raza y etnia existen los mismos prejuicios inconscientes en lo relacionado con las aptitudes profesionales:

- En diversas ciudades británicas, aquellas solicitudes de empleo en las que figuraba un nombre que sonaba a raza blanca tenían un setenta y cuatro por ciento más de probabilidades de recibir una respuesta afirmativa que aquellas en las que figuraba un nombre que sonaba a cualquiera de las minorías étnicas.[8]
- Un estudio a gran escala en el que participaron 6.548 docentes de las principales instituciones académicas de Estado Unidos reveló que era mucho más probable que el profesorado respondiera a solicitudes de orientación (ficticias) enviadas por potenciales estudiantes de doctorado cuando su nombre parecía indicar que venían de un hombre blanco que cuando todo indicaba que procedían de una mujer blanca, o de una mujer o un hombre de raza negra o ascendencia hispana, china o indígena. El índice de respuesta más bajo era el que recibían las mujeres chinas y los hombres indígenas.[9]

Aunque este tipo de doble rasero te crispe los nervios, es posible que tengas que contener tu indignación. Es decir, si quieres que te consideren competente. No hace falta ir muy lejos para encontrar a hombres del mundo del deporte, políticos y líderes empresariales que son célebres por atreverse a desahogar su ira, tenga las consecuencias que tenga. Sin duda, una de las razones por las que finalmente no pasa nada es que no les importa lo que la gente piense de ellos. Ahora bien, el hecho de que sean hombres significa que tampoco tiene por qué importarles. En experimentos de entrevistas de trabajo simuladas, se vio que el equipo seleccionador decidía que los candidatos que se atrevían a expresar su enfado no solo merecían más estatus y un salario más alto, sino que se podía esperar que hicieran mejor su trabajo que las candidatas que se mostraban enfadadas por los mismos motivos. En otras palabras, la irritabilidad en los hombres se considera un signo de estatus, mientras que, cuando una mujer pierde los nervios, se la considera menos competente.[10]

En realidad, ni siquiera es necesario un estudio experimental para demostrar los efectos desastrosos que pueden tener los prejuicios sociales sobre la competencia femenina. En una entrada de su blog titulada «Why James Chartrand Wears Women's Underpants» (Por qué lleva James Chartrand ropa interior de mujer), James Chartrand, el popular fundador de la empresa de diseño web y estrategias de *marketing* Men with Pens (Hombres con Bolígrafos) reveló que en realidad no es un «él» sino una «ella» que hasta ahora se había hecho pasar por hombre. ¿Por qué? No solo era mucho más fácil conseguir encargos siendo hombre, sino que, dice Chartrand, la credibilidad y el respeto que implícitamente inspira un hombre se traducían en tener que negociar menos los honorarios, e incluso en que, según había comprobado previamente, la misma oferta presentada como hombre recibiera mejor acogida que la presentada por ella como mujer. Escribir bajo un seudónimo masculino, dice esta joven canadiense de treinta y tanto años, «Me abrió un mundo nuevo. Me hizo ganar el doble, y a veces el triple, de lo que ganaba cuando usaba mi verdadero nombre; por el mismo trabajo y los mismos servicios. Cero complicaciones. Mayor aceptación... Me llovían las llamadas y los encargos. La gente me pedía consejo, y además me lo agradecían».[11]

## 76    El síndrome de la impostura

*Aplicado a tu vida*

Sabes de sobra que te exiges un nivel de excelencia prácticamente inalcanzable; que, como si fuera lo natural, esperas ser capaz de hacer las cosas a la perfección. Pero ¿crees que tal vez las expectativas irracionales que otra gente tiene de ti podrían estar agravando el problema? Cuando tienes por sistema cuestionar tu competencia, es difícil saber con certeza, por ejemplo, si la razón de que no hayas conseguido el ascenso es que en verdad te faltaba experiencia o que te han aplicado un rasero distinto.

Por eso, me gustaría que dieras un paso atrás y analizaras qué papel pueden tener el género u otros prejuicios basados en la raza, la edad o la discapacidad en que te sientas menos competente de lo que realmente eres. Por ejemplo:

- Cuando las cosas te van bien, ¿suele comentarte la gente la «suerte» que has tenido?
- ¿Has sentido alguna vez que tenías que rendir más de la cuenta, o que se esperaba de ti más, o menos, que del resto?
- ¿Hay ocasiones en las que sientes que tienes que demostrar tus capacidades de un modo que a un hombre no se le exige?

Si has dado una respuesta afirmativa a alguna de estas preguntas, reflexiona tranquilamente sobre cómo han podido influir esas experiencias en la falta de confianza y competencia que sientes hoy. A partir de ahora, no des automáticamente por hecho que la razón de que hayan rechazado tu solicitud, o te hayan pedido que aportes pruebas adicionales de tus capacidades o credenciales, sea alguna carencia tuya real. Por otra parte, hay razones que nada tienen que ver con los prejuicios raciales o de género por las que a veces tomamos decisiones que nos llevan en una dirección que no es la que deseamos, o que nos hacen estancarnos profesionalmente. Nadie se salva de tener puntos ciegos. Así que, antes de que empieces a protestar por lo injusto que es todo, hazte algunas preguntas:

- ¿Necesito tener más experiencia, o un historial de trabajo, antes de alimentar una esperanza realista de poder avanzar profesionalmente?
- ¿Hay algo que pueda hacer para presentar con más claridad una idea, o negociar con más calma, o demostrar más soltura en una entrevista?
- ¿Quién, de la gente que conozco, podría hacer una valoración objetiva de mis posibles carencias y decirme en qué puedo mejorar o qué debería cambiar para llegar a donde quiero?

## La importancia de ser menos

Ser mujer significa que tu trabajo y tú tenéis automáticamente muchas más posibilidades de que se os ignore, descarte, trivialice, infravalore o se os tome mucho menos en serio que a un hombre y su trabajo. Pensemos, por ejemplo, en algo tan básico y esencial como el arte. Pese a ser expresiones igual de creativas y meticulosas que otras formas de arte, la cerámica, el bordado, el tejido y otras expresiones artísticas asociadas tradicionalmente con las mujeres se han relegado siempre a una categoría inferior, la de la «artesanía», por parte de historiadores y conservadores de museos. Asimismo, el trabajo académico, científico o literario de las mujeres no se ha considerado generalmente igual de «importante» o «genial» que el de los hombres. La narrativa y las películas producidas por mujeres, o dirigidas a ellas y que son de su gusto, suelen etiquetarse despectivamente de «literatura para mujeres» o «pelis para mujeres». Sin embargo, rara vez se oye que nadie utilice una expresión similar para referirse a las películas de acción, por lo común violentas, que tanto gustan al público masculino.

No es demasiado probable que un comentario despreciativo u ofensivo aislado te cree una inseguridad duradera, menos aún si viene de alguien desconocido. Lo que puede acabar haciéndote dudar de ti misma es el efecto acumulativo de los repetidos menosprecios, a menudo sutiles. Por ejemplo, de los cientos de ejecutivos y empresarios de éxito con los que he trabajado, nunca he oído a ninguno quejarse de que se estuviera trivializando su trabajo. En cambio, es algo de lo que se quejan mucho las mujeres.

«Pequeño», «pequeña», es un adjetivo que a los hombres no les gusta, al menos cuando se refiere a ellos. No obstante, es una palabra que utilizan alegremente para referirse al trabajo de las mujeres. Conozco a una joven profesora que, tras anunciarle entusiasmada al decano de la facultad que le habían concedido la beca, sintió como si le cayera un jarro de agua fría al oírlo responder: «Ah, ¿te refieres a la pequeña?». Hay comentarios que, incluso aunque se hagan sin mala intención, como «¿Por qué no le cuentas a todo el grupo esa pequeña idea que se te ha ocurrido?» o «He oído que estás empezando un pequeño negocio de consultoría» o «¿Cuándo se estrena tu pequeño espectáculo?», te envían el mensaje de que lo que ofreces no es en realidad muy serio.

Si los estudios del desarrollo intelectual infantil están en lo cierto, es posible que los niños, a edad muy temprana, sencillamente aprendieran a tomarse menos en serio al género femenino que al masculino. En los juegos por parejas, incluso entre niños y niñas de solo dos años y medio, el niño presta atención a las protestas de otros niños, pero si una niña le dice que deje de hacer algo, la ignora.[12] Unos años más tarde, incluso en lo que un determinado estudio había concebido como un proyecto colaborativo de ciencias, la experiencia de ser el único chico de un equipo difería drásticamente de la de ser la única chica. Cuando los equipos estaban formados por tres chicas y un chico, ellas le cedían la palabra a él, que hablaba el doble que todas sus compañeras juntas. Por el contrario, cuando la situación era la inversa, los chicos ignoraban a la única chica y la insultaban.[13] Damos otro salto hasta la edad adulta, y el patrón de comportamiento se mantiene intacto. Las mujeres de nivel medio de Silicon Valley comentan que su entorno de trabajo, mayoritariamente masculino, es tan «competitivo y hostil» que tienes que tomar la determinación de «ser de lo más enérgica si quieres que te escuchen»[14].

Naturalmente, todo el mundo quiere sentir que se le escucha. Sin embargo, es probable que para ti sentirte escuchada sea aún más importante. Si alguna vez te has sentado en una reunión o en una clase y has tenido la impresión de que se ignoraban tus aportaciones, no te sorprenderá saber que, según se ha visto, cuando una estudiante siente que su profesor no hace caso de sus preguntas, su confianza en sí misma decae; por el contrario, la seguridad de las mujeres aumenta cuando sienten que se las escucha.[15]

No necesitas convencer a Ruth Bader Ginsburg, jueza del Tribunal Supremo de Estados Unidos, de que sentirse escuchada es importante. Al recordar lo que había supuesto para ella ser abogada en los años sesenta y setenta del pasado siglo, Ginsburg decía en una entrevista del periódico *USA Today*: «No sé a cuántas reuniones habré asistido en las que decía algo que me parecía una buena idea

80    El síndrome de la impostura

y no oía ninguna respuesta... Luego un colega decía exactamente lo mismo, y entonces todo el mundo prestaba atención y le respondía». Tres décadas después, añade Ginsburg, la falta de diversidad que seguía imperando en el Tribunal Supremo era en algunos momentos desmoralizadora. «A veces ocurre hasta en las conferencias del tribunal, que hablo y..., hasta que otro no repite lo que yo he dicho, nadie demuestra ningún interés».[16]

Cuando te sientes una impostora, tiendes a infravalorarte. Si das un paso atrás para tener una perspectiva un poco más amplia, la pregunta inevitable es: ¿cómo no iba a ser así? Cuantas más mujeres se incorporan a un campo profesional, más descienden la escala salarial y el estatus del puesto que desempeñan. Y cuando vives en una sociedad en la que se veneran el estatus y el dinero, tener poco de lo uno y de lo otro refuerza tu percepción de que el trabajo que haces no tiene demasiado valor, al menos cuando lo hace una mujer. El humorista Dave Barry, columnista del periódico *Miami Herald*, se refería a esto cuando escribió: «La solución obvia y justa al problema de las tareas domésticas es dejar que los hombres se encarguen de ellas durante, digamos, los próximos seis mil años, para igualar las cosas». En tono de broma seguía diciendo: «Lo que pasa es que, a lo largo de los años, los hombres han ido desarrollando una noción tan exagerada de la importancia que tiene todo lo que hacen que, muy pronto, convertirían el trabajo doméstico en una mascarada como hacen ahora con los negocios. Contratarían secretarias, comprarían ordenadores para planificarlo todo y harían viajes a las Bermudas para asistir a conferencias sobre tareas domésticas, y al final nunca limpiarían nada».[17]

Es fácil sonreír ante la verdad del chiste de Barry. Pero no tiene demasiada gracia cuando es tu trabajo el que sistemáticamente se

No todo está en tu cabeza     **81**

infravalora. Si no, que se lo pregunten a Dee Dee Myers, miembro del personal de la Casa Blanca durante la presidencia de Clinton. En su libro *Why Women Should Rule the World* (Por qué deberían gobernar el mundo las mujeres), ofrece una reveladora visión de las formas sutiles y no tan sutiles en que se rebaja la importancia de una mujer. Habla de la intensa presión a la que estaba sometido el presidente electo Bill Clinton para que cumpliera su promesa de crear un gobierno capaz de hacer que el país «pareciera Estados Unidos». Por desgracia, sus primeros nombramientos eran más de lo mismo. Fue entonces cuando se urdió un plan interno para que nombrara a Myers primera mujer secretaria de prensa de la Casa Blanca… o algo parecido. Myers recibió la noticia de los miembros del equipo de transición George Stephanopoulos y Ricki Seidman. Voy a dejar que sea ella la que lo siga contando: «[Me dijeron] que tendría el título de secretaria de prensa de la Casa Blanca. Pero el trabajo sería un poco diferente del habitual. George sería el director de comunicaciones; él se encargaría de las sesiones informativas diarias, como había hecho durante la transición, y yo sería la informadora de apoyo. Él ocuparía el despacho de la secretaría de prensa en el Ala Oeste; yo tendría uno más pequeño en la misma suite. A él le correspondería el rango más alto, de asistente directo del presidente (como todos los anteriores secretarios de prensa); yo sería asistente adjunta, un rango inferior con un sueldo menor (naturalmente)». Sobre la oferta en sí, Myers dice: «De repente me encontré ante una situación desconcertante, que sabía que era más que común entre las mujeres: responsabilidad, sin la autoridad correspondiente».

Una vez en la Casa Blanca, Myers siguió encontrando elementos que corroboraban su impresión inicial. Resultó que un adjunto de otro despacho, pese a tener menos responsabilidad, ganaba diez mil dólares más al año que ella. Myers se dirigió al jefe de gabinete, Leon Panetta, para aclarar lo que ella creía que era un simple descuido fácilmente subsanable. En lugar de eso, Panetta le explicó que el otro tipo había tenido que rebajar su sueldo anterior al aceptar trabajar para el presidente; que no había dinero en el presupuesto para un aumento (estamos hablando de ochocientos dólares al mes) y que, además, él tenía familia y ella no. Cuando Myers insistió en defender su petición, Panetta terminó abruptamente la reunión con un «Déjalo ya, no va a servirte de nada».

No hace falta que el poder o el dinero sean tus principales motivaciones en la vida para darte cuenta del efecto demoledor que puede tener en una mujer una experiencia de este tipo. Myers escribe: «El presidente y los altos cargos hicieron que el trabajo fuera menos importante de lo que había sido hasta entonces. Y eso me hizo menos importante a mí».

*Aplicado a tu vida*

Si hasta ahora te has infravalorado, puede que sea porque el mundo en el que vives también lo hace. Para conectar todo esto que acabas de leer con tu experiencia personal, busca casos en tu vida en los que te hayas sentido ignorada o menospreciada o se hayan trivializado tu trabajo o tus palabras. Instantes en los que has tenido que esforzarte más para que se escuche tu voz o en los que tu trabajo no se ha retribuido económicamente como correspondía. ¿Ves una posible relación entre esas realidades externas y tu lucha interna por sentirte competente y merecedora?

Por mucho que entiendas cómo funciona la sociedad en general, no puedes controlar lo que la gente piensa o hace. Sin embargo, hay cosas que puedes hacer para mitigar ciertas situaciones, o puedes al menos saber de antemano qué consecuencias podría tener tu comportamiento. Por ejemplo, tus momentos de enfado en el trabajo. Puedes enfadarte si quieres, pero sé consciente de que, si lo haces, corres el riesgo de que se te considere menos competente. No obstante, debes saber también que se ha descubierto en varios estudios que, cuando las mujeres explican por qué están enfadadas, la gente suele ser comprensiva con ellas y hacer una excepción, mientras que con los hombres que están en el mismo caso se tiene menos indulgencia, porque utilizar las emociones como justificación se considera en ellos un signo de debilidad.

Es difícil tomarte a ti misma en serio cuando la gente que hay a tu alrededor no lo hace. Pero eso no significa que tú no tengas también tu parte de responsabilidad en que las cosas sean así. ¿Recuerdas al chico del proyecto de ciencias que hablaba el doble que sus tres compañeras de equipo juntas? Todas nos hemos encontrado con hombres que se las han arreglado para acaparar la atención, pero ¿quién se lo ha permitido? Si sientes que no se te escucha, estate atenta a cómo puedes estar contribuyendo a esa dinámica: ¿utilizas por norma el modo de comunicación tradicionalmente femenino, que consiste en esperar tu turno? Está bien que lo hagas cuando se estén tratando asuntos de escasa importancia, pero hay situaciones en las que, para que te oigan, tienes que renunciar a las normas habituales, empezando por la de que siempre tienes que cumplir las normas.

No basta, por ejemplo, con que levantes la mano. Tienes que mantenerla levantada, aunque eso signifique desobedecer las reglas. Esta es una lección que Sheryl Sandberg cuenta que aprendió siendo directora de operaciones de Facebook; irónicamente, después de darle un discurso al personal de la empresa sobre por qué hay tan pocas mujeres líderes en el mundo. Poco después de la charla, una empleada se acercó a ella y le dijo que lo más importante que había aprendido en aquella reunión era que hay que mantener la mano levantada. Siguió explicándole a Sandberg que, al oírla decir, casi al final de la charla, que respondería solo a dos preguntas más, había bajado la la mano, y vio que todas las demás mujeres la habían bajado también. Y luego se quedó perpleja mirando cómo Sandberg seguía respondiendo a un montón de preguntas, todas ellas de hombres que habían mantenido la mano levantada.

Si quieres que te escuchen, vas a tener que salir de tu zona de confort, de esta y de otras maneras. Tanto si estás convencida de que eres una impostora como si no, probablemente no te sientas cómoda hablando de tus logros. Aunque tengas toda la confianza del mundo, puede que sientas rechazo al autobombo, porque crees firmemente que el trabajo de una persona debería hablar por sí mismo. No es así. Los hombres lo saben, y por eso tocan la bocina con decisión, por insignificante que sea el logro.

Mi trabajo me ha puesto en contacto con decenas de abogadas de prestigio que eran socias de importantes despachos jurídicos. En más de una ocasión, las he visto quedarse anonadadas cuando alguno de sus colegas anunciaba que iba a publicar en el boletín interno del bufete pequeñas actualizaciones de sus actividades. Una de ellas me dijo: «A algunos de estos tipos les parece de lo más natural hacer públicas cosas tan insignificantes como que asistieron a un desayuno del Rotary Club. A menos que estuviera subida a un estrado dando un discurso, a mí me daría vergüenza difundir algo tan anodino».

Que a ti te parezca «apropiado» o «trivial» es irrelevante. Lo que importa es que, mientras tú sigues al pie del cañón confiando en que alguien se dé cuenta y te haga un cumplido, estos tipos no pierden ocasión de poner su nombre allí donde pueda verlo gente

No todo está en tu cabeza **85**

que esté en posición de impulsar su carrera profesional. Si no tienes un don natural para autopromocionarte, no te preocupes; como cualquier otra habilidad, se puede aprender. Lee un libro, haz un curso o busca una *coach*. Sé que es difícil hablar de lo genial que eres, más aún cuando ni tú misma estás convencida de que lo seas. Pero es muchísimo más difícil que alguien se fije en ti si guardas tus logros en secreto. Si tú no hablas de ellos, ¿quién lo va a hacer?

No cometas tampoco el error de dar por sentado que, si eres buena en lo que haces, automáticamente se darán cuenta y te recompensarán. No será así. Volviendo a Dee Dee Myers, es cierto que no consiguió el aumento de sueldo que le correspondía, pero al menos lo pidió, y esto es algo que, como descubrieron la economista Linda Babcock y sus colegas, no suelen hacer las mujeres. Cuando investigaron cómo era posible que los salarios iniciales de los jóvenes recién licenciados fueran, por término medio, casi cuatro mil dólares más altos al año que los de las jóvenes, descubrieron que ocho veces más hombres que mujeres pedían más dinero. Dicho de otro modo, el noventa y tres por ciento de las mujeres aceptaban la primera oferta que les hacían.

Los hombres «parece que vayan siempre derechos a la magdalena más grande del plato», dice Myers, y añade: «Es más, dan por hecho que sus compañeros (y a veces sus compañeras) harán lo mismo». Y si crees que cuatro mil dólares no son gran cosa, quítate esa idea de la cabeza. Como explican Linda Babcock y Sara Laschever en su libro titulado, precisamente, *Las mujeres no se atreven a pedir*, en el curso de una carrera profesional, una diferencia inicial de sueldo incluso relativamente pequeña puede significar, al final, que hayas dejado de ganar al menos un millón de dólares. Dicen las autoras: «Es una pérdida enorme por falta de una sola negociación…, ¡por evitar lo que normalmente no son más de cinco minutos de incomodidad!».

Es indudable que, si no se valora tu puesto de trabajo, o tu dedicación, o no se te escucha, no te será fácil reconocer —no digamos ya apreciar— lo que ofreces. Por otro lado, si tú no valoras lo que haces, no puedes esperar que la gente lo valore. Literalmente, valorarte a ti misma se traduce en asegurarte de que tienes la información que necesitas para atribuir el valor adecuado a tu experiencia profesional y a tu trabajo.

- ¿Sabes cuál es el salario medio en tu profesión?
- Si no es así, consulta las encuestas salariales de asociaciones de tu sector concreto.
- Si trabajas por tu cuenta, consulta en internet las tarifas o los precios. Con seguridad, verás que hay personas, o empresas, con mucha menos experiencia o productos inferiores que cobran mucho más que tú.

Una vez que tengas la información que necesitas, recuerda que valorarte significa levantar la mano y mantenerla levantada. Lo importante es que sepas lo que quieres y lo que te mereces, y vayas a por ello. Al evaluar tu situación actual, hazte estas preguntas:

- ¿Sueles hacer lo posible para que quienes están en posición de hacer avanzar tu carrera sepan de tus objetivos y tus logros, o te quedas sentada esperando a que se fijen en ti?
- ¿Tiendes a aceptar lo que te ofrecen, aunque no te parezca lo apropiado?
- ¿Hay aspectos concretos en los que te conformas con menos de lo que te gustaría recibir o en los que no das el paso de «pedir una magdalena más grande»?

No todo está en tu cabeza **87**

- Si es así, ¿qué es lo peor que podría pasar si pides más o abogas en tu favor?
- ¿Qué consecuencias tiene en la práctica no mantener la mano levantada o atreverte a pedir más?

Si quieres ganar más, disponer de más personal, un ascenso, trabajar desde casa, que tus creaciones se expongan en una galería o que alguien te oriente, solo hay una forma de conseguirlo: PÍDELO. Obviamente, que lo pidas no significa que lo vayas a conseguir. Pero como dijo una vez la diva de la ópera Beverly Sills: «Puede que te sientas decepcionada si no consigues lo que quieres, pero si no lo intentas, te sentirás fracasada». O, como suele ser necesario, si no lo intentas y reintentas.

## Los estereotipos importan

La congresista Shirley Chisholm, pionera en la política estadounidense, dijo una vez: «Los estereotipos sobre las emociones, la sexualidad y la psicología de las mujeres empiezan cuando el tocólogo anuncia: "Es una niña"». Dos personas expertas en diversidad, la asesora Rita Hardiman y el doctor Bailey Jackson, destacan un par de obviedades más sobre los estereotipos: que el grupo que más poder tiene es siempre «el que nombra», y que el grupo que nombra, bien niega la existencia de un determinado rasgo o comportamiento en su grupo o, si lo admite, el rasgo o comportamiento se renombra para darle carácter positivo.[18]

Ya sabes a lo que se refieren: él tiene dotes de mando, tú eres una mandona. Él es firme, enérgico; tú eres una bruja. Él es persistente;

# 88   El síndrome de la impostura

tú eres recalcitrante. Él es decidido; tú impulsiva. Él se desahoga; tú te pones histérica. Él sopesa las opciones; tú no sabes lo que quieres.

Por supuesto que los estereotipos sobre la masculinidad encasillan igualmente a los hombres, pero, en el terreno profesional, ¿en qué lado de esos estereotipos preferirías estar? En la carrera profesional de un hombre, ser competitivo, agresivo, ambicioso y adicto al trabajo –características todas ellas de una personalidad de tipo A– es una ventaja,* mientras que esas mismas características se consideran una desventaja en la tuya. Esto explica en gran medida por qué el síndrome de la impostura es predominante entre las mujeres de tipo A, pero no entre los hombres de tipo A.[19]

> A los hombres se les enseña a disculparse por sus debilidades;
> a las mujeres, por sus capacidades y su fuerza.
>
> Lois Wyse, escritora y columnista

Incluso las reglas de la comunicación son diferentes para ellos y para ti. Tú no solo tienes que saber qué vas a decir y cómo vas a decirlo, sino que debes pensar también en cómo va a sonar cuando lo digas. Si hablas en tono grave, con decisión, y terminas las frases con una inflexión descendente, todo lo cual se considera característicamente masculino, sonarás agresiva. Y aquí está el problema. Porque cuando una mujer habla de la manera que convencionalmente se considera femenina, utilizando una

---

\* Según la teoría que clasifica a los individuos atendiendo a cuatro tipos de personalidad. Tipo A: ambicioso, competitivo, práctico, impaciente y agresivo; tipo B: relajado, alegre, paciente y despreocupado; tipo C: sistemático, pensativo, sensible, prudente y crítico, y tipo D: melancólico, negativo, pesimista, deprimido y socialmente inhibido. (*N. de la T.*)

inflexión ascendente, en tono más agudo y a un volumen más bajo, la percepción que se tiene de ella es que es menos competente.[20]

Los estereotipos importan por lo fácil que es interiorizarlos como si fueran «la verdad», lo que, como han puesto de manifiesto repetidos estudios, puede a su vez afectar al comportamiento. Los investigadores Claude Steele y Joshua Aronson, de la Universidad de Stanford, fueron los primeros en documentar este fenómeno, que se conoce como «la amenaza del estereotipo». Todo el mundo sabe que a las mujeres se les dan fatal las matemáticas, ¿verdad? Y precisamente porque «sabemos» este supuesto «hecho», basta informar a las alumnas antes de un examen de matemáticas de que la prueba es neutral en cuanto a género para que obtengan mejores resultados. Si se les informa de lo contrario, es decir, de que en el pasado se han apreciado en el examen diferencias por razón de género, sus resultados son sustancialmente peores.[21] La amenaza del estereotipo también entra en juego en situaciones más sutiles. El simple hecho de incluir en un examen de matemáticas una casilla para que cada estudiante defina su género hace que las chicas obtengan peores resultados que los chicos.[22]

Y aún hay más. En otros estudios se observó que, en comparación con el grupo de estudiantes a las que no se les había recordado un estereotipo negativo, el grupo de estudiantes a las que sí:

- En general ponían menos empeño en intentar resolver los problemas matemáticos de un examen.[23]
- Estaban menos interesadas en asumir puestos de liderazgo.[24]
- Cuando no eran capaces de realizar una tarea informática, tendían a atribuirlo a su ineptitud, mientras que los chicos culpaban de su fracaso a haber tenido que utilizar un equipo técnico defectuoso.[25]

- Cambiaron sus preferencias profesionales por otras que no requirieran una fuerte base de matemáticas tras ver varios anuncios de televisión.
- En los que aparecían mujeres preocupadas por su físico, o dedicadas a actividades estereotipadamente femeninas.[26]

Se han visto resultados similares basados en la raza y la clase social. Cuando a un grupo de estudiantes afroamericanos y afroamericanas se les dijo que iba a evaluarse su habilidad verbal, se dispararon en su mente los estereotipos raciales sobre la inteligencia, por lo cual obtuvieron peores resultados que el grupo de estudiantes que no habían recibido esa información.[27] Asimismo, en un estudio realizado en Francia, cuando a una diversidad de estudiantes se les recordó su estatus socioeconómico, quienes provenían de familias con bajos ingresos obtuvieron una puntuación inferior a la de quienes venían de familias acomodadas.[28]

Los estereotipos perjudican también el rendimiento de los hombres. Aquellos a los que se les dijo que el examen que estaban a punto de hacer medía la «sensibilidad social», algo que, como se ha visto, «es menos patente en los hombres que en las mujeres», obtuvieron una puntuación más baja que aquellos a los que se les dijo que la prueba medía el «procesamiento de información compleja». En una situación idéntica, el rendimiento de las mujeres no varió.[29]

Los estereotipos importan porque, incluso aquellos que se denominan «positivos» nos limitan, pues condicionan nuestro comportamiento y lo falsean. Cuando a un grupo de chicos se les anunció que el objetivo de una determinada prueba de golf era medir la «capacidad atlética natural», los estudiantes afroamericanos obtuvieron mejores resultados que los blancos. En cambio, cuando la prueba

No todo está en tu cabeza **91**

se planteó como una prueba de «inteligencia deportiva», ocurrió lo contrario.[30] Del mismo modo, cuando se les hizo un examen de matemáticas a un grupo de estudiantes asiaticoamericanas y se introdujo algún elemento que les recordara su identidad étnica, obtuvieron mejores resultados que las estudiantes del grupo de control. Pero cuando se les recordaba su identidad femenina, obtenían resultados peores.[31]

Otros estudios han detectado el fenómeno de la impostura en muy alto grado entre la población asiática. En una encuesta realizada a seiscientas personas, todas ellas empresarias o propietarias de un pequeño negocio, se descubrió que las estadounidenses de origen asiático experimentaban el síndrome de la impostura con mayor frecuencia o intensidad que los demás grupos raciales.[32] Igualmente, en el ámbito universitario, el grado en que se manifestaba el síndrome de la impostura entre estudiantes estadounidenses de origen asiático era más alto que entre estudiantes de raza negra u origen hispano.[33] Y en un estudio cuyo objetivo era medir los distintos grados en que se manifiesta el síndrome (escaso, moderado, frecuente e intenso) entre profesionales de distinto género y raza, se descubrió que las mujeres estadounidenses de origen asiático presentaban el índice más alto entre quienes experimentaban el síndrome de la impostura con mayor frecuencia, y que los hombres asiaticoestadounidenses tenían los índices más altos entre quienes lo experimentaban en grado moderado.[34] Como señalan las sociólogas Jennifer Lee y Min Zhou: «La expectativa de alcanzar grandes logros tiene un coste: la noción de éxito de la población asiaticoamericana crea la "paradoja del éxito", pues cualquier persona asiaticoamericana que no encaje en ese molde se siente fracasada, atípica dentro de su grupo racial y, por lo tanto, aislada».[35] Los estereotipos importan porque sigue habiendo familias, y de hecho culturas enteras, en las que la manera en que una mujer se ve a sí misma está condicionada por la idea estereotipada que se le ha inculcado desde que era niña sobre cuál es el trabajo de un hombre y cuál el de una mujer.

Es posible que el orgullo que sientes por haberte abierto paso y desempeñar funciones tradicionalmente masculinas se mezcle con una sensación de no pertenecer realmente a ese mundo. Una vicepresidenta sénior, que desde niña había dado por sentado que iría a la universidad, se casaría, tendría una familia numerosa y se dedicaría entonces a hacer de ama de casa, me contó que la súbita muerte de su marido había dado al traste con todos sus planes, incluido el de ser madre. De repente, tuvo que buscar una manera de ganarse la vida, y aceptó el único trabajo que encontró en aquel momento: de secretaria. Con los años fue ascendiendo hasta llegar a vicepresidenta sénior. Todavía hoy, esta ejecutiva admite que hay momentos en los que se mira al espejo y piensa: *¿Qué haces aquí? Esto no es lo que supuestamente ibas a hacer en tu vida. Este no es tu sitio. Eres un fraude.*

Los estereotipos importan porque siguen condicionando cómo se ven a sí mismas las chicas de las siguientes generaciones. Indudablemente, las cosas han cambiado en muchos sentidos para las niñas de hoy. Barbie se deshizo de Ken en 2004, y es igual de probable que en la actualidad una niña tenga una Barbie pirata, astronauta o candidata hispana a la presidencia de Estados Unidos que una Barbie princesa o enfermera. Pregúntale a cualquier chica qué aspiraciones profesionales tiene, y la mayoría te contestarán que ¡todo es posible! Y hasta cierto punto tienen razón.

Pero si indagamos un poco más, vemos que esas chicas cuentan además algo bastante diferente. Aunque el setenta y uno por ciento aspiran a ir a la universidad al terminar el instituto, una encuesta de Girls Inc. (la principal organización estadounidense sin ánimo de

No todo está en tu cabeza    **93**

lucro dedicada a motivar y apoyar a las jóvenes) reveló que más de una tercera parte pensaban que lo que se esperaba de ellas, porque casi todo el mundo consideraba que era lo más importante, es que se casaran y formaran una familia.[36] A esto se suma algo de lo que son muy conscientes las chicas de hoy, y es la intensa presión a la que están sometidas para que, desde una edad cada vez más temprana, se ajusten al modelo de lo que se entiende que es «ser una chica de éxito». Además de la exigencia de que tengan un físico perfecto, estén delgadas y vistan «bien», persisten aún los estereotipos sobre la conveniencia de que hablen en voz baja, no alardeen de sus logros y asuman, en las circunstancias que sea, el papel de cuidadoras. «Hoy en día, la sociedad parece dejar cierto margen para que las chicas trasciendan las expectativas tradicionales con relación a sus capacidades y aspiraciones, pero, eso sí, siempre y cuando se ajusten a la noción convencional de lo que es ser femeninas», concluyen las investigadoras.

*Aplicado a tu vida*

La poeta Adrienne Rich escribe: «El hecho más obvio que la cultura imprime en las mujeres es la conciencia de nuestras limitaciones. Lo más importante que una mujer puede hacer por otra es iluminar y ampliar el ámbito de sus posibilidades».[37] Abrirse paso como mujeres no siempre es fácil, pero vale la pena. A pesar de que se les ponga el listón más alto y de otros obstáculos adicionales, las mujeres y las personas de color han dejado y siguen dejando su huella en todas partes, desde el Senado hasta la bolsa de valores, desde la sala de juntas hasta el quirófano, desde la pista de tenis hasta el Tribunal Supremo. Y lo mismo puedes hacer tú.

La mejor manera de defenderte contra los debilitadores efectos de los estereotipos es, con mucho, ser consciente de ti misma. Tanto a los hombres como a las mujeres se nos ha enseñado y condicionado desde la infancia a percibir un mismo comportamiento de forma diferente dependiendo de si proviene de un hombre o de una mujer. La próxima vez que te sientas una impostora, estate atenta a si los estereotipos pueden estar influyendo en que te veas así. Estate atenta también a si hay momentos en los que, inconscientemente, das validez a ciertos estereotipos sobre ti o sobre otras mujeres. Por ejemplo, aunque sabes que es absurdo, ¿esperas que una directiva o una médica sea más afectuosa o comprensiva? ¿Hay otros casos en los que esperas más de las mujeres que de los hombres, o en los que eres más crítica con las mujeres que tienen comportamientos tradicionalmente masculinos? Cuando ves a una mujer de éxito en la televisión, ¿lo primero que piensas es: «¡Pero qué se ha hecho en el pelo!»?

Es importante que te hagas estas preguntas. Porque, por muy fácil que sea culpar de todo a los prejuicios masculinos, la triste realidad es que, en cada uno de los estudios que he citado en estas páginas, las propias mujeres eran muy exigentes con las demás mujeres. Ten en cuenta además que, precisamente porque el sexismo y el racismo son a menudo sutiles, puedes perder cantidad de energía intentando averiguar si determinado comentario es producto de los prejuicios de género, de la política de empresa o sencillamente una falta de educación. Independientemente de cuál sea el origen de las distintas situaciones que pueden afectarte, tendrás que decidir cuáles combatir y cuáles pasar por alto. Hay batallas que se pueden y deben librar. Pero a veces quizá lo más inteligente sea alejarte y guardar las energías para mejor ocasión. Cuando te enfrentes a prejuicios sexistas, pregúntate:

- ¿Cómo de importante es? Si la respuesta es *No demasiado*, olvídalo.
- Si es importante, pregúntate: *¿Puedo hacer algo al respecto?* Si la respuesta es *No*, olvídalo.
- Si la respuesta es sí, pregúntate: *¿Lo que probablemente conseguiría merece que haga este esfuerzo?*
- Si lo merece, hazlo. Si no, olvídalo.

## Resumiendo

Recuerda las sabias palabras de Eleanor Roosevelt: «Nadie puede hacer que te sientas inferior si tú no lo permites». A pesar de todos los logros conseguidos por las mujeres, la realidad de fondo continúa intacta: si eres hombre, o de piel pálida, se presume que eres competente hasta que se demuestre lo contrario. Gran parte de los prejuicios que tienen tanto los hombres como las mujeres contra la competencia femenina son sutiles y mayormente involuntarios. Pero eso no significa que sean triviales o no tengan consecuencias.

Tener éxito en cualquier empresa o campo profesional exige mucho trabajo, determinación y paciencia. Triunfar como mujer –no digamos ya como mujer de color– exige esto y mucho más. Así que te animo a que, además de estar atenta a las distintas formas en que te frenas a ti misma, estés alerta a las formas sutiles y no tan sutiles en que las realidades externas pueden minar tu confianza.

Por mucho que sentirte una impostora te parezca una experiencia muy personal, esa experiencia ocurre dentro de un contexto social que a menudo la fomenta. Saber esto puede ayudarte a establecer una relación entre lo que esté ocurriendo fuera y tu equivocada sensación de ineptitud.

## Lo que puedes hacer

- Estate alerta a las formas en que devalúa la sociedad en conjunto la competencia femenina.
- Cuando te sientas un fraude, da un paso atrás para considerar si los prejuicios inconscientes o sistémicos relacionados con el género, la raza, la etnia, la discapacidad, el idioma, la identidad de género o el estatus socioeconómico pueden estar contribuyendo a que te sientas así.
- Estate alerta a formas en que, sin darte cuenta, puedas estar colaborando tú también con esa devaluación o estereotipación de ti misma o de otras mujeres, de la gente de color o de otros grupos devaluados.
- Entablar batalla por cada ofensa o falta de respeto es agotador. Cuando te encuentres ante un comentario o un comportamiento que, intencionadamente o no, socave tu sentimiento de valía, de competencia y de seguridad en ti misma, decide cuándo vale la pena plantarle cara y cuándo es mejor pasarlo por alto.

## Lo que viene a continuación

Hay más elementos en la historia de tu sentimiento de impostora que lo que ocurre en el exterior. Es hora de mirar adentro y ver cómo se manifiesta este síndrome en tu vida.

# 4. A salvo en tu escondite

> Por mucho que uno haya conseguido, llega un momento en que se pregunta: «¿Cómo he llegado hasta aquí? ¿Cuándo van a descubrir que en realidad soy un fraude y a quitármelo todo?».
>
> TOM HANKS

Si crees que hasta ahora has conseguido engañar a todo el mundo haciéndoles creer que eres más inteligente o más capaz de lo que «en realidad» eres, dime, ¿cuál será tu miedo número uno? Que te descubran, ¿no? Vivir con el temor constante de que en cualquier momento se «revele» que eres un fraude es estresante y agotador. Así que, naturalmente, tienes que encontrar la forma de sobrellevar el estrés por que te declaren culpable de haberte hecho pasar por una persona competente. No es ninguna sorpresa. Pero ¿te has parado a pensar alguna vez en cómo lo haces exactamente en la práctica?

Llevas tanto tiempo arreglándotelas para que no te detecten que es probable que ni siquiera seas consciente de lo automáticos o ensayados que son tus comportamientos defensivos. O de que esos comportamientos tienen implicaciones que van más allá de evitar la detección. Hasta hoy. Porque ahora tú y yo vamos a sacar a la luz a esa persona a la que durante todos estos años has calificado de impostora, falsa, fraudulenta. Lo que estás a punto de descubrir sobre ti te ayudará a encontrar maneras más provechosas de afrontar tus miedos y, finalmente, de eliminar el sentimiento de ser un fraude.

## Siete estrategias que utilizas como impostora o impostor para que no te detecten

Tú no elegiste un buen día sentirte una impostora o un impostor. Pero, lo sepas o no, has encontrado una forma de manejarlo. De hecho, quienes sufren el síndrome de la impostura han aprendido inconscientemente al menos siete formas de, por un lado, controlar la ansiedad que les causa sentirse un fraude y, por otro, asegurarse de que siguen a salvo en la clandestinidad. Las descubridoras del fenómeno de la impostura, Pauline Clance y Suzanne Imes, y su equipo de investigación destacan cuatro estrategias de protección y afrontamiento: la diligencia y dedicación al trabajo, la contención, la simpatía y la procrastinación.[1] En mi trabajo, he tenido ocasión de observar tres estrategias más: adoptar una actitud discreta o un perfil cambiante, dejar las cosas a medias y autosabotearse. A medida que vayas leyendo la descripción de cada una, presta mucha atención a aquella con la que más te identifiques. Esa información te resultará muy útil en breve.

*Sobresfuerzo por prepararte y dedicación plena*
En 1985 nos invitaron a varias personas a un programa de televisión del área de Boston para que habláramos sobre el síndrome de la impostura. Una de las invitadas era una estudiante de medicina llamada Karen. Hacia el final del programa, el presentador se dirigió a ella y le dijo: «Pero, Karen, estás en la facultad de medicina, así que

obviamente eres inteligente». Sin perder un segundo, Karen respondió: «En realidad, no. Es solo que trabajo mucho más que el resto».

Si tienes el convencimiento de que el resto de la clase, o la inmensa mayoría de tus colegas, son por naturaleza más inteligentes o capaces que tú, una forma de evitar que te descubran es hacer un esfuerzo extraordinario y encubrir así tu supuesta ineptitud. Entiéndeme, no estoy hablando de lo que siempre se ha entendido que es trabajar con seriedad. Nadie llega a donde está sin trabajar, y esto te incluye a ti. A lo que me refiero es, por ejemplo, a obsesionarte hasta con el mínimo detalle cuando preparas una presentación no demasiado importante, o a haber estudiado todo lo que entra en un examen y volver a repasarlo una y otra vez, aunque te lo sabes de memoria. Esta clase de conductas está impulsada por el convencimiento de que la única razón por la que consigues resultados excelentes es tu esfuerzo hercúleo. Así que abordas cada aspecto de tu trabajo como si fuera crucial.

Quien nunca se ha sentido una impostora o un impostor trabaja con dedicación porque sabe que eso es lo que requiere el trabajo, y cuando esa diligencia da sus frutos, la confianza de esa persona aumenta. En cambio, cuando tu trabajo da sus frutos, lo que sientes más bien es alivio. Como tus esfuerzos están motivados por la sensación de fondo de que eres un fraude, dicen Clance e Imes, el orgullo o la alegría que sientes tras un éxito dura muy poco.

La adicción al trabajo es un ciclo difícil de romper, ya que, además de protegerte, es una estrategia que contribuye de hecho a que logres unos resultados excelentes. Lógicamente, si trabajas más horas, o estudias con más concentración, o haces más prácticas que el resto, tienes más posibilidades de que te vaya bien. Así que, en ese sentido, ser diligente «funciona». Sin embargo, la ansiedad que motiva ese comportamiento permanece intacta.

Esa fue sin duda la experiencia de Joyce Roché. La expresidenta y directora ejecutiva de Girls Inc. creció rodeada de hermanos y hermanas (once en total) en una familia de clase trabajadora. Tras licenciarse en la Universidad de Columbia, pronto fue nombrada directora de *marketing* en Avon, y después en Revlon. Llegar tan lejos y tan rápido a finales de los años setenta era algo extraordinario para cualquier mujer. Más aún para una mujer afroamericana. Al recordar la época de su ascenso hacia la alta dirección, y las habituales jornadas de catorce horas, ahora comprende por qué el fulgor del éxito desaparecía tan pronto; dice: «En lo más hondo de tu ser, no te crees lo que dicen [...]. La posibilidad de fracasar es tan aterradora que te obliga a trabajar horas sin fin. Y, a la vez, la posibilidad de tener éxito intensifica todavía más el miedo a que te descubran».[2]

Otro aspecto atractivo de esta incansable dedicación al trabajo o al estudio es que se puede cuantificar. Ya sabemos que, a ti, otras formas menos tangibles de medir la competencia, como la inteligencia o el talento, no te sirven. Pero sí puedes contar cuántas horas trabajas. Y la gente que hay a tu alrededor también. Piensas: «Vale, no tengo ni idea de cómo se hace esto, pero al menos nadie podrá decir que no le he dedicado toda mi energía y más». Una vez que te subes a la cinta mecánica de la adicción al trabajo, bajarte de ella es muy difícil, porque crees que cualquier éxito se lo debes exclusivamente a esa adicción. Y cuanto más tiempo sigas teniendo éxito, menos probabilidades hay de que se descubra que eres un fraude.

Quizá estés pensando: «Sí, vale, pero ¿quién no siente esa presión hoy en día y dedica horas sin fin a prepararse?». En caso de que tengas dudas sobre si la energía y las horas que acostumbras a dedicar al trabajo o al estudio son las que requiere la situación, o si en realidad lo haces para encubrir tu sentimiento de impostura, mira a ver qué te dice el instinto. Si oyes: «¡Has acertado!», confía en que es así.

## Contención

La contención puede ser un mecanismo de defensa y adoptar distintas formas. Por ejemplo, si dejarte la piel trabajando no es lo tuyo, quizá intentes evitar que te detecten haciendo justamente lo contrario. El síndrome del bajo esfuerzo, como se denomina en psicología, es común entre adolescentes brillantes que se niegan rotundamente a poner interés en los estudios. Pero también la gente adulta lo practica: sabes que podrías conseguir más, pero no lo haces. El pensamiento inconsciente que hay detrás de ello es: *Si voy a fracasar, es mejor que todo el mundo piense que es porque soy vaga, no porque soy una inepta.* Además, cuanta menos base tenga nadie para valorar tu trabajo, menos posibilidades hay de que te juzguen.

Una parte de ti entiende que poner tus energías en tratar de conseguir un objetivo te hace, además, vulnerable. Porque... ¿y si dedicas toda esa energía y tiempo a crear una empresa o a preparar unas oposiciones y, aun así, fracasas? No, es mucho menos angustioso no intentarlo que exponerte a que alguien juzgue el resultado de tus esfuerzos, que han podido no ser suficientes. Además, si nunca das lo mejor de ti, siempre tendrás la posibilidad de decir (o al menos de pensar) que podrías haber escrito una obra maestra, o haber alcanzado la fama como artista, jurista o líder si lo hubieras intentado de verdad.

Por supuesto, hay personas que sufren el síndrome de la impostura y, aun así, lo intentan de verdad. Tal vez tú seas una de ellas, pero lo más probable es que, entonces, tengas otras maneras de contenerte; por ejemplo, no presentando tu candidatura para ninguna promoción,

**102** El síndrome de la impostura

no inscribiéndote en las clases de excelencia académica o evitando cualquier cosa que te coloque en una posición vulnerable. La contención puede manifestarse también como lo que Clance e Imes denominan «inautenticidad intelectual». Por ejemplo, cuando oyes expresar opiniones opuestas a las tuyas, te callas. O intentas ganarte (o les haces la pelota) a tus superiores o al gerente de contrataciones de una empresa diciéndoles lo que crees que quieren oír.

Si eres estudiante de posgrado, quizá orientes tu investigación de modo que complemente y respalde el trabajo y las opiniones de tu asesor o asesora, o recurras a algún otro tipo de «adulación intelectual» para impresionar a quien está en posición de juzgar tu competencia. Incluso aunque no des una orientación forzada a tu investigación, puede que de todos modos adules verbalmente a tu asesora o asesor, porque siempre le resultará más difícil criticar con dureza el trabajo de alguien que se haya ganado su simpatía. El problema es que, al final, en lugar de sentir orgullo por tu investigación, sientes que todo ha sido una farsa. En secreto te preguntas: *¿Creerían que soy tan genial si me portara como yo soy?*

### Adoptar una actitud discreta o un perfil cambiante
Es posible que tu trabajo sea todo un éxito y, aun así, trates de protegerte de las críticas buscando la manera de no llamar demasiado la atención. Puede que de forma inconsciente hayas elegido un campo de estudio o una profesión que te permita tener un trabajo autónomo u ocupar un puesto relativamente discreto. Por ejemplo, quizá algo que te atrajo de trabajar por tu cuenta es que te permitía eludir la supervisión y evaluación rutinaria a las que está sujeta cualquier persona que trabaje como empleada. O piensas: *Es verdad que el negocio que he montado va estupendamente. Menos mal, porque si*

*tuviera que buscar trabajo, ¿quién me iba a contratar a mí?* Y si llega el momento en que tu negocio necesita tener una imagen pública, tal vez rechaces las invitaciones a dar una charla o las entrevistas, o designes a otra persona para que sea la cara visible. No por timidez (aunque podría ser el caso), sino para evitar que descubran que eres un fraude.

Si trabajas en un sector en el que no tienes forma de esconderte, necesitas encontrar algún otro modo de mantenerte a salvo. Así que, sin darte cuenta, adoptas un perfil cambiante. Como impostora o impostor, tienes la sensación de que llevas una enorme diana en la espalda, ¿y qué mejor manera de esquivar a quienes crees que han sobrestimado tus capacidades que convertirte en un blanco móvil? Como estudiante, empiezas, por ejemplo, a cambiar repetidamente de especialidad, o de director o directora de tesis, o de tema de investigación, o vas saltando de una carrera a otra y, después, de un puesto de trabajo a otro, no para avanzar profesionalmente, sino como estrategia de defensa. Una vez leí que el presidente de un hospital tenía por costumbre cambiar de hospital cada tres años, porque calculaba que ese era el tiempo que tardaría el actual consejo de administración en darse cuenta de que era un impostor.

*Utilizar la simpatía o la perspicacia para conseguir aprobación*
Una parte de ti se siente insegura, pero otra parte de ti cree que tienes mucho talento. ¡Si tuvieras la suerte de encontrar a alguien que reconociera tu brillantez y te ayudara a que tú también la aceptaras! Así que, cuando conoces a una persona que te despierta admiración, haces uso de tus habilidades sociales para impresionarla con la esperanza de que te considere «intelectualmente especial». El problema, dicen Clance e Imes, es que si tus esfuerzos tienen éxito, descartarás

**104** El síndrome de la impostura

cualquier comentario elogioso que venga de ella, dando por sentado que la única razón por la que piensa que eres especial es que has conseguido caerle bien. Además, en lo más hondo, el hecho en sí de que necesites que alguien te valore confirma el hecho de que eres un fraude.

Otra manera en que he visto utilizar la personalidad para tratar de influir en una situación es haciendo un uso calculado del humor. Si tienes una mente rápida e ingeniosa, es posible que te hayas acostumbrado a valerte de tu ingenio para desviar la atención de aquellos aspectos de ti que más fraudulentos te parecen, como tu intelecto. Un agente de ventas me contó en una ocasión: «Si consigo hacerles reír, quizá no se den cuenta de que no tengo ni idea de lo que les estoy vendiendo». Pero cuando lo conseguía, se sentía un farsante.

*La procrastinación*
Todo el mundo pospone alguna tarea de vez en cuando. Sin embargo, si te sientes un impostor o una impostora, es posible que sea una táctica más para aplazar cualquier situación que temes que pueda ser tu perdición. Si trabajas por tu cuenta o eres estudiante, es muy probable que la procrastinación sea tu mecanismo de supervivencia preferido. Al fin y al cabo, es mucho más fácil demorar el momento de enfrentarte a algo si la persona a quien tienes que rendir cuentas eres principalmente tú. Cuando yo era estudiante de posgrado, no solo tenía la casa más limpia de Amherst, Massachusetts, sino que era incuestionable que todas las habitaciones de aquella casa de alquiler las tenía que pintar personalmente yo.

Te cuentas que es porque, como mejor trabajas, es bajo presión. Y quizá sea cierto. Pero sabes también que, cuando dejas las cosas importantes para el último minuto, es muy posible que la calidad del trabajo sufra. A nivel inconsciente, dice Clance, la procrastinación es una forma de escapar. Como, por ejemplo, en el caso de Kate, una estudiante de ciencias políticas con mucho talento, que deseaba con todas sus fuerzas conseguir unas prácticas en Washington, lo mismo que varios miles de estudiantes más. Para conseguir una plaza, había que rellenar una solicitud muy larga. Tenía seis meses para hacerlo poco a poco. Pero esperó hasta el último momento, literalmente; el día anterior a la fecha límite, envió la solicitud por correo urgente. No consiguió las prácticas.

Probablemente, no es que Kate tuviera la intención consciente de perder aquella oportunidad. Ahora bien, una vez que la perdió, el hecho de no haber enviado la solicitud a tiempo le dio una buena excusa para decirse a sí misma: *Estoy decepcionada, pero no sorprendida. ¡Cómo iban a admitirme si envié la carta a todo correr en el último momento!* Pero aquí está el truco. Si la hubieran admitido, no se habría sentido merecedora de la plaza porque sabía que la solicitud no reflejaba su verdadera capacidad. Para una procrastinadora crónica, el éxito solo habría reforzado la convicción de que «les había vuelto a engañar».

*Dejar las cosas a medias*

De acuerdo, puede que sea por los pelos, pero al final la mayor parte de la gente procrastinadora acaba el trabajo. La mayor parte. Porque hay también quienes llevan la procrastinación al extremo, y nunca terminan lo que han empezado. Por ejemplo, la estudiante de posgrado que termina el curso y tiene la tesis doctoral más o menos estructurada y, poco a poco, empieza a languidecer (a veces durante años) y el trabajo queda en un estado de incompleción, conocido comúnmente como «hacerlo todo menos la tesis». O el artista que trabaja sin cesar en una obra, pero nunca la termina. O la aspirante a empresaria que nunca deja de investigar, planificar y fantasear con una idea de negocio, pero nunca llega a ponerla en marcha.

Si no terminas ningún trabajo, no solo te proteges de la posibilidad de que te detecten, sino que además te evitas la vergüenza de que te critiquen. Porque si alguien pone en duda la calidad del trabajo que has comenzado, o tu talento, o tu destreza, siempre puedes decir que todavía está en proceso o que solo estás haciendo unas pruebas.

*Autosabotaje*

En algunos casos, el miedo a que te pongan en evidencia puede crearte tal ansiedad que, inconscientemente, haces algo que corta de raíz cualquier posibilidad de éxito. Esto es distinto de no esforzarte todo lo que podrías, porque en ese caso, al menos en la superficie, te sigues esforzando. Aquí, en cambio, haces cosas que interceptan directamente tus posibilidades. Cosas como, por ejemplo, llegar tarde o sin la preparación necesaria a una audición o reunión importante. Puede que la noche anterior a la presentación en la que llevas tanto tiempo trabajando te quedes viendo la televisión hasta la madrugada o te tomes una o dos copas de más. De este modo, si haces una presentación desastrosa, puedes echarle la culpa al cansancio o a la resaca. Y si todo va bien, tienes un motivo para sentir que no mereces los aplausos, porque sabes que esta vez te has salvado por los pelos.

O puede que, sin proponértelo, emplees una estrategia de autosabotaje conocida como «potenciación de la parte contraria» y que se traduce en lo siguiente: en una situación en la que compites con otra persona, o se comparan vuestras aptitudes, te diriges a ella para señalarle cierta información, o asesorarla de alguna manera, o proporcionarle cualquier ventaja que aumente sus posibilidades de salir airosa. Al hacerlo, has ocultado estratégicamente el vínculo entre tu ejecución de la prueba y cómo se evalúe. Como «técnicamente» no has hecho nada para interferir en la ejecución, es posible que obtengas buenos resultados. Ahora bien, si la otra persona los supera, habrás preservado la ambigüedad sobre tu fracaso, ya que tienes una buena excusa: que ayudaste a la otra persona. Además, al ayudarla, preservas tu imagen de persona desinteresada, algo a lo que conceden particular importancia las mujeres.

El consumo de sustancias es otra forma de evitar el éxito y escapar por completo de la carga emocional de la impostura. Hace algún tiempo, una madre me escribió angustiada para pedirme consejo después de que detuvieran a su hija de veinticinco años por conducir ebria. Al terminar el curso anterior, a la joven le faltaban solo tres créditos para licenciarse en artes gráficas. «Después de que la detuvieran –escribía su madre–, me confió que cree que, de todas formas, no se merece el título, porque lleva toda la carrera engañando a sus profesores, haciéndoles creer que es una verdadera artista».

Entendámonos, que alguien arriesgue su carrera jugando con fuego no significa que lo haga porque se siente un fraude. Eso no ha impedido, sin embargo, que algunos medios de comunicación culpen al síndrome de la impostura de todo tipo de comportamientos autodestructivos, desde la conducta depravada de Hugh Grant, Bill Clinton y Eliot Spitzer hasta los engaños del, ya desacreditado, periodista del *New York Times* Jayson Blair.[3] Es posible, desde luego, que el comportamiento de estos hombres se debiera a un sentimiento de inseguridad, pero no podemos culpar a este síndrome de cada acto de autodestrucción abominable e incomprensible.

Marca con una cruz el mecanismo de afrontamiento y protección que más familiar te resulte:

_____ Prepararte obsesivamente y dedicar al trabajo horas sin fin.

_____ Contenerte.

_____ Adoptar una actitud discreta o un perfil cambiante.

_____ Utilizar tu encanto personal o tu perspicacia para conseguir aprobación.

_____ Procrastinar.

_____ No terminar lo que empiezas.

_____ Autosabotearte.

Conviene que entiendas algo: ninguna de estas estrategias de afrontamiento y protección consigue aliviar en realidad tus sentimientos de impostura. Esa no es su función. Su función es, por un lado, mantenerte a salvo, al evitarte la vergüenza y la humillación de que te desenmascaren, y, por otro, aliviar parte del estrés que provoca sentirse un fraude. Por muy contraproducentes que sean todos estos comportamientos, no actuamos así porque seamos masoquistas; recurrimos a ellos porque entendemos que esa es la mejor manera de protegernos en determinadas circunstancias de nuestra vida.

En otras palabras, intentas de verdad cuidarte. Así que, desde esta perspectiva, tienes que apreciar cualquier automatismo de afrontamiento y protección que te hayas creado. Por lo general, utilizamos una de las estrategias de la lista, pero no te alarmes si acabas de descubrir que sueles emplear varias de ellas. ¡Solo significa que te estás cuidando seriamente!

## ¿Qué sacas tú de todo esto?

Que empieces a ser más consciente de cómo has intentado lidiar hasta ahora con este síndrome tiene su importancia, pero es solo el principio. Para entender la realidad del asunto, tenemos que profundizar un poco más. Así que vamos a tomar prestadas algunas secciones del libro de Gerald Weinstein *Education of the Self* (La educación del yo),[4] que es en esencia un proceso de autodescubrimiento, y propone una serie de preguntas con el propósito de ayudarnos a detectar y modificar cualquier patrón de comportamiento limitador, en este caso el síndrome de la impostura.

Por ejemplo, por ahora ya sabes que la función que cumple en ti ese patrón de comportamiento es la de evitar que te desenmascaren. Pero eso no es lo único que hace. Para descubrir la verdadera razón de ser de cualquier patrón de conducta, tienes que hacerte tres preguntas: ¿Qué me ayuda a evitar este comportamiento? ¿De qué me protege? ¿Qué me ayuda a conseguir?

A primera vista, parece que te estén preguntando lo mismo las tres. Sin embargo, cuando empieces a responder, descubrirás que cada una de esas preguntas aborda el tema desde un ángulo ligeramente distinto, lo que a su vez te ayudará a descubrir capas a las que de otro modo no habrías llegado. Por ejemplo:

1. *¿Qué me ayuda a evitar este comportamiento?* Si nunca te esfuerzas intelectualmente, te evitas la humillación de intentarlo y que no sea suficiente. Si nunca terminas de escribir tu tesis o tu plan de empresa, te evitas tener que enseñarle tu trabajo a nadie, lo que a su vez te evita recibir comentarios críticos.

2. *¿De qué me protege este comportamiento?* Al cambiar cons-

tantemente de trabajo, te proteges de descubrir si hubieras podido llegar más alto. Si haces lo posible por no llamar la atención, te proteges de que alguien se fije en ti y te examine atentamente.

3. *¿Qué me ayuda a conseguir este comportamiento?* Esta pregunta suele ser la más espinosa, porque es difícil imaginar que sabotear tu propio éxito, por ejemplo, pueda conseguirte nada que no sean estrés y frustración. Sin embargo, sigue profundizando, y sin duda verás que estás sacando de ese comportamiento más provecho de lo que crees.

Por ejemplo, si trabajas ochenta horas semanales, es muy probable que los altos cargos te expresen su reconocimiento. Si llamas constantemente a tus amigas y les cuentas lo angustiada que estás por lo que sin duda será un fracaso inminente, es probable que recibas su comprensión y un montón de palabras cariñosas. Si tratas de no hacerte notar, automáticamente obtienes cierto grado de seguridad y protección. Y, en la práctica, cada vez que postergas una tarea desagradable, consigues más tiempo para hacer cosas más divertidas o, al menos, más fáciles que esa que acabas de postergar.

Del mismo modo, si tienes tendencia a prepararte en exceso, es probable que acostumbres a reproducir mentalmente imágenes desastrosas de lo que podría ocurrir si algo falla, un fenómeno que el psicólogo Albert Ellis denomina «horrorificación»: *No solo suspenderé el examen, sino que seré el hazmerreír de todo el mundo. Nadie querrá volver a trabajar conmigo. Me echarán de la profesión. Acabaré viviendo en una caja de cartón a la orilla del río.*

A pesar de lo angustiosa que pueda resultar esta película mental de catástrofes, la profesora de psicología Julie Norem, de la Universidad de Wellesley, sostiene que este comportamiento tiene, en realidad, sus ventajas. Una de las razones por las que prepararte con el máximo detalle es casi una garantía de éxito es lo que ella denomina «pesimismo defensivo». ¿En qué consiste?, en tener unas expectativas absurdamente bajas, y dedicar una energía considerable a prever todo lo que podría salir mal y a planificar cómo actuar en todas las situaciones posibles. Repasar mentalmente todos los resultados desastrosos que se puedan llegar a concebir, dice Norem, ayuda a quienes sufren el síndrome de la impostura a sentir menos ansiedad, ya que les da la oportunidad de idear medidas concretas para salir de las posibles situaciones problemáticas, lo cual las reduce a un nivel más manejable.[5]

*Ahora te toca a ti.* Para descubrir de qué otras formas le sacas provecho a tu patrón de impostora o impostor, pregúntate: ¿Qué me ayuda a evitar este comportamiento? ¿De qué me protege? ¿Qué me ayuda a conseguir?

## Es hora de sacar a la luz tu «trituradora» interior y revelar la mentira

Crees que has desarrollado tu estrategia de protección únicamente para evitar que la gente descubra que eres un impostor o una impostora. Sin embargo, una función esencial de todos los patrones de conducta limitadores es protegernos de lo que Weinstein llama «la trituradora». La trituradora es una convicción esencial nefasta que tenemos sobre quiénes somos, y que nace de un sentimiento básico de insuficiencia e indignidad. Y una de las razones por las que desarrollaste tu estrategia de protección fue el miedo a tener que

**112**   El síndrome de la impostura

enfrentarte a esa convicción terrible que hay escondida en lo más hondo de tu ser.

Cabría suponer que todas las personas que se identifican con el síndrome de la impostura comparten una misma convicción, la de: *Soy un fraude*. Sin embargo, si traspasas la superficie y miras qué hay debajo, te darás cuenta de que tu trituradora refleja una convicción aún más profunda y dolorosa, que es característicamente tuya y de tu patrón de comportamiento. Digamos, por ejemplo, que la forma en que intentas protegerte de la vergüenza que sentirías si te descubrieran es no hablando en las reuniones o en clase. Te dices que es porque no quieres que tus compañeros y compañeras piensen que eres una ignorante, pero, en realidad, la razón de que te contengas es el miedo a afrontar la demoledora «verdad» –de la que estás absolutamente convencida– que es: *Soy una ignorante*.

Es importante que entiendas que tu trituradora particular no se creó de la noche a la mañana, ni fue solo creación tuya. Esa creencia sin fundamento se ha ido desarrollando y fortaleciendo en la relación con tu familia, tus profesores, profesoras, colegas de trabajo y, como decíamos en el capítulo anterior, por influencia de la cultura en la que vives.

Una forma de identificar tu creencia trituradora es imaginar, en el marco de tu impostura, qué es lo que más te horrorizaría que dijeran de ti en voz alta: *Nunca darás la talla. No tienes ningún don especial. No eres tan inteligente como el resto. No tienes talento. No tienes ni un solo pensamiento original.* O simplemente, *No vales nada.* Si tu trituradora no es obvia de inmediato, imagina entonces que, a pesar de todos tus esfuerzos por protegerte, alguien te ha descubierto y se ha hecho público que eres un fraude.

Ahora deja el libro un momento y, tranquilamente, conecta con tu trituradora interior. Poner en palabras esa creencia demoledora puede ser una experiencia muy intensa. A la vez, no puedes cambiar lo que no conoces. Por difícil que sea dar este paso, es esencial que expongas esa creencia falsa que tienes sobre ti, que la saques a la luz del día para que puedas verla como la mentira que es. Sé que a ti te parece que es verdad. *Pero no puedes creerte todo lo que piensas.* La auténtica verdad es esta:

TODAS LAS TRITURADORAS,
SIN EXCEPCIÓN, SON MENTIRA.
INCLUIDA LA TUYA.

No espero que te lo creas del todo, al menos no de inmediato. Ahora mismo lo único que quiero es que te des cuenta conscientemente de la mentira a la que hasta ahora has estado evitando mirar de frente.

## ¿Cuánto estás pagando por toda esta protección?

Lo cierto es que tus estrategias de afrontamiento y protección han hecho un papel estupendo. Te han mantenido efectivamente a salvo de cualquier daño y, gracias a ellas, has podido evitar la humillación de que te descubran y, además, el dolor de tener que enfrentarte a la creencia terrible de tu trituradora particular. Pero como se suele decir: «Nada es gratis». Aunque tu patrón de conducta cumpla una función protectora, esa protección tiene un precio.

Para saber cuál es, hazte estas preguntas: ¿Qué pasa si no cambio nunca este patrón? ¿Qué precio pagaría? ¿Qué oportunidades me perdería? ¿Qué posibilidades quedarían fuera de mi alcance?

Algunos de los costes son los mismos para cualquiera que experimente el síndrome de la impostura, como la ansiedad de vivir constantemente esperando a que ocurra lo inevitable o permitiendo que los temores que nacen de sentirte un fraude «te roben la alegría de vivir», como dijo una participante en uno de los talleres. Otros son característicamente tuyos y de tu situación, y pueden ser cosas como *Si no termino la investigación, nunca me doctoraré, o nunca conseguiré la titularidad* o *Si sigo postergando las cosas, perderé la oportunidad de conseguir ese trabajo en Francia.* Comprueba si alguno de estos costes te resulta familiar:

### Si no cambio nunca este patrón...

- Solo aceptaré trabajos en los que me sienta a salvo, trabajos sin futuro en los que no podré desarrollar plenamente mi talento ni dedicarme a lo que de verdad me interesa.
- Mi salud se resentirá.
- Viviré para siempre lamentando no llegar a saber jamás lo lejos que mis talentos y mi esfuerzo habrían podido llevarme.

### El precio que pagaría es...

- Estrés psicológico y fatiga innecesarios.
- Ganaré menos, lo que tal vez no me permita hacer las cosas que quiero hacer en la vida.
- Me quedaré sin conocer a personas valiosas que habrían podido guiarme, y sin tener contactos que habrían podido ayudarme a conseguir mis objetivos.
- No tendré la oportunidad de aprender de mis errores para poder madurar de verdad.
- Nunca obtendré reconocimiento por mi trabajo.

A salvo en tu escondite **115**

- Nunca sabré lo que es sentir de verdad la alegría y el orgullo de lograr algo y de seguir trabajando sobre esa base.

### Las oportunidades que me perdería serían...

- La satisfacción de haber apostado por mí, de saber que –ganara o perdiera– lo había intentado.
- Descubrir cosas nuevas sobre mí y sobre el mundo.
- Recibir comentarios –tanto elogiosos como críticos– que me ayudaran a crecer y mejorar.
- Aprender lo necesario para avanzar en mi profesión.
- La emoción, el reto y el crecimiento que supone ejercitar la mente y poder saborear luego mis progresos.
- La oportunidad de enriquecerme y aportar algo valioso a mi familia o a mi comunidad.

### Las posibilidades que quedarían fuera de tu alcance serían...

- La posibilidad de elevar mi carrera profesional (o mi negocio) al nivel que sé que puede alcanzar.
- Otras ofertas laborales más estimulantes y satisfactorias.
- Adquirir la experiencia que necesito para tener seguridad en lo que hago y mejorar mi reputación.
- La posibilidad de aportar algo valioso al mundo.

Ahora te toca a ti decidir: ¿qué pasaría si no abandonaras nunca tus estrategias de afrontamiento y protección? ¿Qué precio pagarías? ¿Qué oportunidades te perderías? ¿Qué posibilidades quedarían fuera de tu alcance?

Tú ya sabías que el síndrome de la impostura era un gran lastre para tu energía y tu potencial. Sin embargo, si antes te hubiera pedido que dijeras cuál era el precio exacto que estabas pagando por evitar que te descubrieran, tal vez te habría costado especificarlo. Pero ahora lo sabes. Ser consciente del precio que pagas por toda esa protección significa que en este momento tienes un incentivo más personalizado para seguir dando los pasos precisos y desaprender ese patrón que, innecesariamente, limita tus posibilidades en todos los sentidos.

Ahora bien, desprenderte de cualquier clase de respuesta que se haya convertido en un hábito, por mucho que sepas cuánto te beneficiaría hacerlo, no es fácil. Lo conocido, aunque nos demos cuenta de que no nos sirve, o de que nos perjudica, siempre es más cómodo que lo desconocido. Pero nadie ha dicho que madurar, crecer como personas, tenga como objetivo la comodidad. Su propósito es expandirnos para que podamos desarrollar al máximo nuestro potencial y alcanzar nuestro propósito más elevado.

Lo bueno es que todo lo que acabas de detectar en ti constituye tu imagen de «antes». Los sentimientos, pensamientos y comportamientos que por ahora encarnan tu patrón de impostura no representan a la persona segura de sí misma que estás a punto de ser. La recompensa al trabajo que estás haciendo ahora te llegará al final del libro, cuando tu imagen de «después» emerja por completo.

Entretanto, hay pequeñas cosas que puedes empezar a hacer para ser plenamente la persona que está ya latente en ti. Por ejemplo, si sabes que estás aplazando, o que aún no has terminado, una tarea importante, párate y fija una fecha para acabarla. A continuación, para reafirmar tu compromiso, declara públicamente la fecha. Luego saca la agenda y concierta una cita contigo para trabajar en ese proyecto. Si haces una programación y organizas tu tiempo por bloques, te asegurarás de no programar ninguna otra tarea para el día, o la parte del día, que has decidido sentarte a trabajar.

## A salvo en tu escondite    117

Sobre esto último, deja ya de contarte que tú no eres capaz de trabajar en algo si no puedes dedicarle el día entero. Cualquier cosa que conlleve muchos pasos, o a la que tendrás que dedicarle mucho tiempo hasta que esté completa, divídela en periodos breves que puedas intercalar a lo largo del día durante semanas, meses o incluso años. Para empezar, programa el reloj para que la alarma suene en cuarenta y cinco minutos, o una hora, y centra toda la atención en trabajar únicamente en eso. Cuando suene la alarma, puedes parar. Sin embargo, como lo más difícil era ponerte delante de ello, es muy probable que sigas trabajando. En cualquiera de los casos, no solo conseguirás avanzar más, sino que sentirás también mayor satisfacción.

Si hasta ahora te has servido de tu encanto o tu perspicacia para ganarte la aprobación de la gente, prométete que, en lugar de seguir buscando el beneplácito o los elogios de otras personas, celebrarás contigo tu próximo logro. Si hasta ahora has tenido tendencia a la adulación intelectual, invita a comer a alguien a quien admires y, en la conversación, aprovecha a expresar tus opiniones o a hablar de tu trabajo. Si sabes que has estado haciendo cosas para sabotearte, presta atención a lo que haces y a por qué lo haces; luego aprovecha cada ocasión que se presente, y cree en ti de verdad. Si has estado evitando trabajar en serio, ponte un objetivo que cumplir esta semana.

Otras cosas que puedes hacer: pídele su opinión sobre un proyecto a alguien en quien confíes. Comparte con otra persona algo de lo que te enorgullezcas, quizá algo que has escrito o has ganado. Escríbete una carta de recomendación para que puedas ver tus logros y atributos a través de los ojos de otra persona. Prométete que aceptarás con elegancia el próximo elogio. Reescribe tu currículum y añade logros y habilidades que antes habías omitido o que habías mencionado solo de pasada. Expón tu opinión, sin juzgarte, en tu próxima reunión o clase. Apúntate a un seminario de oratoria o asiste a una reunión de la organización educativa de comunicación y liderazgo Toastmasters Internacional. Haz un juego de rol e interpreta una conversación o entrevista que te cree cierto temor. Haz una lista de las razones por las que te mereces un aumento de sueldo o un ascenso. Únete a un grupo de estudio o de escritura o a cualquier grupo constituido con el propósito de ayudar a sus miembros a centrarse en conseguir lo que se han propuesto. Dedica cinco minutos al día a visualizarte hablando o comportándote con confianza en una situación en la que normalmente no es eso lo que sientes.

## Resumiendo

Marie Curie dijo: «En la vida no hay nada que temer, solo hay que tratar de comprender las cosas. Ahora es el momento de comprender más para poder temer menos». Aunque las «impostoras» e «impostores» del mundo entero tienen en común el miedo fundamental a que se descubra quiénes son realmente, esto no siempre se vive de la misma manera.

Hasta ahora probablemente no sabías con exactitud cómo has conseguido mantener oculta tu impostura durante todos estos años. Por eso es importante desentrañar las estrategias inconscientes de afrontamiento y protección que utilizas tú personalmente para lidiar con el síndrome. Al hacerlo, tienes una impagable perspectiva de cómo te protege esa conducta limitadora, y del precio que pagas por esa protección. Esta es tu imagen del «antes». Toda la información que tienes ahora te ayudará en los próximos capítulos a crear la imagen de la persona fuerte y segura de sí misma que siempre ha estado en ti esperando a manifestarse.

## Lo que puedes hacer

- Identifica la estrategia de afrontamiento y protección que utilizas para controlar la ansiedad derivada de sentirte un fraude y evitar que te descubran.
- Desenreda tu patrón de impostura: determina su función, ponle nombre a tu trituradora particular y evalúa los costes ocultos.
- Elige una acción concreta para esta semana.

## Lo que viene a continuación

Llevas demasiado tiempo negándote el mérito que te corresponde. Un paso esencial para deshacerte de tu patrón de impostura característico es comprender con claridad cuáles son las verdaderas razones de tus logros.

# 5. ¿Qué tienen que ver realmente la suerte, el don de la oportunidad, los contactos y la simpatía con el éxito?

> No fue suerte. Me lo merecía.
>
> MARGARET THATCHER

¿Y si tuvieras la absoluta certeza de que la razón por la que has conseguido el título, el trabajo, el papel, el negocio o el puesto directivo es que te lo merecías? En otras palabras, ¿qué pasaría si realmente sintieras que tus logros son obra tuya y no un simple accidente? Si fuera así, no tendrías nada por lo que sentirte un fraude, ¿verdad? Pero, desgraciadamente, no lo es.

Por el contrario, llevas toda la vida regalando tu éxito. ¿Cómo? Atribuyendo la autoría de tus logros a las circunstancias o a cualquiera, excepto a ti. Te dices: *Tuve mucha suerte… Se alinearon los astros… Conocía a una persona influyente dentro de la empresa…* O *Es que le caí simpática al tribunal.* Por eso necesitas perspectiva. Y para tener perspectiva, es fundamental que aclaremos esa idea equivocada que tenéis tú y otras «impostoras» e «impostores» sobre los mecanismos internos del éxito. Como vas a leer a continuación, de vez en cuando hay factores como la suerte, el don de la oportunidad, los contactos y el encanto personal que, en lugar de quitarte mérito, tienen un papel legítimo en tus logros. Un papel muy distinto al que, con desdén, les has atribuido hasta ahora.

## ¿Qué tiene que ver la suerte con que tengas éxito?

Hasta cierto punto, tu éxito –y el de cualquiera– es el resultado de algún golpe de suerte.

- Fue el encuentro casual del escritor Ray Bradbury en una librería con el escritor británico expatriado Christopher Isherwood lo que le dio la oportunidad de enviarle su primer libro a un crítico respetado.
- La galardonada corresponsal internacional y presentadora Christiane Amanpour llegó al periodismo porque su hermana pequeña, que estudiaba en una pequeña escuela de periodismo de Londres, dejó la carrera poco después de empezar el primer curso. Como la escuela se negó a devolverle el dinero de la matrícula, Christiane dijo: «Bien, entonces voy a ocupar yo su plaza».[1]
- La artista Hope Sandrow se hizo un nombre en el mundo del arte pintando retratos de aves de corral. Todo empezó un día que estaba buscando a su gato por el bosque, cerca de su casa, y se encontró de repente, extraviado, a un gallo de Padua, la colorida ave exótica que tanto apreciaban los pintores europeos del siglo XVI.

Dime, después de saber esto, ¿piensas que esas tres personas tienen menos talento de lo que creías? ¿Te parece que no se merecen del todo el éxito que han alcanzado? ¿Resulta que son un fraude? Por supuesto que no. Entonces, ¿por qué crees que tú sí lo eres cuando el azar interviene en un éxito tuyo?

La suerte es un elemento determinante no solo del éxito individual, sino también del éxito de una organización. Tanto es así que Deloitte, el gigante de la contabilidad y la consultoría empresarial, asegura que, en el mundo de los negocios, la suerte no es simplemente un factor que contribuya al éxito, sino que es el factor determinante. En un libro blanco de la empresa titulado «A Random Search for Excellence» (Estudio sobre la aleatoriedad de la excelencia),[*] Deloitte explica que, en la gran mayoría de los casos, al indagar en las razones del éxito inesperado de algunas empresas, se descubre que, en lugar de llamarlas empresas de éxito, se las podría llamar empresas con suerte.[2]

En términos más generales, si tienes la suerte de haber nacido en un país industrializado, es más probable que no hayas crecido en una situación de pobreza extrema y, por tanto, son más las posibilidades de que alcances prosperidad económica en la edad adulta. Igualmente, si has tenido la fortuna de estudiar en un buen colegio, o de que se fijara en ti una persona culta e inteligente que supo orientarte, o de trabajar en una organización que aprecia la diversidad por el enriquecimiento que aporta, o en una empresa que ofrece al personal cursos formativos que desarrollen su potencial, me alegro por ti, ya que tus perspectivas de éxito acaban de aumentar considerablemente.

---

[*] Un libro blanco es un documento que se distribuye principalmente a través de internet y que transmite al público, de una manera concisa, datos técnicos e información detallada sobre un producto, un proceso o los resultados de un estudio.(*N. de la T.*)

**124**  Síndrome de la impostura

Esa es la principal premisa en el libro de Malcolm Gladwell *Fuera de serie (Outliers): por qué unas personas tienen éxito y otras no*: que muchas de las personas que más éxito han tenido en el mundo habían disfrutado de toda clase de ventajas, «algunas merecidas, otras no, algunas ganadas a pulso, otras simplemente afortunadas». Cuando Bill Gates terminó la educación primaria, empezó a estudiar en un colegio privado de élite. Y allí tuvo la gran suerte de que el Club de Madres utilizara el dinero recaudado en un mercadillo escolar para comprarles a los alumnos un artilugio llamado «terminal de ordenador». Para cuando salió al mercado el primer PC unos años más tarde, Gates tenía miles de horas de experiencia en programación a las espaldas y le sacaba kilómetros de ventaja hasta al sector más friki de la computación.

Cualquiera puede tener suerte. Es lo que haces con la suerte lo que importa. No olvidemos que los compañeros de clase de Gates tenían el mismo acceso que él a aquel primer ordenador. Sin embargo, Microsoft Corporation no la creó el grupo de alumnos de séptimo que estudiaban en Lakeside en 1973. Fue concebida y construida en parte por la persona que tuvo la inteligencia para aprovechar las ventajas que se le presentaban, la iniciativa de pasar a la acción y la constancia para llevar esa acción a término. Como dijo en una ocasión el magnate de los negocios estadounidense Armand Hammer: «Cuando trabajo catorce horas al día siete días a la semana, me sonríe la suerte».

Durante años he predicado que las personas de éxito son realmente «más afortunadas», pero no del todo por azar. Creo más bien que, si alguien tiene éxito, es porque acostumbra a ponerse en situaciones en las que es probable que ocurran cosas buenas. Acude a lugares donde puede conocer a gente interesante. Tiene a lo largo de toda su vida un insaciable deseo de aprender, y asiste a clases, simposios y conferencias. Se fija objetivos y trabaja con determinación para cumplirlos.

Las personas de éxito, además, son muy curiosas. Hablan con el hombre que se sienta a su lado en el avión o en una prueba deportiva del colegio, con la mujer que está haciendo cola delante de ellas para comprar entradas o con el chico que trabaja detrás del mostrador de la cafetería a la que van a desayunar. Y como es tan grande su deseo de aprender, hacen muchas preguntas. Todo esto son cosas que las personas de menos éxito no acostumbran a hacer. Y como las personas de éxito las hacen, se colocan así en la posición ideal para atraer la buena suerte, que se concreta en contactos, ideas, ayuda y colaboración. Cuando a la presentadora de *Good Morning America*, Robin Roberts, le preguntaron cómo había sido su salto a la fama, contestó: «Aprendí a ponerme allí donde podían ocurrirme cosas buenas. Incluso en situaciones en las que me sentía en inferioridad de condiciones o tenía miedo, me aseguraba de estar preparada para atrapar la pelota si la veía venir».[3]

A la vez, sería un error pensar que el éxito depende solo de la suerte. Ves a alguien que está haciendo realidad *tu* sueño de escribir libros infantiles, de ser oradora motivacional o de presentar *tu* programa de radio y piensas: «Qué suerte tiene». Pero lo que estás diciéndote en realidad es: «Claro, eso le ha pasado a ella, pero a mí no me pasará nunca». Y, en este caso, probablemente será así. No porque seas una persona sin suerte, sino porque cuando consideras que el éxito depende totalmente de la suerte, entonces, como en la lotería, la posibilidad que tienes de conseguirlo es una entre millones. Como dijo el famoso escritor y orador motivacional Earl Nightingale, que tanto habló sobre la «actitud de éxito»: «El éxito es solo cuestión de suerte. Pregúntale a cualquiera que se sienta un fracaso».

## A veces, el don de la oportunidad lo es todo

El don de la oportunidad es el hermano gemelo de la suerte. Muchas de las personas que se sienten un fraude creen que, si han llegado a donde han llegado, es solo porque coincidió que estaban en el lugar preciso en el momento preciso. Si es tu caso, y llevas toda tu vida quitando importancia a tus logros por esta razón, tengo otra noticia que darte: a veces, llegar en el momento oportuno lo es todo.

Gladwell descubrió que, en determinadas situaciones, el éxito puede depender del año o incluso del mes en que naciste. Por ejemplo, en deportes juveniles como el béisbol y el hockey, siempre hay una fecha límite de agrupación basada en la edad. La razón por la que hay una preponderancia de estrellas del deporte nacidas en el primer trimestre del año es que un niño nacido en enero tiene de entrada una ventaja física sobre uno nacido en noviembre del mismo año, lo cual a su vez le abrirá la puerta a nuevas ventajas. Sin embargo, nunca oirás a esos deportistas en la edad adulta quitar importancia a sus logros porque coincidió que estuvieron en el vientre materno adecuado en el momento oportuno. Saben que hicieron lo que hacen todas las personas de éxito: aprovechar la ventaja que la vida les dio, levantarse cada día y dejarse la piel para llegar a las grandes ligas. Y eso es lo que tienes que hacer también tú. Si has tenido el don de la oportunidad, da gracias a la vida. Después trabaja seriamente para que ese regalo dé fruto.

La clave está en aprender a utilizar a tu favor cualquier ventaja. En el mundo empresarial, por ejemplo, las personas de éxito entienden que, tras establecer una red de contactos, obtener información detallada sobre sus potenciales clientes para poder ofrecerles lo que necesitan en el momento oportuno puede suponer la diferencia entre el éxito y el fracaso. Y cuando las cosas salen bien, no tienen la menor duda de que el mérito ha sido enteramente suyo, porque reconocen que saber cuándo actuar –y hacerlo– es una habilidad en sí misma.

## Reformulemos la idea de los «contactos»

A la vista de las «admisiones por herencia» en las universidades de élite o del nepotismo en la contratación laboral, resulta obvio que quienes gozan de ciertos privilegios tienen más posibilidades de abrirse camino, sobre todo en las altas esferas. Si es tu caso, reconoce la suerte que has tenido y alégrate. Ahora bien, no te olvides del papel que desempeña la capacidad. Puede que tu madre se licenciara en la Universidad de Spelman o en la de Stanford y eso haya contribuido a que te admitieran, o que alguien «de dentro» le haya hablado de ti a un agente de talentos. Pero ¿no creerás que una institución académica o una empresa van a arriesgar su reputación o sus ganancias si creen que no estás a la altura? Puede que alguien te abriera la puerta, pero, una vez que has entrado, eres tú quien ha de esforzarse para demostrar de lo que eres capaz.

Además, los contactos son igual de eficaces que las personas que los utilizan. Basta hojear un anuario escolar de cualquier comunidad acomodada para darse cuenta de que hay estudiantes que, aun teniendo todas las ventajas posibles, incluidos unos contactos fenomenales, no llegaron a desarrollar su potencial. Y luego hay ocasiones en que tener unos contactos excesivamente buenos puede perjudicar la credibilidad de una persona. Venir de una familia rica o famosa significará tener que enfrentarte a cierto escepticismo sobre si serías capaz de abrirte camino por tus propios méritos.

## El carisma

La expresión «personalidad ganadora» existe por una razón. Lo mismo que hemos visto que la suerte, el don de oportunidad y los contactos tienen un papel legítimo en el éxito, también lo tiene la simpatía. Las mujeres tendemos a quitarle importancia. Es raro oír a un hombre decir en tono de desdén, como solemos hacer nosotras: «Bah, es solo porque les he caído simpático». La mayoría de los hombres, en lugar de ver en este rasgo de la personalidad una justificación para su éxito, tienden a verlo como lo que es: uno de los atributos de ser competente, una cualidad muy valiosa.

Si alguna vez has sido tú quien hacía las entrevistas para un puesto de trabajo, sabrás probablemente que, en igualdad de condiciones, suele ser el candidato o candidata que más simpatía demuestra quien casi siempre se lleva el puesto. Puede que no sea justo, pero la realidad es que, en la mayoría de las situaciones, una personalidad dinámica, animada y agradable se valora incluso más que algunos requisitos supuestamente imprescindibles, como la formación o la experiencia. Cuando entiendas esto, podrás dejar de obsesionarte con demostrar lo inteligente que eres y dedicar el mismo esfuerzo a demostrar que eres la clase de persona con la que ese grupo de potenciales colegas querrían pasar cuarenta y tantas horas a la semana.

Incluso en campos profesionales en los que imaginamos que los conocimientos técnicos son mucho más importantes que las particularidades de quienes los poseen, se ha visto que la personalidad tiene el poder legítimo de inclinar la balanza. Tanto es así que, cuando se pidió al personal de ingeniería eléctrica de la famosa compañía estadounidense Bell Labs que nombraran a las personas más valoradas y productivas de cada equipo, no nombraron a quienes tenían mejores credenciales académicas o un coeficiente intelectual más alto, sino a quienes tenían un nivel más alto de inteligencia social.

Si, además, la vida te ha dado un agudo sentido del humor, es más probable aún que tengas el convencimiento de que el único motivo por el que has llegado a donde estás es que sabes hacer reír a la gente. Debes saber entonces que, según han revelado varios estudios, quienes llegan a la cima de una organización no solo poseen inteligencia social, sino que además son personas a las que todo el mundo considera graciosas.[4]

Está claro que, si alguien triunfa de entrada por su carisma y eso es lo único que puede ofrecer, al final la gente se va a dar cuenta. El encanto de una personalidad radiante es la guinda que brilla en lo alto del pastel, pero debajo tiene que estar el pastel, la capacidad para cumplir con las responsabilidades del puesto. Debería enorgullecerte tanto o más que cualquier otra capacidad tuya ser alguien a quien todo el mundo quiere tener en su equipo. Así que, si tienes este don, alégrate por ello ¡y ponte a trabajar!

## Aprende a aceptar la autoría de tu éxito

En internet hay páginas y páginas llenas de consejos sobre cómo lidiar con el síndrome de la impostora o del impostor. Uno de los consejos habituales es que hagas una lista de tus logros. Así, cuando te asalte la sensación de ser un fraude, tendrás algo que te refresque la memoria sobre todo lo que has hecho. Entiendo que este ejercicio puede ser útil, sobre todo al principio de una carrera profesional. Pero ¿qué pasa si algunos de esos logros se debieron realmente a la suerte, o a que tuviste el don de la oportunidad, o contactos, o...?

**130** **Síndrome de la impostura**

Pasa que al final la lista no te ha servido para nada, porque encuentras fácilmente razones que explican cada uno de esos éxitos.

Así que vamos a hacer que este mismo ejercicio te resulte más útil. Quiero que empieces haciendo una lista de todos tus logros. Por ejemplo, son un éxito académico las buenas notas o los resultados de una prueba de selectividad; la admisión en una universidad determinada, las becas académicas, de prácticas o los premios; las cartas de recomendación del profesorado; el título o los títulos universitarios, o haber aprobado un examen de cualificación o de obtención de una licencia. En el ámbito laboral, el éxito suele concretarse en la categoría de un puesto de trabajo, el sueldo, las evaluaciones de rendimiento, los ascensos, aumentos salariales, menciones o premios. En otros ámbitos, podría ser el que te hayan propuesto para un nombramiento oficial, haber obtenido la titularidad o ganado unas elecciones.

Si trabajas en un ámbito creativo, la competencia y el éxito se miden por cosas como conseguir un papel en una obra teatral o una película, una beca, un contrato, reconocimiento o que tu obra haya sido seleccionada para una exposición; haber ganado un concurso de escritura, recibido un premio o, simplemente, que puedas ganarte la vida como artista, que puedas vivir de la escritura, la música, la poesía, la artesanía o la interpretación. El éxito empresarial se concretará en cosas muy diversas dependiendo del tipo de negocio en que trabajes, pero esencialmente se traduce en que seas capaz de hacer lo necesario para que tu empresa rinda beneficios.

*Ahora haz tu lista*

La diferencia es que esta vez, cuando termines de hacerla, no la vas a guardar en la carpeta de éxitos y a olvidarte de ella. Quiero que, cuando la hayas escrito, la repases con atención y veas en qué casos hubo factores externos que influyeron de verdad en el resultado. ¿Fue un trabajo en equipo? ¿Tuviste un buen entrenador, o asesor, o una buena tutora? ¿Tuviste un golpe de suerte? ¿Coincidió que estabas en el lugar preciso en el momento oportuno? ¿Te ayudó a conseguirlo el hecho de que se te dé bien trabajar en equipo?

Si fue así, escribe qué hiciste luego en cada una de esas ocasiones para aprovechar la buena suerte, o el que tuvieras el don de la oportunidad, o los contactos o el encanto personal que contribuyeron a tu éxito. Mientras lo haces, asegúrate de concederte el mérito que mereces por tu persistencia o iniciativa, por haber sabido aprovechar la oportunidad, por tus esfuerzos adicionales, por haber entablado relación con potenciales clientes cuyos contactos te proporcionó un conocido tuyo, o haberte informado a fondo sobre cierta pista que alguien te dio, por haber tenido la valentía de seguir un consejo, o haber sabido trabajar en equipo, o por cualquier otra cosa en que se haya concretado hacer un buen uso de las oportunidades, los contactos o tu gran personalidad.

Espero que ahora te des cuenta de que hay ocasiones en que los factores externos forman parte de la ecuación, tuya y del resto de la gente de éxito. El «impostor» o la «impostora» que hay en ti necesita comprender de una vez para siempre que sí, que la suerte y llegar en el momento oportuno y todas las demás circunstancias ventajosas pudieron haber contribuido a tu éxito, pero que fuiste tú quien lo hizo posible. Una vez que entiendas de verdad que los factores externos no os quitan ningún mérito ni a ti ni a tus logros, cambiará para siempre tu perspectiva tanto de los logros pasados como de lo que hagas en el futuro.

Para empezar, cuando mires el historial de logros que has escrito, es de esperar que lo veas como lo que es: una prueba irrefutable de que eres la persona brillante y capaz que todo el mundo piensa que eres. Si recorres esa lista con una mirada nueva, todos esos éxitos que antes atribuías a las circunstancias pueden encontrar su sitio en la columna «Yo lo hice», a la que legítimamente pertenecen.

A partir de ahora, deberás practicar para reforzar el vínculo mental entre tú y tus logros. De entrada, presta más atención a cuándo y cómo acostumbras a quitarles importancia. No hace falta que vayas por ahí contándole a todo el mundo la suerte que has tenido de conseguir el ascenso con el que soñabas, pero quizá te des cuenta de que ignoras los comentarios elogiosos más a menudo de lo que crees.

Si es así, en vez de rechazarlos, prueba a dar una respuesta más apropiada, a decir «Gracias», por ejemplo. Una vez que eso se convierta en algo natural, intensifícalo un poco más con frases como «Te agradezco mucho lo que dices» o «Gracias, me alegro de que todos los esfuerzos hayan valido la pena». El simple hecho de que te oigas decir estas palabras en referencia a algo que has hecho tú puede ayudarte a interiorizar más tus éxitos de todo tipo.

Es probable que pienses que suena a falsa modestia. Pero ¿alguna vez te has parado a pensar que explicar constantemente por qué no te mereces los elogios que alguien te hace puede resultarle insultante a esa persona? Si lo piensas bien, el síndrome de la impostura tiene un toque de arrogancia. En definitiva, lo que estás diciendo al rechazar un elogio es: *¡Sois tan idiotas que ni siquiera os dais cuenta de lo incompetente que soy!* Imagina que nos encontráramos tú y yo, y me dijeras que te ha gustado mi libro y yo te respondiera algo tan disparatado como: «¿No me digas? Entonces supongo que no lees mucho, ¿verdad? Quiero decir, ¿tú en qué mundo vives?». Bastante arrogante, ¿no?

A todo el mundo le gusta que alguien se fije en su trabajo y lo aprecie. A ti también. Lo que pasa es que tienes esa idea de que eres una impostora o un impostor dándote vueltas por dentro, lo cual significa que la persona que más necesita reconocer el valor de tu trabajo eres tú. Una forma de hacerlo es dándote algún tipo de recompensa al finalizar un gran proyecto o haber alcanzado una meta. Además de ser un toque divertido, aprender a valorar tus logros te ayudará a romper ese automatismo que primero te hace buscar la aprobación de ciertas personas y luego rechazarla. El simple hecho de recompensarte es una forma concreta de avanzar hacia nuestro objetivo, que es establecer mentalmente una conexión clara entre tú y tus logros.

Cuál sea la recompensa es lo de menos. Puedes regalarte una sesión de masaje, una cena en un buen restaurante o simplemente un paseo por un parque bonito. Cuando terminé este libro, compré un cuadro para casa. Cada vez que lo miro, me recuerda todo el esfuerzo y el tiempo que dediqué a escribir estas páginas. Nada más comprarlo, se lo conté a una amiga, y un poco preocupada respondió que, si el libro resultaba no ser un éxito, el cuadro iba a acabar sirviéndome de recordatorio de mi fracaso. Qué va, ni mucho menos. Las recompensas no están reservadas solo para las victorias. Si a un trabajo le has dado lo mejor de ti, sea cual sea el resultado, te mereces una recompensa a tus esfuerzos.

Otra forma de afianzar tus logros en la mente es hacerlos más visuales. Que ya no tengas siete años no significa que no puedas adornar con orgullo una pared con cartas de recomendación, certificados y otras pruebas tangibles de tu éxito. Y si te parece excesivo hacer semejante despliegue de apreciación propia, puedes hacer algo más íntimo, por ejemplo una carpeta de éxitos que puedas abrir en privado en cuanto la sensación de que eres un fraude empiece a asomar.

## Resumiendo

Quienes se identifican con el síndrome de la impostura atribuyen la autoría de sus logros a factores ajenos. En realidad, tienes un sinfín de pruebas de lo competente y brillante que eres. Para sentirte plenamente merecedora o merecedor de tu éxito, debes aprender a asumir la autoría de tus logros a un nivel visceral. Esto empieza por comprender que hay factores externos, como la suerte, o tener el don de la oportunidad, o contactos, o carisma, que desempeñan un papel legítimo en el éxito de cualquier persona, incluida tú.

## Lo que puedes hacer

- Haz una lista de todos tus logros, grandes y pequeños.
- Junto a cada uno de ellos, anota qué papel pudieron desempeñar la suerte, el don de la oportunidad, los contactos o tu personalidad en que el resultado fuera ese.
- A continuación, escribe las acciones concretas con las que trataste de aprovechar al máximo esos factores favorables.
- Haz un pacto contigo, y prométete que la próxima vez que alguien elogie tu trabajo contestarás: «Gracias». Y luego cerrarás la boca.

## Lo que viene a continuación

Confío en que a estas alturas ya seas capaz de reconocer que solo tú eres artífice de tus logros. Una vez que esto ha quedado claro, es hora de que examinemos con detalle lo que muy probablemente sea el núcleo de tu sentimiento de impostura. Me refiero ni más ni menos que a tu reglamento personal que establece lo que significa ser competente.

# 6. Reglamento de la competencia para simples mortales

*He ofendido a Dios y a la humanidad,*
*pues mi obra no ha alcanzado la calidad*
*que hubiera debido.*

LEONARDO DA VINCI

¿Cómo sabrás cuándo eres «competente»? Cualquiera que sienta pasión por lo que hace quiere dar lo mejor de sí. Pero cuando te sientes una impostora o un impostor, el significado de «lo mejor» son una serie de expectativas de ti que van muchísimo más allá de lo que es hacerlo bien. Lo sepas o no, tu idea de lo es ser competente contribuye más que ninguna otra cosa a que vivas con la constante sensación de que eres un fraude. A lo largo de los años, has ido incorporando detalles concretos de lo que necesitas demostrar para que se te considere una persona de talento, entendida, una auténtica profesional o, en una palabra, aceptablemente «buena» en lo que haces. Y estas nociones determinan en gran medida lo competente que te sientes y cuánto confías en ti.

El hecho de que el resto de la gente vea en ti a una persona sumamente capacitada allí donde tú ves a una tramposa incompetente me dice de por sí que las reglas de la competencia que describe tu libro, y por las que se rigen tu forma de pensar y tu comportamiento, tienen muy poco que ver con la realidad. Da igual lo inteligente, competente o hábil que seas, porque ¿sabes qué? Te has puesto el listón a una altura tan demencial que quizá en determinado momento estés casi a punto de alcanzarlo, pero eso va a ser todo: no lo vas a alcanzar nunca. Por eso, si de verdad quieres desaprender el síndrome de la impostura, es imprescindible que reajustes tu actual concepto de lo que significa ser competente. Este proceso de redefinición es, sin duda, el camino más rápido para empezar a tener seguridad en ti.

## ¿Qué dice tu reglamento personal de la competencia?

Toda «impostora» e «impostor» del planeta tiene una idea distorsionada de lo que entraña la competencia. Lo sé porque, en mis primeras investigaciones, el principal hallazgo fue que la idea que tenemos de la competencia determina lo competentes que nos sentimos. Así que, cuando preparé mi primer taller sobre «el síndrome de la impostora» en 1982, incluí un ejercicio llamado «¿Qué dice tu reglamento personal de la competencia?».

Dedica un momento a completar las siguientes frases. Procura no intelectualizar demasiado; di lo primero que te venga a la cabeza.

Sabré que soy competente en _____

_____ cuando _____

_____ .

Si fuera realmente inteligente, _____

_____

_____

_____.

Debería ser siempre capaz de _____

_____ .

Si tuviera verdaderas aptitudes, _____

_____

_____ .

En aquel primer taller, invitamos a las participantes a formar pequeños grupos, para que compartieran sus respuestas y trataran de encontrar juntas más respuestas aún. Después, en cada nuevo taller, las paredes volvían a llenarse de rotafolios que mostraban veinte, treinta, a veces hasta cincuenta y tantas reglas que hemos incorporado a lo largo de nuestra vida sobre lo que nos hace falta para ser «competentes». Observándolos, con el tiempo detecté ciertos patrones de respuesta. Me di cuenta de que, aunque todas las personas que se identifican con el síndrome de la impostura se exigen a sí mismas un nivel de excelencia sencillamente inalcanzable, no todas lo hacen de la misma manera. Como estás a punto de descubrir, tus respuestas dicen mucho sobre cuál es tu idea de la competencia, es decir, si tienes una perspectiva Perfeccionista, o crees que la competencia es sinónimo de Genio Natural, o tienes una perspectiva Experta, Solista o Superhumana. Cada una de las perspectivas representa una modalidad de pensamiento distorsionado sobre lo que se necesita para ser competente, y constituye tu reglamento interno de la competencia.

Las reglas de la competencia incluyen palabras como «debería», «siempre», «no puedo» y «nunca». Por ejemplo, un estudiante de doctorado me dijo: «Ya debería saber lo que he venido a aprender aquí». O sé de una abogada que piensa: «Si valiera de verdad para esto, nunca perdería un caso». Ambas afirmaciones son, por supuesto, ridículas. También son origen de muchos problemas. Porque las reglas que utilizas para determinar tu competencia guían a su vez tu comportamiento. Si, por ejemplo, tu regla interior es: *Si fuera «de verdad» inteligente, siempre sabría qué decir*, este pensamiento puede a su vez crear reglas de conducta como: *Nunca levantes la mano a menos que sepas con toda seguridad que tienes razón*, o *No pidas ayuda*, o *Repasa siempre tres veces desde el principio cada presentación*. En esencia, tu reglamento constituye una expectativa inflexible de que cumplas un nivel de ejecución que rara vez es posible alcanzar, y que desde luego es imposible mantener, al menos para simples mortales como tú y yo.

A medida que vayas leyendo sobre las cinco Perspectivas de la Competencia, quizá reconozcas partes de ti en varias. Sin embargo, lo normal es que te identifiques predominantemente con una de ellas. Tener una comprensión más clara de las expectativas limitadoras que te impones te ayudará en gran medida a librarte de la vergüenza y la sensación de fraude que te invaden cuando, a tu entender, no das la talla.

Una vez que tengas una idea más precisa de las reglas irracionales que has cumplido hasta ahora, el siguiente paso será sustituirlas por el reglamento de la competencia para simples mortales que recibirás aquí. Como verás a continuación, estas nuevas reglas representan una mentalidad radicalmente distinta a la que ahora alimenta tu sentimiento de impostura y los miedos relacionados con él. Y como tu nuevo reglamento redefine la competencia en términos realistas, te ofrece la oportunidad de sentir al instante una nueva seguridad y confianza en ti.

## Perspectiva Perfeccionista de la competencia

La atención de la persona Perfeccionista está enfocada de lleno en cómo están hechas las cosas. Su reglamento de la competencia es bastante claro en este sentido: *Cualquier actuación mía debe ser siempre impecable. Cada aspecto de mi trabajo tiene que ser ejemplar. Es inaceptable todo aquello que no sea perfecto.* Y cada vez que no estás a la altura de ese nivel de exigencia irracional, se confirman tus temores de que eres un fraude.

Hay personas perfeccionistas que solo se exigen a sí mismas este grado de excelencia, y las hay que se lo imponen a todo el mundo. En casa, esto último puede sonar, por ejemplo: *No, cariño, así no se dobla una toalla. Mira, una toalla se dobla así, ¿ves?* Hay una forma correcta y muchas formas incorrectas de hacerlo todo, desde colocar las maletas en el coche antes de salir de viaje hasta preparar el plan de un proyecto. Como nadie consigue el grado de perfección que exiges, tu lema es *Si quiero que algo esté bien hecho, ¡tengo que hacerlo yo!* Y si no te queda más remedio que delegar el trabajo en alguien, el resultado suele ser decepcionante y frustrante.

Entendámonos, ser perfeccionista no es lo mismo que tener un sano afán de superación. Puedes buscar la excelencia sin exigirte perfección. Y lo que es más, las personas no perfeccionistas intentarán superar retos difíciles y, tanto si tienen éxito como si no, se alegrarán de haberlo intentado. Por un lado, son lo suficientemente flexibles como para redefinir el éxito según lo requiera la situación.

Por otro, no es que no se sientan decepcionadas si fracasan, pero, si saben que han dado lo mejor de sí, no se avergüenzan. No es el caso de las personas perfeccionistas.

De hecho, a ti te ocurre justo lo contrario. En lo que a calidad se refiere, vas siempre a por la medalla de oro, el sobresaliente, el primer puesto. Todo lo que no sea eso es razón para someterte a una durísima crítica interna, y para avergonzarte profundamente por lo que percibes como un «fracaso». Y como te avergüenza tanto fracasar, puede que evites del todo probar a hacer algo que sea difícil o nuevo. Al fin y al cabo, hacer «bien» las cosas requiere mucho esfuerzo, energía y disgustos. Es mucho más fácil no intentarlo siquiera que hacer el esfuerzo y arriesgarte a sufrir la humillación de que no se te dé bien.

En cualquier caso, incluso cuando haces algo con ganas o consigues lo que querías, el éxito no suele ser demasiado satisfactorio, porque siempre te queda la sensación de que podrías haberlo hecho mejor. Has entrado en una buena universidad, pero sientes cierta decepción porque hubieras podido entrar en una mejor. Haces una presentación de primera, pero luego te reprochas que se te haya olvidado mencionar un detalle trivial. Acabas de cerrar una transacción importante, pero te preguntas si quizá hubieras podido conseguir un acuerdo aún más ventajoso.

El perfeccionismo es un hábito difícil de abandonar porque se retroalimenta. Como te has dejado la piel preparándote para la presentación o la audición, al día siguiente haces una actuación estelar, y esto a su vez refuerza tu afán por mantener ese récord de perfección. *Pero es una inmensa trampa.* Porque cuando esperas que tu trabajo y tú seáis siempre impecables, la pregunta no es si te llevarás una decepción, sino cuándo te la llevarás.

El perfeccionismo no es querer dar lo mejor de ti,
es la pura terquedad de lo peor que hay en ti,
de esa parte que te dice que nada de lo que hagas
estará nunca suficientemente bien hecho…,
que deberías volverlo a intentar.

JULIA CAMERON, autora, poeta, dramaturga y cineasta

*Reformulación de la competencia para la mente perfeccionista*
Lo que a ti te parece que es una presentación de trabajo simplemente «satisfactoria» probablemente supera con creces lo que en realidad se esperaba. Por eso es tan importante que reformules tu actual forma de entender lo que significan, por ejemplo, cosas como la «calidad» o las «exigencias básicas». Pasé veinticinco años trabajando con hombres y mujeres que aspiraban a crear sus propios negocios. Por regla general, las mujeres eran mucho más propensas a esperar a que en su proyecto no faltara ni fallara nada antes de lanzarse. No paraban de retocarlo, de hacer ajustes para asegurarse de que todo estaba perfecto, pero nunca daban el paso. Al final, todas esas nociones tan elevadas sobre los «estándares de calidad» y la importancia de «hacerlo bien» son sinónimo de parálisis.

La mayoría de los jóvenes emprendedores partían de una definición muy distinta de la «calidad». El mantra que repiten los ponentes en los numerosos seminarios de negocios y *marketing* a los que he asistido se reduce siempre a alguna variante de «No hace falta que sea perfecto, hace falta que lo pongas en marcha».[1]

Algunos gurús de los negocios, dirigiéndose a esa mentalidad perfeccionista que posterga sin fin el momento de dar el paso, llegan a decir que «mejor a medias que nada». Puede que no suene tentador,

**142** El síndrome de la impostura

pero la verdad es que, si esperas a que todo esté perfecto, no actuarás nunca. Ya se trate de un producto, un servicio o una idea, tienes que exponer la primera versión, y recibir comentarios, y retocarla y, a partir de ahí, crear una versión nueva y mejor. Siempre podrás corregir y volver a corregir sobre la marcha. Y luego, en algún momento, tendrás que decidir que ya está de verdad suficientemente bien, y parar.

Si trabajas en el campo de la medicina o en el mundo empresarial o académico, es comprensible que rechaces de plano un consejo como «mejor a medias que nada». ¿Qué te parece si le ponemos un envoltorio más respetable, como un paradigma? Resulta que, en el mundo del desarrollo de *software*, no solo existe el mismo principio fundamental del que hablan los expertos en estrategias de empresa, sino que incluso le han dado al concepto un nombre oficial. James Bach, uno de los principales propulsores de un cambio de paradigma en el proceso de verificación y validación de *software*, lo llama «calidad suficientemente buena» («*good enough quality*» o GEQ).

El artículo de Bach «Good Enough Quality: Beyond de Buzzword» (Calidad suficientemente buena: Más allá de la frase de moda) apareció en una respetada revista dedicada a la teoría y aplicación de la informática y las tecnologías de la información. En él explica que el modelo de calidad suficientemente buena es el procedimiento estándar en el mundo de la fabricación de *software*, y que «Microsoft comienza cada proyecto sabiendo con certeza que optará por enviar un producto de *software* que contiene errores conocidos».[2] No lo dice como insulto a Microsoft ni, por extensión, a ninguna otra empresa de *software*. Lo único que hace es reconocer la realidad de que cualquier fabricante del sector tecnológico debe operar con cierto grado de incertidumbre.

A ver si me entiendes, los principios del modelo de calidad suficientemente buena (GEQ) –y la frase de «mejor a medias que nada»– no tienen absolutamente nada que ver con la mediocridad. Tampoco hablan de ofrecer la calidad mínima necesaria para salir del paso. Nadie que yo haya conocido en el mundo empresarial ha llegado a ganar decenas o cientos de millones de dólares al año vendiendo basura. Bill Gates y Steve Jobs no construyeron las dos empresas tecnológicas predominantes en el mundo poniendo a la venta material de baja calidad. Para que un producto se considere «suficientemente bueno», insiste Bach, debe cumplir ciertos requisitos. Como orientación para quienes realizan las pruebas de *software*, su paradigma de calidad suficientemente buena comprende seis factores y seis «perspectivas esenciales». Es interesante que la perfección no sea una de ellas.

Esto no quiere decir que tengas que renunciar a tu búsqueda de la excelencia o hacer las cosas de cualquier manera. Lo que significa es que, salvo en casos obviamente excepcionales, como si trabajas en un quirófano o pilotas un avión, no todo lo que haces merece tu atención y dedicación absolutas. Significa que es hora de que empieces a seleccionar a qué dedicas tus esfuerzos y dejes de hacer un mundo de pequeñas tareas rutinarias que solo es necesario que hagas «suficientemente bien». Si después tienes ocasión de volver a ellas e introducir algunas mejoras, estupendo; si no, así se quedan. Hay una razón por la que el científico y escritor de ciencia ficción Isaac Asimov estaba orgulloso de ser un «no perfeccionista» y la compartió con sus fans: «No os demoréis con los detalles. Hacerlo os ralentiza». Teniendo en cuenta que escribió quinientos libros, yo diría que igual no estaba del todo equivocado.

Replantearte esa tendencia perfeccionista tuya es además una decisión profesional inteligente. Si trabajas con otras personas, es

**144** El síndrome de la impostura

muy probable que tu necesidad constante de que todo esté perfecto sea un problema para ellas también. Una jefa de proyecto de IBM me contó que, a cuenta del perfeccionismo obsesivo de una integrante del grupo, las cosas habían llegado a tal punto que, al final, tuvo que llamarla y decirle: «Para ya. Estás ralentizando a todo el equipo».

En lugar de ayudarte a tener éxito, el pensamiento perfeccionista es en realidad una barrera gigantesca. La escritora Jennifer White dio en el clavo cuando dijo: «El perfeccionismo no tiene nada que ver con hacer bien las cosas. No tiene nada que ver con tener un alto nivel de exigencia. El perfeccionismo es la negativa a darnos la oportunidad de avanzar». Esta última es la frase clave.

Te llevará un poco de tiempo acostumbrarte, pero te aseguro que puedes aprender a apreciar las virtudes de la no perfección. Los árboles más bellos suelen ser los más deformes. Muchos de los descubrimientos científicos más trascendentales fueron el resultado de un error. Una vez leí que, en algunas obras de arte islámicas, se cometen intencionadamente pequeñas imperfecciones como humilde reconocimiento de que solo Dios es perfecto. Qué superlativamente aburrida sería la vida si cada ola fuera la ola perfecta, cada beso el beso perfecto. Hay funcionalidad, belleza y gracia en la no perfección. Empieza a descubrirlo.

*Nuevas reglas de la competencia para la mente perfeccionista*
- El perfeccionismo impide el éxito.
- A veces, «bueno» es suficiente.
- No todo merece tu atención y dedicación absolutas.
- Tu perfeccionismo afecta a quienes se relacionan contigo.
- Es hora de aceptar con gusto la no perfección.

## Perspectiva de la competencia entendida como Genio Natural

La perspectiva Perfeccionista es quizá la más obvia y la que más familiar nos resulta de las cinco. Los elementos en que me he basado para tipificar la perspectiva de la competencia como sinónimo de Genio Natural son de un orden completamente diferente. Según el diccionario Webster, competencia significa «tener la capacidad de funcionar o desarrollarse de una manera determinada».[*] Las palabras clave son capacidad y desarrollo. Por desgracia, nadie se lo dijo a quienes creen en el Genio Natural. Entendámonos, si este es tu estilo predominante, no es que seas una persona genial ni que creas serlo, sino que, para ti, la verdadera competencia consiste en tener inteligencia y capacidad naturales. Y dado que consideras que la inteligencia y la capacidad son innatas, das por hecho que tener éxito no debería suponer ningún esfuerzo. Si te identificas con esta creencia, lo que más te importa es cómo y cuándo se producen los logros.

Como en el caso de la persona Perfeccionista, te has puesto el listón interior a una altura inalcanzable. Solo que tú, en lugar de utilizar la impecabilidad como medida, te juzgas por la soltura y rapidez con que eres capaz de hacer las cosas. Esperas saber sin que te enseñen, sobresalir sin esforzarte y hacerlo todo bien al primer intento. Piensas: *Si fuera realmente inteligente, lo entendería todo a la primera*, o *Si fuera una escritora de verdad, no me costaría tanto escribir*. Cada vez que no eres capaz de hacer algo con rapidez o fluidez, salta la alarma de la impostura.

---

[*] *Diccionario de la lengua española* de la Real Academia Española: «Competencia»: Pericia, aptitud o idoneidad para hacer algo o intervenir en un asunto determinado. (*N. de la T.*)

**146**   El síndrome de la impostura

La razón de que la persona que cree en el Genio Natural quiera pasar de principiante a experta en un abrir y cerrar de ojos, sin tener que sufrir las etapas intermedias, no es que sea perezosa, sino que ni siquiera es consciente de que exista una etapa intermedia. Ves a quienes han llegado a lo más alto en sus profesiones y das por hecho que no han tenido que hacer el menor esfuerzo. Así que, en cuanto empiezas a trabajar en una empresa, te parece lo normal arrancar a toda marcha hacia la cima. O, si eres estudiante, crees que deberías haber salido del vientre de tu madre sabiendo hacer cálculo avanzado o cómo redactar una tesis. Montas un negocio, y esperas obtener beneficios desde el primer día. Cuando aprendes a tocar un instrumento o a realizar complejos procedimientos de laboratorio, esperas captarlo y asimilarlo todo al instante.

Como crees que una persona de verdad competente no tiene problemas para avanzar, cada vez que te encuentras con algo que te cuesta entender o a lo que necesitas dedicarle mucho tiempo y energía antes de tener un poco de soltura, piensas: *Soy una calamidad.* Y la sociedad confirma esta clase de pensamiento, ya que la noción de ser aprendiz no tiene demasiada cabida en una cultura que valora más el talento que el esfuerzo, el éxito fulminante que la constancia y el progreso paulatino.

Si crees que la competencia es sinónimo de Genio Natural, tu perspectiva de las cosas se parece a lo que la investigadora Carol Dweck, de la Universidad de Stanford, llama «mentalidad fija». En su libro *Mindset: la actitud del éxito*, Dweck resume tres décadas de investigación cualitativa que coincide con lo que yo descubrí en mis primeras investigaciones cualitativas: que tus opiniones sobre la inteligencia y lo que se necesita para tener éxito influyen decisivamente en la percepción que tienes de tus capacidades.

En pocas palabras, si tienes una mentalidad fija, todas tus energías están enfocadas en la excelencia y la perspicacia, lo cual te obliga a demostrar en todo momento lo eficaz e inteligente que eres. Es cierto que cada logro te dará cierta confianza en ti, pero solo durante un tiempo. Cada vez que tengas un revés, la confianza se vendrá abajo. Y como no hacer las cosas bien te da tanta vergüenza, harás lo imposible por evitar los retos y potenciales fracasos.

Para la persona de mentalidad fija, la inteligencia y la habilidad son como las matemáticas: o sabes sumar o no sabes. O eres artista o no lo eres. Tienes lo que hay que tener para saber vender o para hablar con elocuencia o no lo tienes. No es sorprendente que Dweck descubriera que las personas de mentalidad fija suelen tener una puntuación muy alta en la escala de la impostura.

*Reformulación de la competencia en la mente*
*que cree en el Genio Natural*

La primera y principal reformulación se basa en que te des cuenta de que el talento innato tiene muy poco que ver con la grandeza. No solo puedes aprender a hacer muchas cosas, sino que puedes incluso llegar a ser excelente en algunas de ellas, siempre que tengas la paciencia de dedicarles el tiempo necesario. Como ha revelado un estudio extensivo llevado a cabo en Estados Unidos y el Reino Unido, las personas que destacan en campos tan diversos como la música, los deportes o el ajedrez son las que más tiempo dedican a una «práctica deliberada».[3]

Esto significa no solo repetir ejercicios incansablemente, sino que esos ejercicios estén basados en medidas y objetivos muy concretos. Incluso quienes han alcanzado ya la cima saben que mantenerse en ella requiere entrenamiento constante. Por eso, justo antes de aparecer en uno de los programas televisivos nocturnos, el cómico y actor Chris Rock se prepara haciendo un par de noches de monólogos.

Este énfasis en la mejora continua refleja lo que Dweck llama «mentalidad de crecimiento». En total contraposición a la mentalidad fija que veíamos, la mentalidad de crecimiento entiende que la inteligencia es maleable y que la capacidad puede desarrollarse con el tiempo. El éxito no se considera resultado directo de la inteligencia, los dones o la habilidad naturales, sino que se entiende que tener dominio en cualquier terreno es el resultado natural de un eterno proceso de aprendizaje, adiestramiento y desarrollo progresivo.

Y como quienes tienen mentalidad de crecimiento saben aprender de los errores y los fracasos, en lugar de desanimarse o de retirarse cuando intuyen que algo puede hacérseles demasiado cuesta arriba, redoblan sus esfuerzos. Cuando entiendes que eres una obra en construcción, automáticamente tienes menos probabilidades de sentirte incapaz.

No es solo que el talento natural no sea imprescindible para ser competente, sino que tenerlo no es de por sí garantía de éxito. Dweck cita un ejemplo tras otro de personas del mundo del deporte y el arte que empezaron con una capacidad media, pero que estaban dispuestas a perseverar y acabaron haciéndolo igual de bien, y a menudo mejor, que aquellas que tenían talento natural, pero no la dedicación suficiente. Lo bueno es que la capacidad de esforzarse está al alcance de cualquiera que decida utilizarla, y esto te incluye a ti. Con la práctica, mejoras, y cuando mejoras, te sientes mejor. Y por si fuera poco, eso te dará la confianza necesaria para demostrarlo.

¿Encontrarás obstáculos por el camino? Dalo por seguro. La diferencia es que, en lugar de ver las dificultades y los retos como señales de tu ineptitud, ahora los afrontas como oportunidades para crecer y aprender. Aquí es donde entra en juego el poder del diálogo interno y la reformulación.

En lugar de pensar: *Yo no valgo para este trabajo, ¿qué hago aquí?* piensa: *Puede que me falte experiencia, pero soy perfectamente capaz de aprender lo que requiere este puesto.* En el pasado, cada vez que te encontrabas ante algo que nunca habías hecho antes, pensabas: *¡Ufff, no tengo ni idea de lo que estoy haciendo!* Ahora te dices: *Guau, aquí sí que voy a aprender.* Las palabras importan de verdad. Basta con que cambies la forma de hablarte mentalmente sobre una dificultad o un reto para que cambie tu forma de afrontarlo.

Miguel Ángel dijo: «El genio es paciencia eterna». Escribir una tesis, abrir una consulta o hacer cualquier cosa de importancia requiere mucho tiempo, esfuerzo y paciencia. Recuerda que tu primer borrador, tu primera presentación, tu primer cuadro o tu primer trabajo nunca te saldrán tan bien como la segunda vez y todas las veces que vendrán a continuación. Sustituye esa idea fantasiosa de que tienes que triunfar de la noche a la mañana por el ideal de un progreso lento y constante, y descubrirás el verdadero significado de la palabra «genio».

*Nuevas reglas de la competencia para la mente que cree en el Genio Natural*
- El esfuerzo supera a la capacidad natural.
- Las dificultades suelen ser oportunidades encubiertas.
- El verdadero éxito siempre requiere tiempo.
- Cuantas más veces hagas algo, mejor te saldrá.
- Permítete experimentar una curva de aprendizaje.
- Al principio, todo el mundo se siente «fuera de lugar».

## Perspectiva Experta de la competencia

Esta es, por así decir, la versión del perfeccionismo referida a los conocimientos. Tu mente, en este caso, en vez de estar hipercentrada en la calidad de lo que haces, tiene como principal preocupación en la vida la cantidad de conocimientos o el grado de destreza que posees. Sean cuales sean, nunca será suficiente. La importancia desorbitada que esta mente atribuye a los conocimientos, la experiencia y las credenciales te hace establecer un diálogo interno que suena más o menos así: *Si de verdad fuera competente, sabría todo lo que hay que saber. Si de verdad fuera inteligente, entendería y recordaría todo lo que leo.* O bien: *Antes de exponerme a la mirada pública, necesito aprender más, tener una formación más sólida, más experiencia.*

Las mujeres somos especialmente propensas a caer en la trampa de la mente que ambiciona ser Experta, algunas de forma asombrosa. Mary fue la mejor de su promoción, consiguió una beca completa para estudiar en la universidad y sacó una nota tan alta en el examen de admisión que el decano de la facultad de derecho estaba decidido a admitirla sin haber visto siquiera su solicitud. Sin embargo, Mary decidió dedicarse a preparar el doctorado.

Trabajó en la tesis durante varios años, hasta que a su marido lo admitieron en la facultad de medicina de otro estado. Con la mudanza y el embarazo, acabó dejando los estudios. Unos años después se puso en contacto con la universidad para preguntar por su expediente académico. Fue entonces cuando un administrador le dijo que le faltaba muy poco para completar todos los requisitos y conseguir el título de posgrado. Incluso se ofreció a ayudarla a reincorporarse. «Qué va –contestó–, es imposible que sepa lo suficiente como para merecer un título de posgrado». En retrospectiva, Mary se pregunta: *¿En qué estaba pensando?*

Reglamento de la competencia para simples mortales **151**

En realidad, Mary estaba pensando en lo mismo que mucha gente que sufre el síndrome de la impostura: en que existe un umbral de conocimientos y comprensión preciso que una persona debe alcanzar para que pueda considerársela «suficientemente» experta. Las mujeres no solo se obsesionan con acumular más y más educación y credenciales, sino que se preocupan también más por cuánta experiencia tienen. Se ha visto, por ejemplo, que las empresarias consideran que la experiencia ha sido un factor determinante de su éxito en mayor medida que sus homólogos masculinos.[4]

En general, parece lógico que los hombres tiendan a sentirse menos nerviosos. Al fin y al cabo, están acostumbrados a la presión de que todo el mundo dé por hecho que saben lo que hacen. Haber tenido que fingir seguridad mientras paseaban la mirada bajo el capó del coche sin saber lo que buscaban o mientras miraban desconcertados la pantalla del ordenador que se había vuelto a quedar «colgado» les hizo aprender a sentirse cómodos metiéndose en faena a pesar de la falta de conocimientos. Como consecuencia, cuando un hombre se enfrenta a un nuevo trabajo o proyecto, es más probable que no se inquiete por tener solo unos pocos conocimientos básicos sobre el tema (o ninguno), ya que está acostumbrado a idear cómo resolver las cosas sobre la marcha.

Las mujeres oyeron desde niñas mensajes muy diferentes, que a menudo daban por hecho su falta de conocimientos o habilidades. Como veíamos en el capítulo 3, los prejuicios culturales sobre la incompetencia femenina están bien documentados. Así que, si eres mujer, no es por casualidad que hayas acabado creyendo que necesitas saberlo todo antes de considerarte mínimamente capacitada para hacer algo. Lees la descripción de un puesto de trabajo que requiere un par de habilidades no demasiado difíciles de adquirir o experiencia previa en algún aspecto en el no eres una experta y

**152** El síndrome de la impostura

te descalificas de inmediato. Y ya sea en el mercado laboral o en el mundo empresarial, esta reticencia a lanzarte y aprender sobre la marcha tiene consecuencias reales, económicas y de otros tipos.

La ironía de esforzarte por ser la Experta es que, incluso aunque realmente lo seas, es probable que te incomode considerarte como tal. A muchas mujeres, el título de «experta» les suena presuntuoso. Además, conlleva una presión enorme: si haces una declaración pública como esa, más te vale tener con qué respaldarla. Y como estás segura de que no lo tienes, te preocupa naturalmente lo que la gente podría pensar de ti.

Esta preocupación por cómo se nos percibe desde fuera es un tema frecuente entre las mujeres. En numerosas ocasiones, Sara Holtz, exvicepresidenta y consejera general de Nestlé, me invitó a intervenir en los seminarios que organizaba para socias de grandes bufetes jurídicos. En aquellas sesiones, Sara pedía a las participantes que elaboraran una respuesta de treinta segundos a la pregunta «¿A qué te dedicas?», lo que a menudo se conoce como «conversación de ascensor». Fue durante este ejercicio cuando conocí a una prestigiosa abogada llamada Stephanie.

Como aproximadamente el sesenta por ciento de su trabajo consistía en representar a fabricantes de productos médicos, su primer impulso fue describirse como experta en este tipo de litigios. Sin embargo, después de pensarlo mejor, le preocupaba parecer «demasiado engreída». Así que abandonó el término «experta» y decidió decir que tenía «particular interés» en esa clase de temas legales. Como si fuera su afición o algo así, ¿entiendes? Cuando se lo conté a un abogado amigo mío, que se sentía cualquier cosa menos un impostor, su respuesta fue: «¿El sesenta por ciento de su trabajo? ¡Yo habría dicho que era un experto destacado en ese terreno!».

## Reglamento de la competencia para simples mortales     153

Así que, si te identificas con la perspectiva de la Experta, debes saber que operar con la mentalidad de que la competencia se traduce, entre otras cosas, en ser una enciclopedia andante tiene sus consecuencias. Esta idea de que, antes de decir nada sobre un tema, es imprescindible que lo conozcas al dedillo te impide hablar u opinar por miedo a equivocarte. Y como aceptas la distorsionada idea de que tienes que saber todo lo que se puede llegar a saber sobre cualquier asunto antes de considerarte remotamente competente, puede que ni siquiera intentes hacer cosas que eres perfectamente capaz de hacer.

Es obvio que hay profesiones en las que los exámenes, matrículas, licencias y otros métodos de acreditación son y deben ser obligatorios. Pero a menos que tu sueño sea operar a corazón abierto o diseñar aviones o algo por el estilo, la idea de que necesitas que un trozo de papel «demuestre» que puedes hacer algo es absurda, y un serio impedimento para tener éxito en el terreno que sea. Esta necesidad obsesiva de tener más información, habilidades y experiencia es además lo que hace que buena parte de la población «impostora», las mujeres en especial, se empeñen en hacer cursos formativos y en conseguir títulos o credenciales muy a menudo innecesarios.

Siempre te quedará algún libro por leer, alguna clase más a la que asistir, algún experimento más que hacer, un título o designación o certificación que necesitas obtener antes de atreverte a declararte una «experta». Por desgracia, esta búsqueda incesante por alcanzar el escurridizo «conocimiento absoluto» puede hacer que tardes meses o incluso años más de lo necesario en lograr un objetivo.

Sé que te sientes más «cómoda» cuando tienes una base sólida en un campo profesional o una actividad. Sin embargo, también es posible que, en parte, estés preocupada por cómo afecta tu trabajo a la gente con la que trabajas. La compulsión, más típicamente femenina, de cumplir las normas en lo que se refiere a las credenciales se deriva hasta cierto punto de la inseguridad. Pero también tiene que ver con no querer actuar de forma irresponsable. No quieres precipitarte en decir que sí y hacer un trabajo desastroso, sobre todo si eso afecta a otras personas. Y, desde luego, no quieres prometer algo a menos que estés absolutamente segura de poderlo cumplir.

Todo esto es admirable. Ahora bien, puede que creas que estás protegiendo a la gente cuando en realidad solo te estás protegiendo a ti. Y esa protección no la necesitarías si comprendieras que no pasa nada por ir adquiriendo conocimientos sobre la marcha, y que ser una «experta» suele ser resultado de la curiosidad y el trabajo constantes tanto como de los títulos.

*Reformulación de la competencia para la mente que aspira a ser Experta*

El humorista Will Rogers dijo una vez: «Todo el mundo es ignorante, solo que cada cual en un tema diferente». Para la mente que ambiciona ser Experta, lo principal es aprender a sentirse más cómoda no sabiéndolo todo, y confiando en lo que sí sabe. Tu obsesión por la falta de credenciales y tu vergüenza por lo que no sabes te impiden intentar todo tipo de cosas que eres totalmente capaz de hacer. ¿Crees que decidirías no comprar una escultura bellísima porque te has enterado de que la artista no terminó la carrera de bellas artes? En un ámbito tan subjetivo como el arte, es fácil ver lo absurda que resulta la preocupación por la educación formal. Pero ¿y en otros campos, como la tecnología, por ejemplo?

En un artículo sobre la prevalencia del síndrome de la impostura entre mujeres del sector de la alta tecnología, la ex directora nacional de DigitalEve Canadá, Jennifer Evans, comenta que «si las

## Reglamento de la competencia para simples mortales 155

mujeres no avanzan como podrían en los campos técnicos es mucho más por falta de seguridad en sí mismas que por una carencia de educación formal en tecnología».[5] Es cierto que quienes ocupan cargos directivos en el mundo de la tecnología informática (TI) suelen lucir títulos impresionantes a continuación de sus apellidos. Y, sin embargo, la mayoría de los hombres con los que Evans ha trabajado en el mundo de la alta tecnología son autodidactas. Uno de ellos era un chico de barrio que se pasaba el día en la calle y apenas tenía educación formal. Un día encontró varias piezas de ordenador al lado de un contenedor de basura, empezó a juguetear con ellas, se hizo «ingeniero» informático autodidacta y desde entonces gana varios cientos de miles de dólares al año instalando cortafuegos en sistemas informáticos.

Las personas de éxito que, en un principio, tuvieron la confianza suficiente como para intentar cumplir sus objetivos aun careciendo de formación académica son un estupendo ejemplo para la mente que sueña con ser Experta. Ahí tenemos, por ejemplo, a Jean Nidetch. Cuando esta ama de casa neoyorquina se dio cuenta de que su voluntad de hacer una dieta de adelgazamiento empezaba a flaquear, invitó a varias amigas a que se reunieran con ella una vez por semana en su casa para charlar y apoyarse unas a otras. Muy pronto, tenía que arreglárselas para hacerles sitio en el pequeño apartamento de Queens a las cuarenta mujeres que se presentaban en su puerta. La idea de Nidetch de que un grupo de mujeres se reunieran para ofrecerse mutuamente comprensión y apoyo, además de lo que significaba en sí alimentarse de una manera sensata, tuvo tanto éxito que unos años más tarde Nidetch creó su propia empresa. Empezó por alquilar un local en el que celebrar su primera reunión pública, y colocó cincuenta sillas. Acudieron cuatrocientas personas. Como

**156** El síndrome de la impostura

quizá habrás adivinado, Nidetch fundó lo que hoy es un imperio internacional multimillonario llamado Weight Watchers.

Jean Nidetch no tenía un título de nutricionista ni de fisióloga. Tras terminar la educación secundaria, su experiencia laboral había consistido en criar a sus dos hijos y en contribuir a la manutención de la familia vendiendo de puerta en puerta los huevos de la granja avícola que tenía una tía suya en Nueva Jersey. Sus credenciales eran los éxitos que siguieron a una genial idea y al deseo de verla crecer.

Por último, está la insólita historia de un experto en sistemas de armamento llamado Jeff Baxter. En cierto momento de su vida, este autodidacta sintió interés por la tecnología de los equipos de grabación musical, y un día descubrió que utilizaban *hardware* y *software* desarrollados originalmente para el ejército. Esto despertó su curiosidad. Baxter empezó a estudiar los sistemas de armamento y acabó redactando un documento de cinco páginas en el que proponía una posible manera de rastrear misiles.

A pesar de su nula formación en sistemas de armamento, pronto fue nombrado presidente de la Junta Asesora del Congreso sobre Defensa Antimisiles de Estados Unidos y se convirtió en un consultor muy bien pagado, cuyos servicios solicitaban empresas militares privadas como General Atomics y Northrop Grumman. ¿Cuál era su trabajo anterior? «Skunk» Baxter, como lo llamaban sus fans, era guitarrista de las bandas de rock Steely Dan y los Doobie Brothers. Si una estrella del rock, sin educación formal en tecnología armamentista, puede llegar a tener los conocimientos y el entendimiento suficientes como para asesorar al Pentágono y a las principales compañías aeronáuticas, créeme, ¡puedes ser un experto o una experta prácticamente en cualquier cosa!

Si te hablo de estas personas no es para disuadirte de que te for-

## Reglamento de la competencia para simples mortales    **157**

mes en la disciplina que te interese. Solo quiero que sepas que hay muchos caminos para llegar a saber de verdad. Ningún título va a darte unos conocimientos comparables a lo que aprendas por experiencia propia. Si pones en práctica lo que has aprendido y ves que funciona, tu producto es igual de válido que el de cualquiera que pueda respaldar el suyo con un título. Si no tienes un historial, o si no hay un camino recto y reconocido desde donde estás hasta donde quieres estar, diséñalo tú, crea tu propio programa de «titulación», salvo por el título formal.

Piensa en los temas que podría incluir el curso, en los libros que deberías leer, las publicaciones a las que podrías suscribirte y los estudios sobre el terreno o los seminarios de prácticas que podrían darte una valiosa experiencia. Si necesitas tener un historial o una acreditación para poder solicitar cierto puesto de trabajo o poner en marcha tu empresa, haz trabajo voluntario para alguna organización o fundación, lanza un proyecto piloto u ofréceles algunos artículos gratuitos a potenciales clientes a cambio de su opinión sobre el producto, testimonios y referencias.

Además, como decía el legendario entrenador de baloncesto John Wooden: «Lo que cuenta es lo que aprendes después de saberlo todo». El conocimiento no tiene «fin». Intentar saberlo todo, especialmente en campos como la tecnología y la medicina, donde las innovaciones son constantes y es tan colosal la cantidad de información existente sobre cualquier aspecto, es como intentar llegar al final de internet. Sencillamente es imposible. La idea de que se puede llegar a tener todo el conocimiento del mundo es una fantasía. Así que deja de buscar, relájate y haz las cosas lo mejor que puedas.

Además, no necesitas saberlo todo. Es suficiente con que seas lo bastante perspicaz como para discurrir quién sabe lo que tú no sabes

**158** El síndrome de la impostura

y puede llegar a donde tú no llegas. Una vez reformulado el conocimiento de esta manera, ya no tienes por qué disculparte, juzgarte o preocuparte por no entender algo. Sabes que tienes tanto derecho a hacer preguntas o a no entender como cualquier otra persona. Atrás quedaron los días en los que oías hablar a alguien de tu equipo sin entender ni una palabra y, de repente, sentías un inmenso alivio cuando alguien preguntaba lo que tú no te habías atrevido a preguntar por miedo a que pensaran que eras idiota.

Ahora ya sabes que ser competente no consiste en saberlo todo. Más bien, la clave de la competencia está en ser capaz de no saber y admitirlo con toda confianza. En levantar la mano para decir con la voz más segura que tengas: *¿Me puedes explicar qué quieres decir con eso?* o *¿Te refieres a esto, o a esto otro?*, o simplemente *No he entendido*.

¿Es posible que te resulte más difícil hacerlo en situaciones en las que eres la única mujer, la única persona de color o el único miembro de cualquier grupo sobre el que existan estereotipos referentes a la competencia? Por supuesto, sobre todo si no conoces a nadie de la sala o no hay nadie de confianza. Lo que pasa es que, por mucha tensión o ansiedad que esto te cree, lo cierto es que no tienes ningún control sobre lo que la gente vaya a pensar de ti. Nadie lo tiene. Lo único que podemos controlar es nuestra respuesta. Por eso es tan importante que la convicción de que tienes pleno derecho a preguntar provenga, no de tu cabeza, sino de lo más profundo de tu alma. Y si alguien te hace una pregunta sobre la que no tienes ni idea, emula a Mark Twain, que dijo con la mayor confianza: «Me complació poder responder con prontitud. Y lo hice. Le dije: "No sé"».

*Nuevas reglas de la competencia para la mente Experta*

- Hay muchos caminos que llevan a la maestría.
- El conocimiento no tiene fin.
- Ser competente significa conocer y respetar tus limitaciones.
- No hace falta que lo sepas todo, basta con que seas perspicaz y encuentres a alguien que sepa lo que tú no sabes.
- Aunque no sepas algo, puedes proyectar una imagen de confianza.

## Perspectiva Solista de la competencia

Como trabajadora o trabajador Solista, llevas años acatando con fidelidad la errónea conclusión de que ser de verdad competente equivale a conseguir las cosas en solitario, sin ayuda de nadie. No confundamos esta conclusión con la idea Perfeccionista de que *mejor hacer las cosas tú, si quieres que estén bien hechas,* que en definitiva es un control de calidad. Aquí hablamos de otra cosa, hablamos de una persona a la que le gusta hacer las cosas sola porque cree que no debería necesitar ayuda. La distorsión en este caso está en pensar: *Si fuera de verdad competente, podría hacerlo todo yo.* Y esta conclusión la aplica también al mundo de las ideas. Si es escritora, estudiosa o empresaria en ciernes, espera que su obra o su idea sean radicalmente nuevas y originales. Si alguien consigue antes que ella lo que ella tenía pensado hacer o decir, se hunde.

En tu mente independiente, los únicos logros que realmente cuentan son los que has alcanzado en solitario. Si el logro fue resultado de un trabajo en equipo o en colaboración con alguien, para ti ya no es lo mismo. Y otro tanto ocurre si te admitieron en la universidad en la que había estudiado tu padre o si alguien te recomendó a la persona que te ha contratado o a potenciales clientes tuyos.

Otra razón por la que esta persona Solista se niega a pedir la ayuda, el asesoramiento o las indicaciones que realmente necesita es el miedo a que, si los pide, pueda interpretarse como una señal de ineptitud. Ese era el gran temor de Diane. Poco después de que la ascendieran a un puesto y a un nivel a los que nunca antes había llegado una mujer en la historia de la empresa, la designaron para que dirigiera un proyecto de gran envergadura a tres horas de distancia de la oficina central. Por si fuera poco, trabajaba en un sector tradicionalmente masculino en el que seguían predominando los hombres, y Diane sabía que, al menos en la mente de algunos de ellos, pedir ayuda se interpretaría como una prueba evidente de que las mujeres no servían para aquel trabajo. Así que no la pidió.

Cada día de la semana, sábados y domingos incluidos, Diane salía de casa a las cuatro de la madrugada, y a menudo regresaba a casa pasada la medianoche. Esta locura continuó durante meses. Todo el mundo se daba cuenta de que tanto Diane como el proyecto estaban a punto de zozobrar, pero ella seguía negándose a pedir nada. Finalmente, los horarios imposibles, la responsabilidad y el volumen de trabajo pudieron con ella y no tuvo más remedio que solicitar una baja laboral.

En su ausencia, se designó a un hombre llamado John para dirigir el proyecto. John echó un vistazo al plan de trabajo y dijo: «¡Esto puede matar a cualquiera! No lo voy a hacer. Quiero un apartamento cerca de las nuevas instalaciones, cuatro personas más que trabajen allí conmigo, y disponibilidad absoluta de todos los jefes de división de la oficina central en el momento que necesite hacerles cualquier consulta». Y se lo concedieron. ¿Porque era un hombre? Tal vez. Sin embargo, la convicción de Diane de que un verdadero logro es solo aquel que se consigue totalmente en solitario debió de tener también algo que ver.

En lo más profundo de ti, tú sabes que todo eso que te están pidiendo que hagas no lo puedes hacer, al menos no a la velocidad que se espera que lo hagas, o todo lo bien que te gustaría; y tú sola, imposible. Lo que pasa es que, incluso aunque no tengas esa idea de que ser competente significa hacerlo todo tú, las mujeres no queremos ser una carga para nadie, ni obligar a nadie a que nos dedique su tiempo. Así que te dejas la piel, sacrificas tu salud o tu vida personal e intentas hacer milagros. Y cuando, no se sabe cómo, lo consigues, piensas: *¡Qué farsante soy! Si tuvieran la menor idea de que he estado a punto de desfallecer, no pensarían que soy tan genial.*

### Reformulación de la competencia para la mente Solista

La primera reforma que debes hacer como Solista en lo que respecta a la competencia es, por supuesto, rechazar el mito de que, para que un logro «cuente» como tal, ha ser obra exclusivamente tuya. Por eso quería presentarte a Diane. Creo que su experiencia puede enseñarte algo muy importante sobre los peligros de querer hacerlo todo tú, sin ayuda de nadie. La realidad es que Diane no podía hacerlo todo ella. Pero en las mismas circunstancias, tampoco John ni nadie hubiera podido. La diferencia fundamental está en que él lo supo desde el principio, y por eso se sintió con todo el derecho del mundo a pedir lo que necesitaba para poder hacerlo.

Incluso teniendo en cuenta el doble rasero, lo que de verdad pasó es que John comprendió una regla esencial de la competencia: ser competente no significa saber hacerlo todo tú. Por el contrario, significa saber identificar con exactitud los recursos que necesitas

**162** El síndrome de la impostura

para hacer eficazmente el trabajo. Cada vez que digo esto delante de un público femenino, todas las mujeres de la sala echan mano del bolígrafo.

Esos recursos pueden adoptar distintas formas. Por ejemplo, podrías necesitar:

- Un aplazamiento de la fecha de entrega de un proyecto o trabajo.
- Posibilidad de contactar con personas expertas en contenidos o responsables de la toma de decisiones.
- Información adicional antes de que puedas evaluar plenamente una situación, hacer una recomendación o pasar a la siguiente fase.
- Ayuda física para realizar determinadas tareas.
- Un espacio físico –sala de reuniones, laboratorio...– o determinada tecnología o instrumental.
- Un mayor presupuesto u otros recursos financieros.

Además de saber qué pedir, tienes que saber cómo pedir lo que quieres. Está claro que lo primero es tener una actitud decidida. Pero, además, debes formular tu petición dejando claro que eso es lo que requiere el proyecto, que no son necesidades personales tuyas. En otras palabras, decir, por ejemplo, «Me va a ser imposible terminar el trabajo en la fecha prevista sin ayuda de alguien» podría interpretarse como una deficiencia tuya, en vez de como un análisis objetivo de la situación. En lugar de eso, quítate a ti de en medio y di: «Esto es lo que hace falta para que el trabajo esté terminado en la fecha prevista», o «Para que suceda X, el proyecto requiere Y».

> No solo utilizo todos los cerebros que tengo,
> sino además todos los que puedo tomar prestados.
>
> Woodrow Wilson,
> presidente de Estados Unidos entre 1913 y 1921

Date cuenta también de que solo una verdadera impostora o impostor tendría miedo de pedir ayuda. Hace años oí al ex secretario de Estado Henry Kissinger contarle con naturalidad a un periodista que, al ver que no sabía cómo actuar ante la amenaza de un potencial conflicto nuclear, descolgó el teléfono y llamó al hombre que había ocupado su puesto antes que él. No solo no se avergonzaba de haber pedido asesoramiento, sino que parecía sentirse muy satisfecho de sí mismo porque se le hubiera ocurrido la idea. Como dijo el industrial y constructor naval Henry J. Kaiser: «Progreso gracias a que me rodeo de personas que saben más que yo, y escucho lo que dicen. Y es indudable que hay temas sobre los que cualquiera sabe más que yo».

Si tus responsabilidades laborales aumentan y el trabajo va haciéndose cada vez más complejo, es posible que lo único que necesites es que alguien te ayude a organizar las cosas o a encontrar soluciones. Si se trata de asuntos delicados que exigen confidencialidad, contrata a una consultora o a un *coach* que te sirva de caja de resonancia. También debes saber reconocer dónde no buscar ayuda. Como advertía en el siglo XIII el poeta Rumi: «Cuando vayas a emprender un viaje, no consultes a alguien que nunca ha salido de casa». Si tu sueño es patentar un invento, o quieres dejar el trabajo e irte a estudiar a una escuela de cocina en París, no les pidas consejo a tus amigas y a tu familia, que sabes que evitan en su vida cualquier posible riesgo y que, a pesar de sus buenas intenciones, no tienen

**164** El síndrome de la impostura

experiencia en nada parecido. Pide consejo a alguien que haya hecho lo que tú quieres hacer.

Las personas verdaderamente competentes no solo piden consejo, sino que delegan parte de su trabajo siempre que pueden. En algunos casos, es cierto que tardarías menos en hacerlo tú todo que en enseñar a otra persona. Pero a la larga te compensará que haya alguien en quien poder delegar; te ahorrará tiempo y estrés, y, si tienes un trabajo autónomo, también dinero. La regla general es asignar una tarea a alguien de la empresa que esté en el nivel más bajo en que pueda realizarse ese trabajo de forma competente; no perfecta, sino competente. Si no tienes la opción de delegar, mira a ver si puedes recurrir a tus colegas de vez en cuando.

¿Y qué hay de todo lo que se ha delegado en ti? Ahora que entiendes que ser competente no depende de que consigas personificar a un tiempo al Llanero Solitario y a una hacedora de milagros, quizá quieras ensayar el arte de «delegar hacia arriba». La próxima vez que veas llegar volando hasta tu mesa ya repleta otro gran proyecto o información sobre un nuevo cliente o sobre una nueva responsabilidad, devuélvele la pelota a quien la haya lanzado. Pregúntale a tu jefe o tu jefa qué de todo ello es prioritario, para que ambas partes sepáis con claridad cuáles de esos encargos van a tener que esperar. Es preferible que la dirección tenga que retrasar algunas fechas de entrega a que tú acabes quedando fuera de combate.

Por último, no solo no tienes que hacerlo todo tú, sino que tampoco tiene por qué ocurrírsete todo a ti. Cantidad de estudiantes, y más todavía la gente que aspira a crear un negocio o que se dedica a la escritura, tienden a pensar que su trabajo o su idea tienen que ser totalmente originales y novedosos para que tengan algún valor. Esta creencia de que «si no se me ha ocurrido a mí primero, ya no

## Reglamento de la competencia para simples mortales

vale» es una tontería. Lo mismo si se trata de un nuevo libro de cocina que de una investigación académica, siempre hay algo más que decir sobre cualquier tema.

Las personas competentes (incluidas las eruditas) se basan siempre en el trabajo de otras personas competentes. Dale Carnegie escribió uno de los libros más vendidos de todos los tiempos. ¿Te cuento de dónde sacó todas esas magníficas técnicas que incluyó en *Cómo ganar amigos e influir sobre las personas*? «Las ideas que he reproducido en el libro no son mías –dijo Carnegie–. Las tomé prestadas de Sócrates. Se las robé a Chesterfield. Se las robé a Jesús. Y las reuní en un libro». Incluso Einstein comprendió que «el secreto de la creatividad es saber ocultar tus fuentes». (Si eres estudiante, ¡me apresuro a añadir que no se refería al plagio!).

*Nuevas reglas de la competencia para la mente Solista*

- Para poder hacer el trabajo, primero tienes que identificar los recursos que requiere.
- Las personas competentes saben pedir lo que necesitan.
- Las personas listas buscan a alguien que sepa más que ellas.
- Cuando necesites consejo, es importante que preguntes a la gente adecuada.
- Tu trabajo no tiene por qué ser original e innovador para ser bueno.
- Las personas competentes saben que es un honor basarse en el trabajo de otras personas competentes.

**166** El síndrome de la impostura

## Perspectiva Superhumana de la competencia

Es fácil confundir la perspectiva Superhumana con la Perfeccionista. La principal diferencia es que la persona Perfeccionista suele contentarse con que su rendimiento sea impecable principalmente en los estudios o en el trabajo. Para la Superhumana, en cambio, ser competente significa ser capaz de desempeñar múltiples funciones con maestría. Aunque es probable que tenga ciertas tendencias perfeccionistas, para esta persona la competencia está igual de relacionada con cuántas cosas es capaz de hacer como con la calidad de cada una de ellas.

Para que te hagas una idea, la persona Superhumana es una combinación de la Perfeccionista, la que cree en el Genio Natural y la Solista llevadas al extremo cada una de las tres. Si es tu caso, no solo esperas ser la estratega de tu organización, sino también quien se ocupe de los detalles y los sistemas de precisión. O una artista de talento a la que además se le den de maravilla el *marketing* y la oratoria. Una excelente gestora de proyectos, además de una magnífica escritora y organizadora de eventos. O un investigador brillante y, a la vez, un gran líder y genio creativo.

Y es que la perspectiva Superhumana de la competencia no es exclusiva de las mujeres. También muchos hombres se esfuerzan por ser los mejores en todo y, cuando no lo consiguen, se juzgan con dureza. Aun así, hay muchos menos hombres que midan su grado de competencia en función de cuántos roles son capaces de desempeñar fuera del trabajo, como hacen muchas mujeres, o de la impecabilidad con que desempeñan cada uno de ellos. (Cuando le pregunté al electricista que había venido a casa a hacer un arreglo si sus clientes masculinos se disculpaban alguna vez por tener la casa desordenada, como tantas mujeres hacemos, su respuesta fue un rotundo «jamás»).

Obviamente, no todas las mujeres son madres o tienen una pareja, heterosexual o de otro género. Pero si tú eres madre y vives en pareja, además de la presión a la que te sometes para brillar en el trabajo, es posible que también te esfuerces por ser la madre, compañera, cocinera, ama de casa y anfitriona consumada y, cómo no, por estar guapa mientras lo haces.

A diferencia de lo que ocurre en las demás Perspectivas de la Competencia, en esta, la llamada *Superwoman* es en gran medida una creación cultural que surgió cuando el papel tradicional de madre y ama de casa se expandió para dar cabida, además, al papel de trabajadora a jornada completa con un sueldo. De repente, la tentadora idea de poder «tenerlo todo» suponía también «hacerlo todo». Con la ayuda de los mensajes culturales –como el del célebre anuncio de perfume Enjoli, en el que una atractiva mujer cantaba «Puedo traer a casa el beicon, freírlo en una sartén, para que nunca te olvides de que eres un hombre»–, se había elevado el listón colectivo para las mujeres de todo el mundo. En lugar de darte cuenta de que eso de compaginar labores domésticas y trabajo, como si fuera lo más natural, fue una idea de la sociedad, no tuya, te sientes culpable y te reprochas: *Si fuera de verdad competente, sería capaz de hacerlo todo, y hacerlo bien.*

Cada vez me encuentro con más de estudiantes que están orgullosas de intentar ser la «Superestudiante». Quizá seas una de ellas. Si es así, puede que las proezas domésticas te traigan sin cuidado pero te sientas presionada, tanto desde dentro como desde fuera, a extender tus esfuerzos a otras áreas, además de los estudios. Practicas un deporte, formas parte del consejo de estudiantes, estás al frente de un sinfín de actividades cívicas o benéficas, mantienes una media de notas admirable y, para colmo, haces que todo parezca fácil. Eres

**168** El síndrome de la impostura

capaz de hacerlo durante un tiempo, pero más tarde o más temprano te fallan las fuerzas. Y cuando esto ocurre, eres muy dura contigo misma. O aun suponiendo que consigas mantener el ritmo, nunca te sientes satisfecha, porque crees que podrías hacer más.

Y cuando la Superestudiante y la Supermujer coinciden en un mismo cuerpo, ¡mucho cuidado! Después de dar una charla en la Universidad de Duke, se me acercaron dos estudiantes de doctorado que se las estaban arreglando para cumplir con las rigurosas exigencias académicas y, al mismo tiempo, trabajar a jornada completa. Impresionante, ¿no? Pero es que, además, eran madres, y sus hijos y sus hijas tenían su propia lista de actividades extraescolares. Me agotaba solo oírlas hablar de todo lo que hacían cada día de sus vidas. Supuse que habían ido a verme para que las aconsejara sobre cómo desembarazarse de alguna de sus múltiples responsabilidades. Pero ¡qué va!, habían ido a hablarme de lo culpables que se sentían por no tener tiempo para hacer trabajo voluntario en la comunidad.

*Reformulación de la competencia para la mente Superhumana*
Es imposible mantener la perfección ni siquiera en una sola área de tu vida, en el trabajo, por ejemplo. Aspirar a mantenerla en todas es una quimera. ¿Te imaginas que un lanzador de béisbol, el lanzador estrella del equipo, quisiera ser además el mejor bateador, el mejor receptor, el mejor parador en corto, el mejor jardinero, el jugador estrella de primera, segunda y tercera bases, el mejor corredor de base? No, ¿verdad? Por supuesto que puedes ser una estrella, pero no en todo. Si te esfuerzas por hacerlo todo mejor que nadie, tus esfuerzos te van a llevar solo a ser la reina o el rey de la frustración.

Si estás haciendo todo lo posible por ser Superhumana, la primera y principal reformulación en tu caso es que la competencia

Reglamento de la competencia para simples mortales **169**

no depende de cuántas cosas puedas llegar a abarcar. En realidad, en vez de hacer que te sientas más satisfecha contigo misma y más orgullosa de tu competencia, vivir esforzándote constantemente por serlo todo para todo el mundo te hace sentirte aún más inepta. Además, es muy probable que tarde o temprano el agotamiento, la enfermedad, o posiblemente el resentimiento, te hagan pararte en seco. En el tablón de anuncios de la oficina de correos, vi una cita del Centro Teológico de Boston para Mujeres que decía: «Vamos a hacerlo despacio, no tenemos mucho tiempo».

En lugar de hacerlo todo a toda velocidad para poder incluir más y más cosas en tu agenda, prueba a relajarte de vez en cuando. Dentro de unos años, nadie se acordará de todos los proyectos de más a los que les hiciste un hueco ni de lo meticulosamente organizado que tenías el garaje. Lo que recordará la gente –y recordarás tú– es aquella vez que dijiste no a un encargo de trabajo para llevar a tus hijas al Museo de Ciencias Naturales, o que dejaste los platos de la cena sin recoger para sentarte a disfrutar de la puesta de sol.

El principal cambio de comportamiento para la persona que se impone ser Superhumana puede resumirse en dos palabras: hacer menos. Una de las razones por las que a los hombres les cuesta menos decir no es que su interpretación de la competencia no les deja asumir más tareas de las necesarias. Como le recomendaba a tu compañera Solista, olvídate de los sentimientos de culpa y date cuenta de que las personas verdaderamente competentes delegan todo lo que pueden y siempre que pueden.

Si vives con alguien que tenga más de cinco años, probablemente en casa puedas delegar más tareas de lo que creías. Además de ahorrarte tiempo, estarás inculcándoles a tus hijos y tus hijas una sólida ética del trabajo y dándoles la oportunidad de aprender a trabajar en equipo, dos cosas que les servirán el resto de su vida. ¿No eres madre o padre? Bien, hay otras maneras en que puedes librarte de algunas tareas. Acepta el ofrecimiento de tu hermano y deja que organice él la próxima reunión familiar. Automatiza las tareas domésticas todo lo posible. Si puedes permitírtelo, contrata a alguien para que limpie la casa, pinte el salón o corte el césped, y aprovecha ese tiempo para ti. Sé lo orgullosa que estás de tu capacidad multifunción, pero que puedas hacer algo no significa que tengas que hacerlo. Hay cosas de tu lista de tareas pendientes que puedes eliminar para siempre ahora mismo.

Una vez que te hayas desprendido de algunas funciones y responsabilidades no esenciales, haz una redefinición de lo que es el éxito: ponte objetivos alcanzables y establece fechas de entrega realistas. Cuenta con que las cosas te llevarán más tiempo del que esperas. Si crees que tardarás una semana en completar el proyecto, date tres. Tener una idea realista de cuánto tiempo necesitas en la práctica para hacer algo te ayudará a decir no cuando recibas un encargo inesperado.

Comprendo que te resulte difícil quitarte la capa de *superwoman* solo en beneficio propio. En ese caso, os invito a todas las supermujeres a que tengáis en cuenta el mensaje que estáis transmitiendo a la siguiente generación, un mensaje que contribuirá a perpetuar la sucesión interminable de chicas jóvenes que, de mayores, por muy competentes que sean, creerán que nada que hagan es nunca suficiente. No todo está en tu mano, por supuesto. Un estudio que lleva por título *The Supergirl Dilemma* (El dilema de la superchica) ha revelado que el sesenta por ciento de las chicas de entre ocho y dieciocho años dicen sentirse a menudo estresadas. Explica una alumna de noveno curso (equivalente a tercero de la ESO): «Hoy en día las chicas nos sentimos muy presionadas: tenemos que sacar buenas notas, tener buen aspecto, tener muchos contactos, encargarnos de la mayoría de las tareas de casa y, además, tener tiempo para la familia».[6] ¿Te suena?

Como decía Clint Eastwood en *Harry el fuerte*: «Un hombre debe conocer sus limitaciones». Y tú también. Tener suficiente seguridad en ti misma como para reconocer tus límites es señal de competencia. Tú no te fiarías de que tu asesora financiera te dispensara la medicación, ni de que tu farmacéutico se ocupara de gestionar tus inversiones. ¿Por qué esperas, entonces, saber hacerlo todo? En lugar de juzgarte, reconoce dónde acaba tu pericia y empieza la de otras personas.

*Nuevas reglas de la competencia para la mente Superhumana*
- Tienes derecho a decir no.
- Delegar las tareas te libera a ti y le da a otra gente la oportunidad de participar.
- Cuando bajas el ritmo y eliminas tareas innecesarias, puedes centrarte en las actividades que realmente importan.
- Ser un Superhombre, y especialmente ser una Supermujer, les transmite a tus hijas y tus hijos un mensaje perjudicial.
- Deja de disculparte por tener la casa desordenada.
- No hay nadie que destaque en todo, menos aún en todo al mismo tiempo.

## Desterremos el extremismo de una vez por todas

Cada una de las cinco Perspectivas de la Competencia constituye, a su manera, una visión extremista de lo que significa ser competente. Ya te identifiques con la perspectiva de la mente Perfeccionista,

**172**   El síndrome de la impostura

de la mente que cree en el Genio Natural, de la que ambiciona ser Experta, de la Solista o de la que se impone ser Superhumana, para ti no existen los grados de competencia intermedios. En todo momento y lugar, te juzgas en función de lo cerca que estás de uno u otro extremo de la línea: el de la brillantez deslumbrante o el de la ineptitud absoluta.

Si no rindes al máximo de tus posibilidades las veinticuatro horas del día todos los días de la semana, significa que no eres competente. Como tu perspectiva no admite puntos medios, con pleno convencimiento te dices: *Si no lo sé todo, entonces no sé nada* o *Si no está absolutamente perfecto, es tan desastroso que da vergüenza.*

Es comprensible que te tambalees constantemente entre estos dos extremos. A fin de cuentas, sabes lo que es brillar. Como todo el mundo, has experimentado esos momentos fascinantes en los que el cerebro funciona a toda máquina, y todo encaja sin el menor esfuerzo, y piensas: *¡Guau, soy genial!* Y, por supuesto, como ser humano que eres, te olvidas de que eso no siempre es así y entonces te sientes como si llevaras un gran cartel en la frente que dijera: «Disculpas, cerebro no activo».

Y ahí radica el problema: como sabes que eres capaz de brillar, si no estás en ese estado de brillantez todo el tiempo, te castigas lanzándote automáticamente al otro extremo. Y una vez en él, te fustigas sin piedad.

Entiéndeme, no es que los extremos no existan; existen. Cada vez que tratas de conseguir un objetivo, los extremos son consustanciales al trabajo por alcanzarlo. Realizar un experimento científico, pintar un cuadro, ejecutar un proyecto, poner en marcha un negocio o hacer cualquier cosa de importancia es, en definitiva, un ejercicio de extremos: claridad y confusión, insuficiencia y dominio, saber y

# Reglamento de la competencia para simples mortales 173

no saber; todos los opuestos forman parte del proceso de realización creativa. Sin embargo, una vez que reconoces estos extremos por lo que son, puedes aceptar tus puntos de menor brillantez sin reprocharte nada.

Independientemente de cuál de las cinco sea tu Perspectiva de la Competencia, puedes y debes dar lo mejor de ti. Abandona la expectativa de vivir en un estado de brillantez o excelencia constantes y empieza a descubrir lo que es sentirte bastante bien cuando tu trabajo es fabulosamente adecuado. La realidad es que incluso las mentes más brillantes y de más talento pasan la mayor parte de las horas de vigilia en un punto medio de la escala de la competencia. Como tú y yo.

Cuando te veas inclinarte hacia uno de los dos extremos, reconócelo. Acto seguido, toma la determinación de pararte a saborear de verdad los estimulantes momentos de euforia mental y de perdonarte por los inevitables momentos bajos. Eso es lo que hace la actriz, escritora, productora, cómica y dramaturga Tina Fey. «Lo fascinante de este síndrome —dice— es que vacilas entre la egolatría extrema y una sensación que de pronto te invade por completo: "¡Soy una impostora! ¡Dios mío, me han descubierto! Soy un fraude". Así que, sabiéndolo, haces lo posible por subirte a la ola de la egolatría cuando llega y disfrutarla, y luego te deslizas lo mejor que puedes a través del sentimiento de ser una impostora».[7]

Pocas cosas son o blancas o negras, y eso incluye tu Perspectiva de la Competencia. Es obvio que tu antiguo reglamento te hace la vida muy difícil en algunos sentidos. Sin embargo, no tienes por qué deshacerte de él por completo. Por ejemplo:

- Como Perfeccionista, puedes seguir teniendo como meta la excelencia, pero si aparece un sentimiento de vergüenza cuando no la consigues, deshazte de él.
- Como creyente en el Genio Natural, puedes seguir teniendo un sano deseo de maestría, siempre y cuando aceptes que se requiere tiempo y esfuerzo para llegar a ella.
- Como aspirante a Experta o a Experto, puedes seguir valorando la importancia del conocimiento, pero deshazte de la expectativa absurda de que deberías saberlo todo.
- Como Solista, enorgullécete de saber que puedes hacer las cosas sin ayuda de nadie si es necesario, pero deja de pensar que así es como debe ser siempre.
- Como aspirante a Supermujer o Superhombre, puedes honrar tu deseo de hacer las cosas lo mejor posible en todos los terrenos, pero abandona la idea de que puedes o necesitas hacerlo todo.

El secreto está en tomar la decisión consciente de mantener estos aspectos positivos de tu perspectiva de la competencia y, al mismo tiempo, desprenderte de la larga lista de tendencias limitadoras e irracionales que alimentan en ti el sentimiento de ser una impostora o un impostor.

### Resumiendo

Cada cual tenemos nuestra propia definición de la competencia. Tener ideas extremas e irrealizables de lo que significa ser competente perpetúa en ti la mentira de que eres un impostor o una impostora. Si sigues midiéndote con ese mismo rasero deformado, no es que vaya a costarte más vencer el síndrome de la impostura, sino que te será imposible.

Afortunadamente, existe una solución: baja el listón interno. ¿Cómo?, adoptando las reglas, mucho más sensatas, del reglamento de la competencia para simples mortales. Cuanto antes rebajes el insostenible grado de excelencia que te has exigido hasta ahora y más te esfuerces por integrar en tu vida esta nueva forma de pensar, antes empezarás a sentirte verdaderamente competente y a confiar en ti. Te lo aseguro.

## Lo que puedes hacer

- Identifica tu principal Perspectiva de la Competencia.
- Escoge una de las nuevas reglas realistas para esa Perspectiva. Lo ideal es que escojas la que vaya a darte más confianza en ti.
- Dedica las próximas semanas a buscar conscientemente oportunidades de poner en práctica tu nueva regla.

## Lo que viene a continuación

En lo más profundo de cada una de las cinco Perspectivas de la Competencia se oculta un miedo fundamental al fracaso. En el próximo capítulo, examinaremos cuál es tu manera de responder al fracaso, los errores y las críticas y cómo contribuye a que te sientas un fraude. Y descubrirás la seguridad que nace de empezar a responder de una forma nueva.

# 7. La respuesta al fracaso, los errores y las críticas

Si le hablas mal a un estudiante, piensa que eres imbécil.
Si le hablas mal a una estudiante,
piensa que al final has descubierto que no vale para la ingeniería.

SHEILA WIDNALL, profesora de aeronáutica y astronáutica
del Instituto Tecnológico de Massachusetts
y exsecretaria de las Fuerzas Aéreas de Estados Unidos

A nadie le *gusta* fracasar. Pero la persona que se siente una impostora lo aborrece con todas sus fuerzas. No es de extrañar que en los estudios se haya descubierto una íntima relación entre el miedo al fracaso y el síndrome de la impostura.[1] De una u otra manera, te has pasado toda tu vida adulta esforzándote por no cometer ningún tropiezo. En el mundo de la impostura no existen la críticas constructivas, solo la condena. No dar la talla, en el sentido que sea, es una prueba más de que eres un fraude. Y recibir de alguien un comentario que no sea precisamente positivo..., en fin, eso ya lo hace oficial.

El reglamento de la competencia para simples mortales que recibiste en el último capítulo te ayudará, dalo por seguro. Pero los fracasos, los errores y las críticas constituyen, juntos, otra pieza del rompecabezas de la competencia. Tu forma de pensar y de afrontar estas inevitables partes de la vida influye decisivamente en lo competente que te sientes y en cuánto confías en ti. ¿Quieres comprobarlo?

**Responde sí o no**

- Cuando algo sale mal, siento automáticamente que es por mi culpa.
- Cuando cometo un error, me cuesta mucho perdonarme.
- Después de tener una conversación con alguien, le doy mil vueltas a lo que he dicho o a lo que no he dicho y hubiera debido decir.
- Me acuerdo de cada una de las tonterías que he dicho o hecho en mi vida.
- Me tomo las críticas constructivas como algo personal, como una prueba de mi ineptitud.
- Me machaco por no saber anticiparme a los problemas.
- Tengo que ir siempre a la cabeza en todo; si no voy a la cabeza, es que lo estoy haciendo mal.

Si has respondido afirmativamente a la mayoría de estas afirmaciones, te diré que tú no eres la única o el único, ni mucho menos. Cualquiera de este planeta que se identifique como «impostora» o «impostor» se siente como tú en esas circunstancias. A la vez, lo que hacemos ante un fracaso, un error, un contratiempo o una crítica varía mucho dependiendo de si somos hombres o mujeres, y esas diferencias explican por qué los sentimientos de impostura suelen ser especialmente problemáticos para las mujeres.

## «Es culpa mía»

Quizá la mayor diferencia tiene que ver con el sentimiento de culpa. Es bien sabido, por ejemplo, que a pesar de que las chicas sacan mejores notas en los primeros años escolares, confían menos en sus capacidades intelectuales que los chicos,[2] y por eso en la edad adulta tenderán a echarle la culpa de cualquier fracaso a esa falta de capacidades. Los chicos hacen justo lo contrario. Se enorgullecen de sus logros y, cuando fallan en algo, buscan razones externas que lo justifiquen: el profesor no nos dio tiempo suficiente para estudiar, el examen era demasiado difícil, el árbitro fue injusto.[3]

En psicología, la teoría de la atribución denomina esto último «sesgo por interés personal». Básicamente, se traduce en atribuir las subidas de la cartera de acciones a tu agudo instinto financiero y en achacar las pérdidas a la mala suerte. Una viñeta de humor que vi una vez sintetizaba todo lo que te estoy contando. Una mujer que no consigue subirse la cremallera de los pantalones dice: «¡Buf, debo de haber engordado!». Un hombre en la misma situación dice: «¡Pero bueno, estos pantalones han encogido!».

Es fácil reírse, pero si estás constantemente señalándote con el dedo, tienes un problema grave. Para empezar, dependiendo de a qué atribuyas la responsabilidad de un fracaso, tus posibilidades de respuesta serán diferentes. Supongamos que haces una presentación y es un desastre absoluto. Una cosa es asumir responsabilidad por el fracaso y admitir que no has dedicado suficiente tiempo a prepararla, y otra muy distinta es creer que la presentación te ha salido tan mal porque eres una incompetente. En el primer caso, la solución está clara: prepárate más la próxima vez. Si, por el contrario, crees que te ha ido mal porque eres una inepta, no tienes nada a lo que agarrarte

**180** El síndrome de la impostura

para mejorar. Por eso, ante la perspectiva de suspender un curso, las estudiantes de ingeniería con frecuencia dejan la carrera, mientras que sus compañeros repiten curso y siguen estudiando.[4]

Cuando te tomas el fracaso o las críticas como algo tan personal, permites además que acaben aludiendo más a ti como persona que a los estudios o el trabajo en sí. Cuando tu jefa o tu director de tesis te dicen que has hecho un trabajo bastante mediocre, lo que tú oyes es *Eres una mediocre*. Quizá estés tan acostumbrada a malinterpretar lo que oyes que a veces incluso en un elogio te empeñes en ver una crítica. Como la estudiante de posgrado a la que, después de que hiciera un examen oral admirable, su asesora le dijo: «No podrías haberlo hecho mejor». Al principio, la estudiante se lo tomó como un cumplido. Sin embargo, tras reflexionar un poco, llegó a la conclusión de que lo que en realidad había querido decir su asesora era: «Dadas tus limitadas capacidades intelectuales, supongo que es lo mejor que se puede esperar de ti».

Lógicamente, cuanto más te tomes tus fracasos y errores como algo personal, más dura serás contigo cuando ocurran. Y una cosa es reprenderte mentalmente en privado, sola tú contigo. Pero cuando es otra persona la que considera que tu trabajo no es lo que se dice una maravilla, la cosa cambia, ya que ahora tienes confirmación objetiva de que eres auténticamente deficiente. Piensas: *Si ella lo dice, por algo será, ¿no?*

Después de que la selección femenina de fútbol de Estados Unidos, a la que entrenaba Tony DiCicco, se proclamara campeona del mundo en 1999, un presentador del programa *Today* le pidió al entrenador que aclarara a qué se refería en unas declaraciones anteriores al decir que entrenaba a las mujeres de forma diferente que a los hombres. DiCicco empezó explicando que son más las similitudes que las diferencias entre un tipo y otro de entrenamiento, «pero

La respuesta al fracaso, los errores y las críticas **181**

–dijo–, hay diferencias». Los estudios demuestran que las mujeres tienden a responder a las críticas con vergüenza o tristeza, mientras que los hombres se inclinan más por la ira. Esto era, también, lo que había visto DiCicco.[5]

Sobre las deportistas, dijo: «Entro en una sala llena de chicas y digo: "Algunas jugadoras no estáis en forma", y todas piensan que estoy hablando individualmente de cada una de ellas... Si hiciera lo mismo con los chicos [...], cada uno de ellos pensaría: "Tiene razón el entrenador, soy el único del equipo que está en forma. Más vale que los demás se pongan las pilas"». En palabras de DiCicco, «las mujeres se sienten responsables y culpables por todo».

Hay quienes argumentan que es normal que a los hombres les afecten menos las críticas, teniendo en cuenta que desde niños hacían deporte y jugaban en algún equipo. Oír constantemente al entrenador llamarles la atención a los jugadores sin contemplaciones de ninguna clase les hizo aprender desde muy pronto que a todo el mundo se le señalan sus errores; que el objetivo de las críticas es que ese jugador sea más competente; que no es una acusación personal. Por supuesto, el Título IX de las Enmiendas Educativas a la Ley de Derechos Civiles estadounidense, que prohibía la discriminación por razón de género en cualquier programa educativo o actividad deportiva, significó que, en 1972, hubiera muchas chicas que empezaron a hacer deporte en esas mismas condiciones. Y, sin embargo, sigue diciendo DiCicco, aunque las deportistas de élite a las que entrenaba habían hecho deportes de equipo desde niñas, se dio cuenta de que «llamarle la atención a gritos a una chica delante de sus compañeras es un error. No funciona».

Es cierto que, en general, los hombres se toman de forma diferente las críticas directas. Pero eso no significa necesariamente que tengan más confianza en sí mismos o que sean capaces de encajarlas mejor.

**182**   El síndrome de la impostura

Cuando se las toman como algo personal, como a veces ocurre, son más dados a adoptar una postura defensiva que las mujeres. En mi trabajo, he observado en numerosas ocasiones que aquellos hombres que se identifican con el síndrome de la impostura responden a los comentarios negativos invalidando a quien los hace: *¡Ese tipo es subnormal!* o *¡Qué sabrá ella lo que es un buen diseño!* Por eso, hay quienes han llegado a la conclusión de que, si es necesario hacerle una corrección a un hombre, mejor hacerlo con un enfoque más público. «Cuando entrenas a un hombre, muchas veces es a su ego al que entrenas –dice DiCicco–. Así que a veces tienes que dirigirte a él delante de todo el equipo, si quieres asegurarte de que él se entera de cuál es su defecto, y los demás también».

Es posible que durante tu infancia y tu adolescencia te protegieran de tener que sufrir el dolor del fracaso. En el capítulo 2 se te pedía que recordaras un «fracaso» que tuviste a edad temprana. Cuando Kim hizo este ejercicio, se acordó al instante del día que se presentó a una prueba para el equipo de baloncesto del instituto. Estaba tan segura de que le había salido bien que, al terminar la prueba, se llevó un uniforme a casa. Pero Kim no solo no entró en el equipo, sino que fue la única de su grupo que no entró. El entrenador envió a su mejor amiga a que fuera a darle la mala noticia y, de paso, recogiera el uniforme.

¿Cómo se sintió Kim? Destrozada, avergonzada, humillada, decepcionada, confusa. ¿Cómo reaccionaron su familia y sus amigas? Por lo que contaba Kim, todo el mundo sabía lo hundida que estaba, así que lo mismo sus amigas que su padre y su madre se desvivieron por darle su apoyo. Le recordaban todas las cosas que se le daban bien y, a lo largo de la semana siguiente, en casa disfrutó de una atención especial; incluso la llevaron a comprarse ropa y la dejaron que eligiera ella.

La respuesta al fracaso, los errores y las críticas **183**

Es cierto que la madre y el padre de Kim le dieron su apoyo, pero fue ese tipo de apoyo al que suelo llamar «No te preocupes, bonita», que les está reservado a las chicas. El mensaje es sutil pero claro: si es demasiado difícil, no tienes por qué intentarlo. ¿De qué otra forma hubieran podido apoyarla? Bien, además de toda la comprensión y las muestras de afecto, podían haberle dicho, por ejemplo: «Ha sido un golpe muy duro, cariño. Pero si de verdad quieres entrar en el equipo, lo tienes que volver a intentar. Te apoyaremos en todo. Cuenta con ello». A continuación, habrían podido respaldar su promesa colocando un aro de baloncesto en el jardín, llevándola en coche a la cancha a ver los partidos o apuntándola a una liga juvenil. La cuestión es que, como Kim, son muchas las chicas que no aprenden a lamerse las heridas y, de inmediato, intentarlo de nuevo.

Por otra parte, si en el lugar donde trabajas o en tu nivel organizativo hay proporcionalmente muy pocas mujeres, la hipersensibilidad al fracaso y a cometer errores debe entenderse dentro de ese contexto social concreto. Sabemos que todavía hay quienes no pierden ocasión de magnificar los errores de las mujeres y presentarlos como prueba de su ineptitud. En otras palabras, cuando tienes éxito, se entiende que lo has logrado individualmente, como persona. Cuando metes la pata, lo haces colectivamente, como mujer.

## «No puedo dejar de pensar en ello»

Hay pocas probabilidades de que las críticas te resbalen. Y si a esa tendencia a interiorizar los fracasos le unimos la memoria formidable que suele atribuírsenos a las mujeres, una mala crítica puede quedársete grabada a fuego en el cerebro. En cambio, el mismo comentario humillante en el que tú no puedes dejar de pensar, probablemente un hombre lo deje correr. Lo mismo ocurre con el fracaso. Las mujeres tendemos a aferrarnos al recuerdo de las ofensas y los fracasos hasta mucho después de que pueda sernos útil para aprender alguna lección. Es posible que le des mil vueltas a la misma escena buscando respuestas a lo incontestable: *¿Cómo he podido ser tan tonta? ¿Por qué habré dicho eso?* Dependiendo de la magnitud de lo que percibiste como una ofensa, un incidente que duró diez segundos puede que tardes días o incluso meses en superarlo.

Los hombres, ya sea por bravuconería, por preferir vivir con los ojos cerrados o, como se ha argumentado en algunos casos, por su herencia genética, por lo común no se aferran a los fracasos y los errores como hacen las mujeres, al menos no con la misma intensidad o durante tanto tiempo. Lo bueno y lo malo de esto es que una mujer puede acceder con más facilidad a emociones que un hombre suele dividir en compartimentos estancos. También es el motivo por el que tantas mujeres que asisten a mis talleres cuentan que, cuando sus novios o sus maridos las oyen hablar una y otra vez sobre algún incidente que las sigue intranquilizando al cabo del tiempo o sobre algo que hicieron y desearían no haber hecho —o que no dijeron y tenían que haber dicho—, les dicen *Olvídalo* o *No le des más vueltas* o *No te preocupes más por esa tontería.*

Ellos creen que decirles eso las ayuda. A muchas mujeres, sin embargo, esa capacidad masculina, aparentemente más «racional», de culpar a las circunstancias externas de todo lo que ocurre las hace sentirse aún peor, porque ahora además se torturan por no ser capaces de responder a lo ocurrido de una manera menos visceral. En lugar de sentirse mejor, acaban pensando: *Si fuera de verdad competente, no dejaría que me afectara de esta manera.*

La respuesta al fracaso, los errores y las críticas

Es fácil pensar que el hecho de que un hombre se ponga menos nervioso por algo que a ti te angustia significa que es más competente o, al menos, que tiene más seguridad en sí mismo, dos cosas que el ojo inexperto suele confundir. Lo más probable es que, en realidad, estés viendo simplemente los efectos de la educación social. A las chicas se nos ha condicionado a creer que es nuestro deber complacer a todo el mundo. Desde niña, has estado convencida de que, si alguien no es feliz, debe de ser por algo que has hecho tú.

Los chicos reciben otros mensajes, no siempre saludables tampoco. Por ejemplo, uno de los motivos por los que los hombres suelen ser más resistentes a las críticas es que a lo largo de su vida las han escuchado con mucha más frecuencia: los niños de primaria reciben ocho veces más críticas por su conducta que las niñas.[6]

Los chicos, además, se critican también entre ellos. Lo llaman «hacerse bromas».

Las chicas normalmente no. Cualquier especialista en comunicación te contará que las mujeres tendemos a hacernos a nosotras mismas objeto de nuestras burlas, mientras que los hombres se burlan de los demás. No creo que vayas a oír nunca a una mujer burlarse de otra por su perímetro de cintura, ni siquiera en privado. En cambio, a los hombres les parece normal burlarse públicamente de otro hombre por su calvicie incipiente, o recordarle aquella operación financiera tan desastrosa. El humor ofensivo es para ellos una forma de estrechar lazos. En una empresa, por ejemplo, es además una forma de establecer el orden jerárquico, ya que (como otras cosas) el humor siempre fluye hacia abajo en el organigrama, no hacia arriba.

Por otra parte, las críticas pueden despertar el temor al abandono, algo a lo que las mujeres suelen ser más sensibles que los hombres. Y esto plantea otra cuestión. Es posible que la tendencia de las mujeres a interiorizar y rumiar las críticas, y la de los hombres a ignorarlas o a atacar, sean reflejo de cómo responden uno y otro género en situaciones de estrés. Retirarse o atacar ante una crítica refleja la respuesta instintiva de lucha o huida, más típica de los hombres. Sin embargo, cuando una mujer se siente ofendida por una crítica, su primer instinto probablemente sea hablar sobre lo que siente, un fenómeno al que la investigadora Shelley Taylor, de la Universidad de California en Los Ángeles (UCLA), dio el nombre de «cuidar y entablar amistades».

La comunicación es una herramienta que puede utilizarse de distintas maneras: los hombres la usan para encontrar soluciones y arreglar problemas, y las mujeres como medio para expresar pensamientos y sentimientos. Así que, cuando un hombre te dice «No le des más vueltas», en realidad te está intentando ayudar. El problema es que «Deja de preocuparte por eso» significa también «Deja de hablar de eso», y esto contigo no funciona. Porque cuando estás dando vueltas a algo que te inquieta, en realidad no estás buscando una «solución», al menos no en ese momento. Lo que necesitas oír es: «Yo también me siento así a veces». No porque seas menos competente o tengas menos seguridad en ti misma, sino porque, para ti, hablar de ello y sentirte comprendida es la solución.

## Cómo ganar cuando fracasas, o cometes errores, o recibes críticas constructivas

Si he hablado de los errores y el fracaso conjuntamente es porque, para toda persona que sufre el síndrome de la impostura, independientemente de su género, son sinónimos: cometer un error es fraca-

La respuesta al fracaso, los errores y las críticas    **187**

sar. En realidad, los errores nos hacen personas más humanas. Habrá días en los que tengas una actuación extraordinaria y «la crítica» te alabe, y días en los que fracases estrepitosamente, y las mismas voces que te habían alabado –tu profesor, tu directora de tesis, tu jefa, tus clientes, tus fans, tu público– te despellejen. En unas ocasiones lo harás bien a la primera, y en otras tendrás que repetirlo y repetirlo hasta acertar.

Tú crees que tienes que ganar siempre, que lo que se espera de ti es que aciertes el mil por mil de las veces. En el béisbol, eso significaría batear todas las bolas que se lanzan hacia el plato. Esto no solo es prácticamente imposible, sino que además un promedio de bateo de 0,333 –lo que significa que un jugador consigue una base el 33,3 por ciento de las veces– se considera ya sobresaliente. Incluso el legendario Babe Ruth tenía un promedio de bateo de «tan solo» 0,342. Lo que quiero que veas con esto es que no puedes acertar siempre en todo lo que venga en tu dirección, ni tú ni nadie. Acuérdate de Babe Ruth, de que puedes ser una auténtica estrella y, aun así, tener más fallos que aciertos.

Nelson Mandela dijo: «Nunca pierdo. O gano o aprendo». Cuando cambies tu forma de interpretar el fracaso, tanto tú como tu confianza en ti creceréis exponencialmente. Puede que te hayas estrellado, pero, si utilizas el buen juicio, acabarás siendo de hecho más competente. ¿Por qué crees que en ingeniería se dedica tanto tiempo a analizar los fallos? Porque se sabe que estudiar lo que salió mal es igual de valioso o más que reconocer lo que salió bien. Es lo que llevó a Thomas Edison a hacer el famoso comentario: «No he fracasado. He conseguido descubrir mil doscientas ideas que no funcionan».

No puedes cambiar lo que pasó, pero lo que pasó puede servirte para actuar de otra manera en el futuro. Por eso tras una competición deportiva cada atleta y cada deportista se sienta a ver la grabación, y vuelve atrás una y otra vez para estudiar con atención los fallos, sobre todo si el equipo ha perdido el partido o las marcas no han sido las esperadas. Lo mismo tienes que hacer tú. Sabes lo que es colgar el teléfono y pensar: *He debido de sonar como si fuera idiota.* En lugar de castigarte, oblígate a dedicar un momento a ensayar mentalmente una respuesta mejor. No entre la autocompasión y el reproche, como acostumbras a hacer, sino visualizando lo que acaba de ocurrir, como harías si tu equipo acabara de perder un partido. Lo único importante ahora es hacerlo mejor la próxima vez.

Al imaginar una forma distinta de enfocar la conversación, te preparas para saber qué decir –o no decir– cuando te encuentres en situaciones similares. Además, la repetición mental te ayuda a despersonalizar la situación. Al centrar la atención en lo que puedes aprender, automáticamente deja de ser una cuestión tan personal, y lo que de verdad te interesa es ver cómo evolucionar y avanzar. Esto es importante, porque si interiorizas el fracaso y te deprimes, hay más posibilidades de que, después de un resultado adverso, abandones. No lo hagas. Voy a hablarte de unos cuantos «fracasados» que siguieron adelante a pesar de las adversidades y las críticas.

A Walt Disney, icono de la creatividad, el periódico para el que trabajaba lo despidió por «falta de imaginación». La tienda de Rowland H. Macy's fracasó siete veces antes de triunfar. A Michael Jordan lo expulsaron del equipo juvenil de baloncesto. Abraham Lincoln sufrió repetidos fracasos en su camino hacia el éxito: fue derrotado en su primera candidatura al Congreso, después cuando solicitó el nombramiento para la Oficina de Administración de Tierras de Estados Unidos y de nuevo cuando se presentó como candidato al Senado. De vez en cuando todo el mundo toma decisiones poco afortunadas. Tú y yo también. La clave está en entender el fracaso como lo que es: una curva en el camino, no el final del camino.

Dado que las críticas vienen del exterior, aprender a tomártelas y a responder a ellas de otra manera te resultará probablemente más difícil que aprender a encajar los fracasos. Habrá momentos en los que, por mucho que en general tiendas a quitar importancia a las cosas, si alguien te hace una crítica directa, o critica con dureza tu trabajo, necesitarás una gran fortaleza emocional para acallar la implacable voz crítica que empezará a sonarte en la cabeza. Precisamente porque las críticas son como un puñetazo emocional, hace falta un considerable cambio de mentalidad para poder no tomárnoslas tan a pecho.

Voy a recurrir de nuevo a las analogías deportivas. En las competiciones internacionales, por ejemplo, los jueces reconocen que incluso las evaluaciones supuestamente objetivas entrañan cierto grado de parcialidad. Por eso suelen descartar tanto las puntuaciones altas como las bajas y se decantan por la media. Este es el filtro que debes aplicar tú también.

La próxima vez que tu trabajo sea objeto de comentarios poco elogiosos, da un paso atrás y pregúntate: «¿Cómo respondería alguien que se tomara las críticas en serio, pero no como algo personal?». Luego valora qué puede serte útil y qué no, y desecha todo aquello a lo que de verdad no le veas sentido.

> Haz lo que te dicte el corazón,
> porque te van a criticar de todas maneras.
>
> ELEANOR ROOSEVELT

**190**   El síndrome de la impostura

Mejor aún, ¿y si fueras capaz de ver las críticas como un regalo? Es habitual que quienes están al frente de una empresa o ejercen cargos ejecutivos en un organización contraten alguna clase de *coaching*, empresarial o personal, que les ayude a ser más eficientes. No pagan a su *coach* para que les diga lo geniales que son. Le pagan porque comprenden lo valioso que es tener una fuente objetiva de información que les señale sus puntos ciegos. Piénsalo un momento: ¿te gustaría tener un entrenador de tenis que supiera que agarras mal la raqueta, pero no te dijera nada por no herir tus sentimientos? Claro que no. Quieres que te diga lo que necesitas saber para mejorar. Ahora bien, eso no quiere decir que no duela, porque duele. Una vez que te hayas lamido las heridas, recuérdate que aquellas personas cuya opinión te interesa no te la van a dar si no te consideran lo bastante competente como para utilizarla.

Tu mejor defensa contra las críticas podría ser pasar a la ofensiva, y buscarlas deliberadamente. Durante décadas, el psicólogo Peter Gray, de la Universidad de Boston, observó que las interacciones más constructivas y amistosas eran aquellas en las que alguien pedía consejo a un compañero o compañera de más edad, o a un mentor. Gray dice que es propio de la naturaleza humana no querer que nadie nos aconseje si no lo hemos pedido. En cambio, si eres tú quien lo pide, incluso aunque oigas comentarios críticos, suelen resultar de más ayuda y es más difícil que te ofendas por ellos.[7]

Dicho esto, algunos de los comentarios que recibas en tu vida serán acertados, pero eso no significa que no vaya a haber abundantes voces críticas que se equivoquen. Jack Kerouac, George Orwell y Sylvia Plath son simplemente tres de los nombres cuyos libros fueron rechazados, todos por el mismo editor. Tras la primera –y última– aparición de Elvis Presley en el Grand Ole Opry, un productor le

La respuesta al fracaso, los errores y las críticas **191**

aconsejó que volviera a su anterior trabajo de camionero. Y tras la primera audición de la leyenda del baile Fred Astaire, un productor comentó: «Calvo, delgado y sabe bailar un poco». Admitámoslo, a ti no te gusta el trabajo de todo el mundo, así que ¿por qué esperas que a todo el mundo le guste el tuyo?

Si todavía necesitas ayuda para despersonalizar las cosas, prueba este método que aprendí de un par de graduadas de la Academia de la Guardia Costera. Antes de su primera movilización, una comandante de alto rango ofrecía a las cadetes unos últimos consejos y un bastoncillo (*q-tip*) que les sirviera como recordatorio de: «Deja de tomártelo como algo personal».* Haz la prueba tú también. Pega un bastoncillo de algodón en el espejo del cuarto de baño, mete otro en el cajón de tu escritorio o en tu bolso como recordatorio visual.

Ten en cuenta, por otra parte, que el hecho de que te sientas incompetente, o deficiente en cualquier sentido, no significa que lo seas. Casi puedo asegurarte que en algún momento de las próximas veinticuatro o cuarenta y ocho horas tendrás la ocasión de sentirte idiota, como yo y como el resto. Se le llama vida. Te recuerdo que las palabras que utilices importan mucho. Te sorprenderá cuánto puede cambiar el sentimiento con solo cambiar la respuesta, y en lugar de decirte *¡Mira que soy imbécil!*, sustituirlo por *¡Qué mal rato!, me he sentido como una imbécil.*

Si no me crees, piensa en esto: se descubrió que las estudiantes

---

\* Bastoncillo, *q-tip* en inglés, es una palabra que aquí rebosa de significado. Por un lado, *tip* significa «pista» o «consejo»; por otro, *Q-tip* sirve como acrónimo de «Quit Taking It Personally», es decir, «Deja de tomártelo como algo personal». Además, *Q-tip* es un bastón largo, un arma inspirada en la que usa Darth Maul en la saga de *Star Wars*. (*N. de la T.*)

universitarias que tenían un acentuado sentimiento de ser unas impostoras tenían un nivel de compasión hacia sí mismas muy bajo. En las estudiantes que prácticamente no se identificaban con el fenómeno de la impostura ocurría lo contrario. La conclusión a la que llegaron las investigadoras fue que desarrollar la compasión hacia una misma –entendida como «tratarse a una misma con amabilidad y comprensión tras un fracaso, percibir las deficiencias propias como parte de la condición humana, ser consciente de los aspectos negativos de una misma [...] así como reducir el miedo al fracaso, la negación de las competencias propias y las dudas sobre una misma» es un amortiguador muy eficaz contra el síndrome de la impostura. No hay una solución rápida para acabar con esa repetición mental agotadora de cualquier incidente. Lo mismo que cuando no te puedes quitar una canción de la cabeza, para poner fin a esos pensamientos recurrentes que tanta energía te quitan, tienes que ser consciente de lo que está pasando.

Compartir lo que sientes, indiscutiblemente ayuda. Al hablar de ello, lo más probable es que te des cuenta de que eso que te obsesionaba no era tan importante como creías. También puedes practicar lo que en psicología se denomina técnicas de detención del pensamiento. En el momento en que te des cuenta de lo que está pasando, grita en silencio *¡PARA!* Repítelo tantas veces como sea necesario. Puedes probar también técnicas como dar golpecitos sobre la mesa o respirar profundamente.

En cuanto el juego de la culpabilización quiera ponerse en marcha, pide conscientemente a tu yo más lógico una «segunda opinión». En otras palabras, en el momento en que te pase por la cabeza el pensamiento *Mi propuesta no ha sido nada convincente*, comprueba lo que piensa «la otra parte». Ahora que las emociones están fuera de juego, deja que tu parte racional conteste: *Seguro que era mejor de lo que a mí me parece.* Incluso aunque tu propuesta fuera floja desde un punto de vista objetivo, neutraliza el impulso de culparte apelando a un recordatorio racional, como *Cuanto más escriba, más soltura tendré.*

## Resumiendo

Es bien sabido que desde una edad temprana las mujeres son más propensas que los hombres a interiorizar el fracaso. Se culpan más a sí mismas cuando fallan, se toman las críticas como algo personal, y tienen gran dificultad para desprenderse mentalmente de ambas cosas. En comparación con estas reacciones, la respuesta de los hombres, a menudo más templada, los hace parecer más seguros de sí mismos y, presumiblemente, más competentes. En realidad, estamos viendo los efectos de la educación y el condicionamiento social. Independientemente de cómo hayamos llegado hasta aquí, una de las claves para abandonar el síndrome de la impostura es aprender a responder al fracaso, los errores y las críticas de una manera nueva, que nos reafirme, que reconozca que son cosas inevitables, de las que podemos aprender lecciones muy valiosas en el camino hacia el éxito.

## Lo que puedes hacer

Añade las siguientes reglas sobre el fracaso al reglamento de la competencia para simples mortales que recibiste en el capítulo anterior:

- Nadie «batea mil veces»; si bateas tres de cada diez lanzamientos, eres una estrella.
- Los fracasos ofrecen valiosas lecciones y oportunidades de crecer.
- El fracaso no es más que una curva en el camino.

- Lo que importa es cómo lo afrontas. Tómate las críticas constructivas en serio, pero no como una ofensa.
- Los comentarios constructivos son un regalo.

## Lo que viene a continuación

En el siguiente capítulo analizaremos cómo influyen otras personas en tu manera de experimentar los logros, lo cual podría apuntar a una razón más por la que el síndrome de la impostura es un mayor problema para las mujeres.

# 8. El éxito en las mujeres y su instinto de conexión afectiva

Estoy tan contenta de no sentirme nunca importante...;
¡eso sí que complica la vida!

ELEANOR ROOSEVELT

A lo largo de la vida, a todos los seres humanos se nos presenta la oportunidad de decir sí al éxito. Sí a solicitar plaza en una universidad. Sí a irnos a vivir lejos de nuestra familia y de lo conocido en busca de oportunidades. Sí a crear tu propia empresa o a dar a conocer tu obra. Sí a un importante ascenso o a cualquier otra ocasión de demostrar tu valía. Sí a cambiar de profesión o a cambiar por completo de rumbo. Una parte de ti se entusiasma, quizá tanto que hasta se marea por el vértigo gozoso de la perspectiva. ¿Cómo no iba a ser así? Acabas de situarte un paso más cerca de alcanzar tus metas y desarrollar todo tu potencial. La vida te sonríe.

Pero entonces aparece el sentimiento de impostura y con él todas las dudas y el miedo. De repente, la mera idea de decir que sí te provoca ansiedad, quizá incluso terror. Es entonces cuando empieza la incertidumbre. Con angustia te preguntas: *¿De verdad que voy a* *poder con esto? ¿Tengo suficientes conocimientos? ¿Soy lo bastante inteligente? ¿Y si no lo consigo?* Con solo que confiaras un poco más en ti, decir sí al éxito te sería mucho más fácil. ¿O no?

Es indudable que creer en ti te llevará lejos. Pero tal vez la confianza en ti misma no baste por sí sola para aplacar por completo la ansiedad que te produce decir sí al éxito. ¿Por qué?, porque aunque como ser humano te sientas capaz de lograr lo que te propongas, en este juego del éxito no estás sola. Quiero decir, ser mujer significa que los sentimientos, necesidades y bienestar de quienes están cerca de ti no te son indiferentes; te importa sentirte aceptada, te importan sus opiniones. No solo un poco, sino mucho.

Y el hecho de que te importen significa que habrá momentos en los que te resulte difícil saber de dónde viene el miedo. ¿Dudas en seguir adelante porque no crees que puedas hacerlo o porque en algún lugar de ti entiendes que decir sí al éxito afectará a tu relación con la gente que te importa? Esta es tu oportunidad de averiguarlo.

## No eres tu único impedimento

Fue el trabajo de la psicóloga social Carol Gilligan el que me hizo darme cuenta del lugar central que ocupa en la vida de una mujer la ética del cuidado —el sentimiento de responsabilidad por las demás personas, por atenderlas, conectar con ellas, por que estén bien–, y cuánto influye esto en las decisiones que toma. En 1982, el libro de Gilligan *In a Different Voice* (Con otra voz) era una crítica a la teoría de la psicología del desarrollo predominante en aquellos momentos, que decía que las niñas eran mayormente incapaces de alcanzar el mismo nivel de razonamiento moral que los niños. No es que la capacidad de razonamiento moral en las mujeres sea menor, argumentaba Gilligan, es simplemente distinta, y en su centro está «la obligación de cuidar de las demás personas y evitarles cualquier daño», y de evitar el aislamiento.

Y esto es muy importante, porque, en la práctica, el camino al éxito no es sino una larga serie de decisiones. Elegir entre estudiar en la universidad de la ciudad donde vives o irte a la otra punta del país, o del mundo. Elegir una carrera u otra. Aceptar el trabajo o rechazarlo. Negociar el sueldo o conformarte con lo que te ofrecen. Hacer públicos los resultados de tus investigaciones o guardártelos para ti. Y no es por casualidad que sea en el momento de tener que tomar cualquiera de estas decisiones cuando se dispara dentro de ti el sentimiento de ser una impostora.

Las mujeres que asisten a mis talleres suelen hablar de las consecuencias que tendrá, o podría tener, cualquier decisión que tomen relacionada con su desarrollo profesional y personal. Esas consecuencias se concretan en siete «hipotéticas situaciones» que podría desencadenar su éxito. Dos de esas situaciones reflejan los posibles efectos de su éxito en los demás, y las cinco restantes la posibilidad de que su éxito afecte a la relación con las personas cercanas. He aquí un resumen.

## Potenciales consecuencias del éxito

### En otras personas
- Si gano yo, puede que alguien se lo tome a mal.
- Si tengo demasiado éxito, mi familia sufrirá.

## Con otras personas

- Si tengo demasiado éxito, quizá me sienta aislada en el trabajo.
- Si destaco demasiado, me sentiré aislada.
- Si tengo demasiado éxito, no tendré tiempo para estar con mi familia, con mis amigas ni para relacionarme con la gente.
- Si tengo demasiado éxito, quizá eso me quite posibilidades de encontrar un hombre o de conservarlo.
- Si soy demasiado competente, o independiente o dominante, a la gente no le voy a caer bien.

Antes de que examinemos a fondo cada una de estas potenciales consecuencias de tu éxito, hay varias cosas que debes saber. Para empezar, si alguno de estas «hipotéticas situaciones» te ha llamado particularmente la atención, no dudes en empezar por ahí. Sin embargo, para comprender el panorama general, te recomiendo que leas las siete. Por otra parte, aunque en algunos casos verás que doy algunos consejos sobre cómo afrontar situaciones determinadas, la realidad es que no hay una única solución válida, dado que normalmente intervienen en cada situación factores muy personales. Por eso, al final de cada una de ellas hay una serie de preguntas que te ayudarán a descubrir si tus dudas tienen que ver con una falta de confianza en ti misma o si nacen más bien del temor a que la decisión que tomes pueda afectar a tus relaciones.

Además, aunque todos estos temores representan una experiencia principalmente femenina, es posible que si eres un hombre de color o de clase trabajadora, te reconozcas también en algunos de ellos. Y a la inversa: es posible que, aunque la «ética del cuidado» a la que se refería Gilligan —esa disposición a atender a las demás personas, la preocupación por su bienestar y la necesidad de conexión— ocupe

El éxito en las mujeres y su instinto de conexión afectiva **199**

un lugar central en el concepto de la mujer fomentado por la cultura, no todas las mujeres os sintáis identificadas con las respuestas típicamente femeninas que aquí se describen. Entiéndeme, el mensaje no es de ninguna manera que el éxito sea malo o que haya que evitarlo. Al contrario, quiero que llegues tan lejos y tan alto como te lleven tus sueños.

Por último, algo muy importante: el mensaje tampoco es, de ninguna manera, que no deberían importarte tanto las demás personas. La empatía, la compasión, la sensibilidad y la consideración son cualidades muy valiosas. Tan valiosas, de hecho, que las empresas en las que más alto es el porcentaje de mujeres que ocupan cargos directivos no solo gozan de mayor bienestar financiero, sino que, como cuenta Gloria Feldt en *No Excuses: 9 Ways Women Can Change How We Think About Power* (Sin excusas: nueve maneras en que las mujeres pueden cambiar lo que pensamos sobre el poder), organizaciones como Ernst & Young, Catalyst, el Banco Mundial o McKinsey han «descubierto en los últimos años que, en cuanto los parlamentos y los consejos de administración alcanzan una representación femenina del treinta por ciento, mejora la calidad de las decisiones, los hombres se comportan mejor y los casos de corrupción disminuyen».[1]

La empatía es, además, una de las seis aptitudes que Daniel Pink considera imprescindibles para poder prosperar en la nueva economía mundial. En *Una nueva mente: una fórmula infalible para triunfar en el mundo que se avecina*, dice que una empresa puede encomendar a empresas de ultramar la realización de servicios como la atención al cliente, el soporte técnico y la lectura de radiografías. Pero no se puede encomendar la empatía. La empatía, que antes se tachaba de «sensiblera», está cambiando la forma en que se imparte la formación académica en campos como la medicina y el derecho. Estas tendencias favorecen a las mujeres, que sintonizan de una manera más natural con el dolor ajeno y se disculpan cuando cometen errores, comportamientos que, según Pink, pueden suponer un esfuerzo inmenso para muchos hombres.

## El éxito a expensas de otras personas

Ser mujer es experimentar cierta tensión entre tus ambiciones y necesidades personales y la imagen que tienes de ti de persona desinteresada a la que le importa el bienestar de todo el mundo. Tanto es así que, como descubrió la psiquiatra Anna Fels, la mayoría de las mujeres no querían ni oír hablar de la ambición. «Entendían que la ambición entraña necesariamente egoísmo, egocentrismo, engrandecimiento personal o la utilización y manipulación de quienes sea necesario, con tal de alcanzar los propios fines», afirma Fels.[2]

¿Y por qué no iban a pensarlo? Desde pequeñas, las niñas aprenden de sus madres a sacrificarse, a anteponer las necesidades del resto de la familia a las suyas. Esta idea de que la virtud reside en el sacrificio, dice Gilligan, «ha complicado el curso del desarrollo de las mujeres, al situarlas entre dos bandos enfrentados: de un lado, la cuestión moral de la bondad, y de otro, cuestiones adultas relacionadas con la responsabilidad y la elección». A continuación, las dos primeras situaciones reflejan este dilema fundamental.

*Hipotética situación 1: Si yo gano, alguien pierde*
Incluso de niñas, las mujeres somos muy sensibles a los sentimientos y necesidades de los demás, y las situaciones que se derivan de cualquier logro nuestro no son una excepción. Si tú habías sacado

un sobresaliente y tu mejor amiga un aprobado, es posible que le mintieras sobre tu nota para no herir sus sentimientos. Tu deseo de no hacerle daño es encomiable. Sin embargo, muchas veces detrás de él está la creencia de que, no se sabe bien cómo ni por qué, tu éxito disminuirá el de los demás, creencia que puede hacerte sentir más culpa que orgullo. Como le dijo la actriz británica Rachel Weisz a una periodista: «Cualquier éxito –tener un buen expediente académico, conseguir una agente, salir en la televisión [hace que me sienta culpable]. Como si el que las cosas me vayan bien privara a otra persona de algo; podría ser cualquier persona: mi hermana, mi madre, una amiga».[3]

La idea de que, si tú ganas, necesariamente alguien pierde se revela de formas muy sutiles. Hay mujeres, por ejemplo, que continúan trabajando en una empresa pese a estar claro que, desde el punto de vista económico, les interesaría dar el siguiente paso en su carrera profesional. Es posible que te quedes en ese espacio que conoces, y en el que te sientes cómoda para no tener que enfrentarte a la posibilidad de sentirte una impostora. Pero también es posible que te quedes ahí porque crees que la empresa «te necesita». La lealtad es admirable, pero no cuando es invariablemente a costa de tus intereses.

Triunfar en una competición, del tipo que sea, puede tener una connotación agridulce especialmente para las mujeres, dado que ganar viola el código de «cuidar del bienestar ajeno». Los psicólogos deportivos nos cuentan que es habitual ver a un chico enfrentarse con uñas y dientes a su mejor amigo, ganarle, y luego se dan la mano y ya está. Pero si las relaciones son fundamentales en tu vida, puede que competir te provoque toda clase de conflictos internos. Es lo que le ocurrió en el Concurso Nacional de Ortografía a la participante Zoe Londono, a la que a los doce años llamaban «el Diccionario

Humano». En una de la sesiones emitida en el programa *Dateline* de la NBC, Zoe se enfrentó a su mejor amiga, Sheila, y la ganó. Fue una victoria agridulce. «Sí, soy la ganadora –dijo Zoe–, pero acabo de ganar a mi mejor amiga. Y lo siento».[4]

Obviamente, hay mujeres a las que les encanta competir, y puede que tú seas una de ellas. Sin embargo, incluso las veteranas competidoras Martina Navratilova y Chris Evert, históricas rivales en la pista de tenis, se esforzaban por encontrar el equilibrio entre la competición y la relación. Se sentaban juntas a comerse el bocadillo una hora antes de un partido, salían a la cancha y se enfrentaban con uñas y dientes, y luego volvían a los vestuarios, donde la ganadora consolaba a la perdedora. No porque la ganadora lamentara haber derrotado a su rival, sino porque las dos sabían lo que se sentía al perder.

Martina, especialmente, se esforzaba por encontrar la manera de poder tener una buena relación con Chris y a la vez competir contra ella. La que era entonces entrenadora y pareja suya, la estrella de baloncesto Nancy Lieberman, creía que, para que Martina llegara a lo más alto, tenía que odiar a Chris. «Martina lo intentó durante un tiempo –dice la exjugadora de baloncesto y escritora Mariah Burton Nelson–, pero no le gustó, así que empezó de nuevo a comerse el bocadillo con Chris entre risas en el vestuario. En la actualidad siguen siendo amigas».[5]

Empatizar con la parte perdedora o desvalida está bien. El problema aparece cuando reprimes sistemáticamente el orgullo o el entusiasmo por tus logros para no herir los sentimientos de alguien. En su trabajo con niñas superdotadas de educación primaria, la doctora Lee Anne Bell descubrió que esta tensión entre empatía y logro puede hacer que las niñas quieran cambiar por completo las reglas. Cuando pidió a un grupo de niñas que representaran una situación

El éxito en las mujeres y su instinto de conexión afectiva **203**

hipotética en la que una de ellas ganaba un premio de ciencias, pero luego le quitaba importancia delante de una amiga que tenía envidia de su victoria, las niñas fueron capaces de representar la escena con facilidad.[6]

A continuación, Bell les pidió que pensaran cómo podía responder la ganadora para que las dos, ella y su amiga, se sintieran bien consigo mismas. Al principio se les ocurrieron ideas como «partir el trofeo por la mitad», «dárselo a la profesora», «dejarlo en el colegio» o «regalar el trofeo, porque total es solo un trozo de metal». Todas estas posibilidades protegían la relación, pero sacrificaban el que la ganadora pudiera alegrarse por haber recibido el premio. Finalmente, el grupo encontró una solución que no giraba en torno a qué hacer con ese triunfo, sino que proponía cambiar por completo el sistema de evaluación. Si las alumnas, en lugar de competir individualmente, trabajaban en equipo, y esos equipos cooperaban unos con otros, pensaron las niñas, todas harían proyectos de alta calidad, y todas serían «la ganadora».

Este deseo femenino de cambiar el sistema del «yo he ganado y tú has perdido» por el de «todas ganamos» es fiel reflejo de lo que la psicóloga clínica Georgia Sassen denomina «percepción acrecentada del "otro lado" del éxito en una competición [...] esa sensación que tienen las chicas de que algo huele mal en un sistema en el que tener éxito se traduce en sacar mejores notas que todas tus compañeras».[7] Esto apunta a una dificultad más que tienen las mujeres para sentirse merecedoras de sus logros; dificultad que, según explica la doctora Peggy McIntosh, forma parte de una dimensión del síndrome de la impostura que no se resuelve simplemente con tener más seguridad.

McIntosh considera que sentirse un fraude entraña una gran autenticidad, y se pregunta si no serán precisamente quienes alardean de sus éxitos y se creen más inteligentes que el resto los verdaderos farsantes. «Cuando las mujeres se disculpan o titubean en público, o se niegan a atribuirse exclusivamente a sí mismas el mérito por lo que han hecho, creo que deberíamos escuchar con mucha atención –dice–, porque estos comportamientos quizá nos ayuden a cuestionar el mito de que quienes tienen poder se lo merecen individualmente». Y añade: «Cuando las mujeres se sienten un fraude, es posible que a menudo estén intentando compartir el poder, el privilegio y el mérito de formas que aún no se han reconocido».[8]

Si te identificas con esta hipotética situación derivada de tu éxito, pregúntate:

- ¿Dirías que tu capacidad para sentir y expresar empatía hacia las demás personas te impide sentir o expresar orgullo por tus logros?
- En caso afirmativo, ¿qué harías de forma diferente si no te preocupara cómo afecta tu éxito a la gente que te importa? Sé concreta.
- ¿Cómo puedes ser sensible a los sentimientos de la gente y sentirte bien por tus logros al mismo tiempo?
- Si estás en una situación que se te queda pequeña, ¿cuánto influye en que sigas ahí el miedo a salir de tu zona de confort, y cuánto el sentir que no puedes irte porque te «necesitan»?
- ¿Estás utilizando la lealtad como excusa para no tener que afrontar las dificultades iniciales de encontrarte en una situación desconocida?
- Si es así, ¿hay alguna manera de que puedas dar un paso hacia lo que de verdad quieres y, a la vez, ser considerada con la empresa, por ejemplo, y ayudar a encontrar a alguien que te sustituya u ofrecerte a continuar hasta haber formado a esa persona?

*Hipotética situación 2: Si tengo demasiado éxito,
tal vez mi familia salga perjudicada*

Si tienes familia, entonces cualquier promoción laboral que te obligue a pasar más tiempo en el trabajo te hará preocuparte por cómo puede afectar a tus seres queridos ese logro profesional. Si ascender en la organización significa además tener que hacer un traslado, eso puede suponer interrumpir la carrera profesional de tu pareja o la educación de tus hijos y tus hijas, o tener que irte a vivir lejos de tu padre y tu madre, ya mayores. Son de por sí decisiones difíciles de tomar, pero sentirte una impostora hace que sea todavía más difícil separar las consideraciones basadas en cómo afectará realmente tu éxito a esas personas de las habituales dudas sobre ti misma y tus capacidades.

De entrada, algo que puede ayudarte es reconocer, al menos, que la culpa que sientes no es enteramente invención tuya. Nadie pone en duda que un hombre pueda trabajar y hacer de padre al mismo tiempo. Incluso aunque tenga un cargo directivo, a nadie se le pasa por la cabeza que eso vaya a impedirle hacer bien su trabajo. En cambio, la sociedad se apresura a sembrar las semillas de la duda en lo que se refiere a ti; semillas que, si no estás muy atenta, pueden echar raíces hasta en tu propia mente. A fin de cuentas, se entiende que el éxito profesional de un hombre le da más posibilidades de ser un buen proveedor, además de hacerle merecedor del título de «cabeza de familia». No existe un título equiparable para describir a una mujer que mantiene económicamente a su familia, porque se considera que, si quiere ser una profesional de éxito, es a expensas de su familia, no por el bien de su familia.

Si te sientes egoísta o culpable por ser ambiciosa, recuerda que ser madre significa experimentar cierto grado de culpa, y punto. Es admirable que para ti los miembros de tu familia sean lo primero.

**206**  El síndrome de la impostura

A la vez, no es por casualidad que en los aviones una voz anuncie insistentemente que, en caso de emergencia, te pongas la máscara de oxígeno primero tú, y luego ayudes a tus criaturas y a quien sea. En lugar de interpretar que cualquier logro tuyo es a expensas de tu familia, asegúrate de conceder la misma importancia a todo lo que tu éxito les da. Por supuesto, está la contribución económica que haces a la familia, pero, además, piensa en los beneficios que supone tener como modelo de conducta a una persona satisfecha, que valora sus sueños y es capaz de fijarse objetivos y utilizar su talento para alcanzarlos.

Si esta hipotética situación te dice algo, pregúntate:

- En tu reticencia a asumir más responsabilidades o a tener que trasladarte, ¿cuánto influye el miedo a no estar a la altura y cuánto la sincera preocupación por cómo podría afectar eso a tu familia?
- ¿Es posible que estés utilizando a tu familia como excusa para no salir de tu zona de confort?
- Si supieras que tu familia va a estar bien, ¿tendrías las mismas dudas sobre tu capacidad para asumir un nuevo reto?

Acabamos de ver dos posibles situaciones relacionadas con los efectos que podría tener tu éxito en la gente que te importa. Ahora vamos a examinar cómo podría afectar a tu relación con la gente decir sí al éxito.

## Cómo puede afectar el éxito a tus relaciones

En un capítulo anterior hiciste una lista de las expectativas que tienes de ti, o las reglas internas, que contribuyen a que te sientas una

El éxito en las mujeres y su instinto de conexión afectiva **207**

impostora. Otras dos reglas típicamente femeninas son *No te hagas la lista* y *Quita siempre importancia a tus logros.*

La consecuencia más obvia de romper estas reglas es que la gente podría descubrir que eres un fraude. Porque si actúas como si supieras la respuesta o como si fueras de verdad «todas esas cosas» y resulta que estás equivocada o que eres una mediocre, todo el mundo se enterará de que eres una impostora. Pero esa no es la única razón por la que cumples las reglas. Cuando se les pregunta a las mujeres por qué les preocupa lo que la gente piense de ellas, aparece un temor más típicamente femenino: *Igual no me aceptan, igual les caigo mal.*

Así que la falta de confianza en ti no es el único factor. Desde niñas, las mujeres aprenden que si son «demasiado» esto o «demasiado» aquello –cualquier adjetivo que no concuerde con la idea tradicional de lo que es femenino–, se exponen a caer mal. Fue por este dilema, sobradamente documentado, por lo que Sheryl Sandberg, ex directora de operaciones de Facebook y madre de una niña y un niño, dijo en una charla: «Quiero que mi hijo tenga la posibilidad de aportar todo lo que tiene para aportar en el trabajo y en casa, y quiero que mi hija no solo tenga éxito, sino que además caiga bien por sus logros».[9]

Esto es muy importante, porque cuando la conexión humana es primordial en tu vida, a la hora de tomar una decisión que podría debilitar la conexión entre tú y las personas cercanas, no sabes qué hacer. Como observa Gilligan, las mujeres son conscientes de que el éxito entraña «peligro de aislamiento social. Tienen miedo a que, si destacan, o el éxito las diferencia en algún sentido, se quedarán solas». En distinto grado, las cuatro situaciones siguientes hablan de este problema fundamental.

*Hipotética situación 3: Cuanto más alto llegue, más aislada estaré*
Lo último que le preocupa a un ejecutivo es ser el único hombre de su nivel jerárquico. Tú, sin embargo, eres plenamente consciente de que, cuanto más asciendes en el organigrama, más pálido y masculino se va haciendo el paisaje. Si llegas a la cima, descubres que es un lugar muy solitario para una mujer. A pesar de lo que ha progresado la cultura, siguen estando en clara minoría las mujeres que dirigen alguna gran corporación. Y si además eres una mujer de color, te sentirás todavía más aislada, ya que se esperará que dejes tu identidad racial aparcada en la puerta.

No hace falta que ocupes un puesto directivo para saber que un ascenso puede provocar los celos, e incluso el resentimiento, de personas que antes eran tus iguales. A los hombres también les ocurre, por supuesto. Pero incluso en grupos de trabajo muy unidos, los hombres tienden a relacionarse con sus colegas de una manera más superficial, o no con la misma familiaridad, al menos, que las mujeres. El vínculo afectivo se establece mientras se toman una copa juntos después del trabajo o en el campo de golf. Son las mujeres las que organizan las fiestas en la oficina, las que hacen una colecta para comprarle un regalo a la compañera que va a ser mamá, las que cuelgan los adornos navideños. Y cuanto más familiar sea el ambiente, más te costará dejar atrás a todas esas compañeras con las que has compartido tantas cosas, más aún si una de ellas es ahora tu subordinada directa.

Lo habitual es que quieras quitarle importancia, y hagas todo lo posible por comportarte como siempre y seguir siendo una más del grupo. El problema es que, dentro de una organización, las relaciones tienden a estar definidas por la jerarquía, ya que es el modelo que prefieren los hombres. Esto significa que, aunque tus antiguas compañeras te acojan como una más, tu comportamiento habrá violado una norma tácita, según la cual alguien que ocupa un puesto directivo debe socializar principalmente con personas de su nivel. Está aceptado que de vez en cuando te sientes a almorzar con tus antiguas compañeras, pero se considera una mala jugada profesional que no te relaciones prioritariamente con gente del nivel directivo en el que estás ahora.

Si te identificas con alguno de los dos ejemplos, hazte estas preguntas para averiguar qué te está pasando realmente:

- La aprensión a ascender a puestos superiores ¿se debe a una falta de seguridad en ti misma, o lo que te inquieta es pensar que ya no estarás entre iguales, que serás «la única de tu especie», lo cual añade la presión de sentir que representas a todo tu grupo?
- Si supieras que no ibas a sentirte aislada, ¿tendrías exactamente el mismo miedo a ascender?
- Cuando vacilas sobre si competir o no por un ascenso, ¿en qué medida se debe a las dudas sobre tus capacidades y en qué medida al deseo de mantener la relación con tus actuales compañeras y compañeros de trabajo?
- ¿Tendrías exactamente el mismo miedo a que te ascendieran si no estuvieras preocupada por dar de lado a la gente con la que trabajas ahora?

*Hipotética situación 4: Si destaco demasiado, me quedaré aislada*
Hay otras razones, además del nivel de tu puesto en la empresa, por las que puedes sentirte aislada. Podría ocurrir cada vez que trabajes en un entorno en el que haya una abrumadora mayoría de hombres, lo cual —como leíste en el capítulo 2— contribuye fácilmente a que una mujer pierda la confianza en sí misma. Piensa en cómo te sien-

**210** El síndrome de la impostura

tes al entrar en cualquier reunión, aula o evento y ser la única mujer o persona de color: ¿te sientes segura de ti misma, plenamente en control? ¿O te sientes cohibida, incluso un poco intimidada? Si has elegido esta última opción, no eres la única.

En un estudio sobre los posibles efectos del desequilibrio de género en el aula, se proyectaron ante una serie de estudiantes de matemáticas avanzadas, física e ingeniería dos vídeos de una conferencia de verano sobre liderazgo. Uno de ellos mostraba una conferencia en la que los hombres superaban en número a las mujeres en una proporción de tres a uno, y otro mostraba una conferencia con igual número de hombres y mujeres. Como era de esperar, las jóvenes que vieron el primer vídeo manifestaron una sensación de no pertenecer del todo a aquel entorno y menos ganas de participar.

Lo más significativo es que el simple hecho de ver el vídeo en el que había un desequilibrio entre hombres y mujeres hizo que a estas estudiantes de élite se les acelerara el ritmo cardíaco, sudaran más y se distrajeran más fácilmente; todas señales de estrés.[10] Saber esto quizá sea una ayuda en esas situaciones de la vida real en las que tal vez te criticas por dejar que te afecte estar en minoría. Ahora, en lugar de pensar: *Si fuera realmente competente, no tendría estos nervios*, entiendes que puedes ser muy competente y, aun así, sentir un nivel normal de estrés en situaciones como estas.

Si te identificas con esta hipotética situación derivada de tu éxito, pregúntate:

- ¿Me angustia la posibilidad de encontrarme en un entorno en el que no haya muchas mujeres o personas de color (o ambas cosas) porque no me considero lo bastante competente, o estoy experimentando el estrés normal que se deriva de sentirse aislada?

*Hipotética situación 5: Si tengo demasiado éxito, perderé el contacto con mi familia, mis amistades y la gente de la comunidad*

El género no es el único factor que puede hacer que te preocupes por los efectos alienantes del éxito. Si eres la primera persona de tu familia en obtener un título universitario, tener éxito podría diferenciarte de las personas con las que creciste, a veces hasta un punto doloroso. Aunque quieras hablar de tu trabajo con la familia o con tus amigas o amigos de toda la vida, no siempre es fácil. Si no te preguntan por lo que haces, tienes la sensación de que no les importa. Si te preguntan, es evidente que no entienden de qué les hablas. En lugar de intentar salvar esta repentina brecha, es posible que intentes sortearla. Evitas mencionar delante de tu familia y de la gente que te conoce de siempre la prestigiosa universidad en la que has estudiado o el prestigioso trabajo que has conseguido, no vaya a ser que piensen que te crees «mejor» que el resto.

La perspectiva de perder la conexión con tus raíces puede ser tan intolerable que es posible incluso que elijas un trabajo que esté por debajo de tu formación o tus capacidades. Una vez conocí a un doctor en ciencias empresariales que había aceptado un trabajo de contable. También el hecho de que se sintiera un impostor tuvo algo que ver con que bajara el listón ocupacional, pero sobre todo fue una forma de acortar la distancia y evitar la desconexión. «En cuanto algún compañero se entera de que tengo un doctorado –me contó–, enseguida noto que se abre un abismo entre nosotros».

Otras veces, una decisión profesional crea un distanciamiento físico, más que emocional. Trasladarte a una ciudad desconocida, alejada del lugar donde naciste, da un poco de miedo; sentirte además una impostora o un impostor no hace sino aumentar la ansiedad. Y si, encima, perteneces a una minoría religiosa, racial o sexual, esto

**212**   El síndrome de la impostura

puede complicar la decisión aún más. Porque no solo dejas atrás a tu familia y a las personas queridas, sino que, dependiendo de las características demográficas del lugar donde vayas a vivir, es posible que te aísles también de tu comunidad étnica o cultural en sentido más extenso. Cuando tomar la decisión de avanzar profesionalmente significa asumir la posibilidad de aislamiento social o, en algunos casos, incluso el riesgo de discriminación o acoso, es mucho más difícil separar la aprensión legítima de los miedos derivados de sentirte un impostor o una impostora.

Cualquier clase de cambio o transición importante desencadenará esos miedos. Si te identificas con esta hipotética situación derivada de tu éxito, pregúntate:

- ¿Cuánta de tu reticencia a decir sí al éxito se basa en la falta de confianza en tus capacidades y cuánta en no querer distanciarte emocionalmente de tu familia y tus amistades de siempre?
- Si tienes dudas sobre trasladarte a otra ciudad, ¿seguiría costándote decidirte si supieras que ibas a tener una buena acogida e ibas a sentirte a gusto en ese lugar? Si la respuesta es afirmativa, es probable que el miedo a sentirte una impostora o un impostor en ese destino tenga más peso que cualquier preocupación por cómo repercutirá el traslado en tus relaciones.

*Hipotética situación 6: Si tengo demasiado éxito, quizá eso me quite posibilidades de encontrar un hombre o de conservarlo*
Podrías pensar que eso de que a las mujeres de éxito les preocupa no encontrar el amor en sus vidas es cosa del pasado. La realidad es que muchas mujeres que asisten a mis talleres cuentan las dificultades añadidas con las que se topan en el terreno de las relaciones.

El éxito en las mujeres y su instinto de conexión afectiva **213**

Hay una razón muy clara por la que Sheila Widnall, profesora del Instituto Tecnológico de Massachusetts (MIT), incluye en su lista de diez razones por las que las mujeres no se dedican a la ingeniería (*10 Reasons Why Women Don't Go into Engineering*) la sospecha de que la estudiante que tenga la nota más alta de la clase en matemáticas no conseguirá una cita para el baile de graduación. A los «empollones» nunca les ha resultado fácil desenvolverse en el mundo de las citas, pero no precisamente porque una chica se sienta amenazada en presencia de un chico inteligente. Al menos, no de la forma extrema en que algunos hombres se sienten amenazados si tienen la impresión de que una mujer «los supera», especialmente en su propio terreno.

Aunque a ti personalmente todo esto te parezcan tonterías, cualquier mujer heterosexual que estudie o haya estudiado en un campo dominado por los hombres, como las matemáticas o la física, sabe que la respuesta a la pregunta «¿Cuál es tu especialidad?» no es precisamente un imán que atraiga al sexo masculino. De hecho, una estudiante de física me contó que un amigo suyo le recomendó que mintiera; que si quería tener alguna cita, contestara que estudiaba educación infantil. Al parecer, su amigo pensaba que un hombre se sentiría menos intimidado por una mujer que se estuviera preparando para ponerse al frente de una clase de niños y niñas de cinco años que por una que algún día dirigiría, tal vez, un laboratorio de hombres de cincuenta.

No hay muchos hombres a los que les preocupe que tener «demasiado éxito» vaya a perjudicar a su vida amorosa. Pero dependiendo de la edad que tengas, quizá recuerdes la famosa predicción que fue portada de *Newsweek* en 1986 de que «una mujer soltera de cuarenta años tenía más probabilidades de que la asesinara un terrorista que de casarse». La revista *People* avivó el miedo cuando publicó fotos de Diane Sawyer, Linda Ronstadt, Donna Mills y Sharon Gless bajo el titular «¿Son unas solteronas?» y advertía: «La mayoría de las mujeres solteras de más de treinta y cinco años pueden ir olvidándose del matrimonio». Años más tarde, esta misma idea se popularizó en la exitosa película *Algo para recordar* (1993).

Resultó que, al final, no tuvo consecuencias nefastas para las mujeres posponer el matrimonio y centrarse en su carrera profesional. De hecho, veinte años después, *Newsweek* admitió que había malinterpretado un dato demográfico no muy claro, había incluido una referencia sobre soltería femenina y terrorismo que pretendía ser una broma y, en conjunto, había creado una situación hipotética que tenía poca base real. Pero aquella portada había sembrado una poderosa semilla en las mentes de muchas mujeres solteras, una semilla que decía: puedes tener mucho éxito o puedes tener amor, pero no las dos cosas.

Incluso las mujeres que han encontrado el amor admiten que les preocupan las consecuencias que pueda tener para su relación llegar demasiado lejos en su profesión. Por supuesto, la mayoría de las parejas saben que tener un estilo de vida acomodado exige dos sueldos. Sin embargo, si estás entre el cuarenta por ciento de las mujeres de Estados Unidos que ganan más que su cónyuges, puede que inconscientemente estés preocupada por el efecto que pueda tener tu éxito en el ego masculino, algo que resulta aún más problemático en el caso de las parejas que trabajan en la misma organización o sector.

Si te identificas con esta hipotética situación derivada de tu éxito, pregúntate:

- ¿Hasta qué punto estás dejando que influya en tus decisiones profesionales el temor a ser menos atractiva para un hombre?

- ¿Cuánta de tu reticencia a decir sí al éxito se basa en la falta de confianza en tus capacidades y cuánta en la preocupación por cómo pueda afectar a tus relaciones íntimas?

*Hipotética situación 7: Si soy demasiado inteligente, dominante o da la sensación de que solo pienso en mí, es posible que caiga mal* El valor que le das a caer bien puede influir igualmente en cómo te comportas o, en algunos casos, en cómo no te comportas. Según Clay Shirky, profesor de la Universidad de Nueva York, incluso cuando la situación lo requiere, sus alumnas «no saben comportarse como unas imbéciles arrogantes y engreídas. No saben comportarse como unas narcisistas, como obsesas antisociales o fanfarronas pomposas ni siquiera un poco o durante un momento, incluso aunque a veces les convendría mucho hacerlo. −Y añade−: Por muy mal que se hable de esos comportamientos, no se puede decir que hayan escaseado entre las personas que han cambiado el mundo».[11]

Hizo estos comentarios en una entrada de blog titulada «A Rant About Women» (Diatriba contra las mujeres). Como puedes imaginar, causaron gran revuelo y fueron difundidos hasta por la National Public Radio y la cadena británica BBC. La diatriba de Shirky surgió a raíz de que un estudiante le pidiera una recomendación de trabajo. Cuando Shirky le preguntó qué debía decir la carta, recibió del estudiante un borrador repleto de superlativos. Hasta después de devolverle la carta de recomendación, utilizando adjetivos más moderados, Shirky no cayó en la cuenta de que, gracias al lenguaje tan exagerado de aquel borrador, el estudiante había recibido una recomendación infinitamente mejor que la que habría recibido de otro modo.

Le preocupaba también que la mayoría de sus alumnas no fueran capaces de escribir una carta como aquella, y explicaba: «No me preocupa que las mujeres no tengan suficiente seguridad en sí mismas o suficiente autoestima. Me preocupa algo mucho más sencillo: que tan pocas mujeres tengan lo que hay que tener para comportarse como unas imbéciles arrogantes y engreídas». Y eso que hace falta tener, argumenta, es que te dé igual lo que la gente piense de ti. Ahí está el problema. Porque a las mujeres sí les importa lo que piensen de ellas y, visto lo visto, con razón.

Shirky pronosticó a continuación que, de entre sus estudiantes, serían muchos más los hombres que se harían famosos, por la sola razón de que «a los hombres se nos da mejor ser arrogantes y nos preocupa menos que la gente piense que somos unos idiotas por atrevernos a hacer cosas para las que no estamos cualificados». En esto estamos de acuerdo.

Sin embargo, lo que Shirky no tuvo en cuenta en ningún momento, pese a ser muy evidente, es la reacción que reciben las mujeres que hacen gala de sus logros. No son tanto modestia o inseguridad femeninas lo que tenemos delante como el choque de las respuestas internas de una mujer que chocan contra ciertas realidades sociales. Es decir, incluso aun suponiendo que una mujer quiera comportarse como una imbécil arrogante y engreída y quiera no dar importancia a si la critican, la condenan al ostracismo o acaba aislada, si quiere que la consideren competente, no puede permitirse el lujo de que no le importe.

Entiende esto con mucha claridad, porque podrías dar por sentado que la razón por la que dudas a la hora de hacer cosas como negociar tu sueldo o asumir un papel de liderazgo es la falta de confianza. Y puede que sea cierto. Sin embargo, como estás a punto de ver, para las mujeres, ser demasiado inteligente, o demasiado dominante, o pensar demasiado en sí mismas y sus intereses tiene consecuencias.

## Si soy demasiado lista, puedo caerle mal a la gente

Si en el colegio o en el instituto estabas entre las primeras de tu clase, habrás vivido desde pequeña el conflicto entre ser inteligente y caer bien. Los chicos también lo viven, por supuesto. Sin embargo, cualquier especialista en pedagogía que trabaje con estudiantes de inteligencia excepcional te dirá que las chicas superdotadas suelen pensar que a los chicos no les gustan las chicas inteligentes. Por desgracia, con razón: de las cuatro categorías de chicos y chicas con dotes excepcionales, las chicas superdotadas eran las que peor caían.[12] Si tenemos en cuenta lo presionadas que se sienten a encajar en una sociedad que les hace llegar mensajes muy claros sobre lo que es aceptable y lo que no, es fácil entender por qué muchas chicas superdotadas aprenden a quitar importancia o valor a sus capacidades para evitar que sus compañeras, y compañeros, las condenen al ostracismo. Y esta es una lección que probablemente sigan teniendo presente en la edad adulta.

Despreciar tus logros o tus capacidades delante de la gente con comentarios como «no es para tanto» suena indudablemente a un mecanismo de la impostura. Ahora bien, una cosa es que de verdad lo creas y otra que, en determinadas situaciones en las que tienes la sensación de que tu inteligencia excepcional te costará más puntos de los que te hará ganar, ni siquiera llegues a tanto, sino que desde el principio inconscientemente te reprimas.

Por otro lado, es distinto que le quites importancia a un logro para protegerte de las reacciones que pueda provocar tu «fanfarronería» que estar convencida de que ese logro no es en realidad obra tuya. En otras palabras, podrías estar encantada e incluso orgullosa de tu inteligencia, pero, si crees que te menospreciarán por hablar de tus

**218** El síndrome de la impostura

logros, (a) te quedas callada o (b) le quitas importancia con frases como «No ha sido nada» o «He tenido suerte». A fin de cuentas, no quieres que la gente piense que eres una chica «pagada de sí misma». Cualquiera de estos comportamientos suena a mecanismo de la impostura cuando, al menos en parte, puede representar una estrategia social dirigida a mantener las relaciones.

Que te importe lo que piensen de ti significa que te importan también los sentimientos de la gente y que harás todo lo posible por protegerlos. Y la modestia te ayuda a hacerlo; es decir, si eres mujer. En un estudio llevado a cabo con estudiantes de una universidad, se les puso un test de inteligencia y, después, se pidió que quienes habían obtenido las puntuaciones más altas se las mostraran, individualmente, a quienes habían conseguido resultados menos sobresalientes. Cuando una mujer le mostraba a otra su puntuación con modestia (es decir, sin alardear), estaba convencida de que, de esa manera, le caería mejor. Pensaba además que, siendo modesta, permitía que la otra persona se sintiera más inteligente y segura. En el caso de los hombres ocurría justo lo contrario: los hombres que se jactaban de sus resultados daban por hecho que, de esa manera, a las mujeres les caerían mejor, y que esas personas, además, se sentirían mejor consigo mismas.[13]

Por último, a algunas mujeres lo que les preocupa no es caer mal por ser demasiado inteligentes, sino por no ser suficientemente inteligentes. Cuando a los catorce años Melissa Rogers quedó en vigésimo segundo lugar en el Concurso Nacional de Ortografía, la pequeña ciudad en la que vivía lo celebró con un desfile en su honor. Cuando volvió a participar al año siguiente, sentía la presión de tener que hacerlo, al menos, un poco mejor que la vez anterior. Mientras se preparaba para el concurso, Melissa cuenta que sufrió «una crisis nerviosa. Pensaba, ya sabes, *¿Y si escribo mal la primera palabra y quedo eliminada en la primera ronda? Entonces seré una decepción para la ciudad entera, ya no le caeré bien a nadie.*

### Si pido demasiado, puedo caerle mal a la gente

No te equivoques: la falta de confianza es una de las principales razones por las que la mayoría de las mujeres se infravaloran en las negociaciones salariales. Al mismo tiempo, la reticencia a pedir más dinero puede estar relacionada también con tener muy claro cuáles son las repercusiones sociales para mujeres que lo piden.

Por ejemplo, cuando en un estudio se proyectaron ante un grupo de directores y directoras de empresa varios vídeos de hombres y mujeres en entrevistas de trabajo simuladas, no solo consideraron que las mujeres que pedían un sueldo más alto eran «menos amables» y «demasiado exigentes», sino que además dijeron que tendrían menos inclinación a trabajar con una candidata que intentara negociar su sueldo que con una que no.[14] Se debe puntualizar que los directores penalizaron a las candidatas que pedían más dinero, mientras que las directoras penalizaron tanto a los candidatos como a las candidatas que intentaban negociar el sueldo.

Esto no quiere decir que, porque vayan a juzgarte con más dureza, debas irte sin haberlo intentado –dicen las investigadoras–. Lo que significa es que, a pesar de que llegar cordialmente a un acuerdo beneficia a ambas partes, para una mujer puede ser decisivo hacer un esfuerzo añadido por caer bien durante la negociación.

# 220    El síndrome de la impostura

SI SOY DEMASIADO DOMINANTE,

QUIZÁ A LAS MUJERES NO LES CAIGA BIEN

En un capítulo anterior has leído que las «impostoras» y los «impostores» a veces hacen todo lo posible por no llamar la atención para que nadie descubra quiénes son realmente. Si en tu caso es así, ello podría explicar por qué te resistes a adoptar el papel de líder. Sin embargo, también es posible que la razón sea otra, y simplemente valores, desde un punto de vista práctico, si las posibles ventajas de estar al mando compensan las repercusiones que puede tener en tus relaciones que se te considere «demasiado dominante». En una encuesta que hizo la organización juvenil Girl Scouts, una tercera parte de las chicas, de entre ocho y diecisiete años, a las que les habría gustado ser líderes decían que, a la vez, les preocupaba que sus compañeras les plantaran cara, se rieran de ellas, no caer bien o parecer unas «mandonas».[15]

Solemos pensar que son los hombres los que tachan a las líderes de mandonas. De lo que no oímos hablar tanto es de la reacción negativa de las mujeres ante aquellas mujeres que les parecen demasiado dominantes. A pesar de todo lo que la sociedad ha progresado en este sentido, Pat Heim y Susan Murphy, expertas en gestión administrativa, comentan que «las mujeres se sienten más cómodas con una mujer poderosa que se quita importancia que con una que no».[16]

Es comprensible hasta cierto punto. Las mujeres estamos acostumbradas a que el poder lo ejerzan los hombres. Por eso un ejecutivo puede dejar caer un expediente sobre la mesa de su asistente administrativa con un lacónico: «Tenlo listo en una hora», y no pasa nada. Ahora bien, si una ejecutiva le hace eso a otra mujer, bajará muchos puntos en la escala de la simpatía. La razón es una dinámica

# El éxito en las mujeres y su instinto de conexión afectiva    **221**

tácita que existe entre las mujeres, a la que las consultoras Pat Heim y Susan Murphy llaman la «regla del poder paritario». Esta regla dice que, «para que sea posible una relación fluida entre dos mujeres, la autoestima y el poder que cada una percibe en la otra deben tener aproximadamente el mismo peso que su propio poder y autoestima».

De ahí que tu colega ejecutivo pueda dirigirse a la reunión con la seguridad de que su orden será cumplida, sin que tenga realmente repercusiones en la relación jefe-asistente, pero si tú quieres mantener una buena relación con tu asistente administrativa, entonces los dos elementos esenciales –la autoestima y el poder– deben estar «a la par». Esto significa que, antes de delegar en ella un trabajo, debes invertir tiempo y energía en charlar con ella sobre el fin de semana o la familia o en equilibrar psicológicamente la relación.

Este deseo de mantener la igualdad es una de las razones por las que las mujeres se disculpan más que los hombres, lo cual puede hacer que parezcas y te sientas menos capacitada. Es probable que te disculpes por cosas que no son culpa tuya. No porque realmente pienses que tú tienes la culpa, sino como un mecanismo de nivelación. Por ejemplo, supongamos que Deb, tu compañera de trabajo, te ha enviado una información errónea. No quieres que Deb se sienta mal, así que empiezas disculpándote por no haber expresado con claridad lo que necesitabas. En ese momento, lo más probable es que Deb se disculpe por el malentendido. Una vez que ambas os habéis disculpado, todo está «a nivel». Ahora que se ha restablecido el equilibrio, la relación queda intacta y puedes poner toda tu atención en conseguir la información correcta.

Pero si Deb se llama David y David no entiende el juego, podría responder a lo que había sido una disculpa puramente ritual por tu parte con un *Bueno, es obvio que no te expresaste con mucha cla-*

*ridad, porque te envié exactamente lo que me pediste.* Vale, ¡ahora estás cabreada porque no sentías de verdad tus disculpas! Tú solo pretendías evitarle la humillación de tener que admitir que se había equivocado, solo querías proteger la relación.

Si te identificas con esta hipotética situación derivada de tu éxito, pregúntate:

- ¿Cuánto de tu miedo a decir sí al éxito se debe a que crees que eres una impostora y cuánto a que has aprendido a hacer como que tienes menos inteligencia y conocimientos de los que realmente tienes solo para encajar?
- ¿Quitas importancia a tus logros porque sientes que no los mereces o lo haces solo para caer bien?
- ¿Qué influye más en que no te atrevas a negociar la cuantía del sueldo: tu sentimiento de impostura o la preocupación por caer mal si hablas del tema?
- ¿Es posible que una de las razones por las que piensas que no caerás bien si lo negocias es que, como a las empresarias del estudio, no te gusta que nadie quiera negociar lo que se le ofrece?
- ¿Cuánto influye en que no asumas posiciones de liderazgo la falta de confianza en ti misma y cuánto el deseo de mantener una buena relación con las demás mujeres?
- ¿Qué parte de tus disculpas proviene de que realmente crees que has hecho algo mal y qué parte es un ritual mecánico para evitarle a la otra persona una humillación?

### Resumiendo

La cultura femenina de la conexión afectiva y el cuidado tiene importantes ventajas, pero que te importe tanto el bienestar de las demás personas puede complicar la decisión de decir sí al éxito. A un nivel profundo entiendes que, de una u otra manera, tu éxito podría afectar negativamente a tus relaciones. Como consecuencia, cuando tienes dudas a la hora de tomar una decisión profesional, puede que te resulte difícil saber si el problema es la falta de seguridad en ti misma o la posibilidad de que tu decisión perjudique a personas que te importan.

Es poco probable que deje de preocuparte lo que la gente piense de ti o los efectos que tus decisiones puedan tener en otras personas. Estupendo. Pero procura que sus necesidades y opiniones no te impidan avanzar, hablar claro o decir sí a éxito.

## Lo que puedes hacer

- Repasa las siete situaciones hipotéticas a las que tu éxito podría dar lugar y mira a ver con cuál te identificas, si es que te identificas con alguna de ellas, y responde a las preguntas que la acompañan.
- A partir de ahora, cuando la idea del éxito te provoque ansiedad, presta atención a cuánto tiene que ver con el síndrome de la impostura y cuánto con una intuición precisa, y a menudo realista, de cuál puede ser la otra cara del éxito.

## Lo que viene a continuación

El éxito no es un asunto sencillo para nadie, y menos aún para las mujeres. Como estás a punto de descubrir, hay otros factores, además del síndrome de la impostura, que quizá te hacen dudar ante la posibilidad de tener éxito.

# 9. ¿Es «miedo» al éxito o es otra cosa?

> Hay un solo éxito,
> que es poder vivir tu vida a tu manera.
>
> CRISTOPHER MORLEY

Si en el pasado las cosas te han ido bien en el trabajo o en los estudios, sería razonable esperar que siguieras teniendo éxito en el futuro. Al menos, esto es lo que le ocurre a mayoría de la gente. Pero tú no estás entre esa mayoría. Tú ni siquiera sabes cómo has conseguido llegar hasta donde has llegado, porque las probabilidades eran prácticamente nulas. Así que, claro, la sola idea de tener todavía más éxito te va a causar muchísimo estrés. Significa que tendrás más responsabilidades. Habrá más gente que contará contigo. Habrá más en juego. Si caes, caerás desde más alto. Y, por supuesto, con cada nuevo éxito aumentan las probabilidades de que descubran que, después de todo, no tienes tanto talento o eres tan competente como parecía.

Puede que en tu día a día no pienses mucho en el éxito *per se*. Hasta que llega un momento en el que decides subir el listón o sucede algo que lo sube por ti. Esto último es lo que hizo que mi amiga Sharon me llamara muy asustada. Acababan de ofrecerle un puesto de nivel significativamente superior al que tenía. El nuevo trabajo supondría tener más gente a su cargo y dirigir una operación de mayor envergadura. Todo esto venía acompañado de una fabulosa subida de sueldo.

Estaba emocionada, y muy nerviosa. Habíamos tenido suficientes conversaciones de este tipo como para saber que mi trabajo consistía en convencerla de que se apartara de la cornisa de la impostura. En recordarle que es normal ponerse nerviosa ante un nuevo reto. Que era más que capaz de afrontar cualquier dificultad que se le presentara. Que era una locura no aprovechar lo que sin duda era una oportunidad increíble. Pero no fue así. En lugar de eso, le dije simplemente: «Igual es que en realidad no lo quieres».

En cuestión de segundos, Sharon pasó de la ansiedad al alivio. No nos equivoquemos, es verdad que mi amiga tenía miedo de aceptar el trabajo, pero no precisamente porque pensara que no era capaz de hacerlo. Lo que le pasaba a Sharon es lo que les ocurre a cantidad de «impostoras» e «impostores», y es que te acostumbras tanto a la voz de la duda que se te olvida por completo que hay otras voces a las podrías prestar atención. Voces que tal vez tienen mucho más que ver con quién eres y lo que quieres que con lo mucho que sabes o lo que eres capaz de hacer.

Personalmente, no suelo mencionar el miedo al éxito cuando hablo de los síntomas de la impostura. Esto no quiere decir que la idea del éxito no pueda intimidar a una persona o incluso aterrorizarla, porque sin duda es posible que sea así, más aún si crees que eres un fraude. Pero me da la sensación de que todo el mundo tiene en el fondo un poderoso deseo de triunfar. Y eso te incluye a ti. A la vez, he conocido a cientos de mujeres a las que, como a Sharon, la indecisión las dejaba paralizadas en la encrucijada del éxito.

En el capítulo anterior has leído que hay otras razones que pueden frenarte, además de la falta de confianza, y que a veces no es fácil distinguir una cosa de otra. En este capítulo vamos a investigar si quizá hay aspectos del propio éxito que te hacen dar un paso atrás. Tener conciencia de algunas razones legítimas que podrían ser la causa de esa ansiedad ante la idea del éxito te ayudará a saber: *¿Tengo miedo porque creo que no soy capaz de hacerlo o porque no «lo» quiero?*

## ¿El éxito tiene alguna desventaja?

Las beneficios que reporta el éxito son tan evidentes que no hace falta mencionarlos. Y lo último que quiero que pienses es que trato de disuadiros, a ti y a cualquier mujer, de que hagáis valer vuestro derecho de nacimiento a tener éxito o que pretendo contribuir de alguna manera a perpetuar el estatus económico de la mujer, ya desfavorecido. No solo eso, sino que pronto voy a animarte a que apuntes aún más alto.

Dicho esto, tienes también el derecho a definir lo que para ti significa el éxito. Por eso, sería una negligencia por mi parte no señalar algunos aspectos del éxito de los que no se suele hablar, y que podrían ser una de las razones por las que no te decides a dar el paso. Por ejemplo, quiero pensar que cuando empezaste a estudiar una carrera había una pasión de fondo. Quizá te encantaba resolver complejos problemas de programación, o querías trabajar directamente con jóvenes en situación de riesgo, o dedicar las horas a la investigación. El problema es que, como ya sabemos, las organizaciones son especialistas en ofrecerle un contrato a alguien que era feliz colaborando con la empresa como trabajador o trabajadora independiente y convertir a esa persona en jefa de un departamento, o en una burócrata, y apartarla del trabajo que de verdad le apasiona, para que forme parte de un comité o se encargue de otras funciones respetables. Y todo esto no hace sino alejarte cada vez más de lo que en un principio te había atraído del trabajo.

Más éxito significa también, por lo general, mayor complejidad. Si lo que de verdad te gustaría es dirigir una gran empresa, organizar el trabajo de mucha gente y hacer malabarismos con múltiples proyectos, entonces no hay problema. Pero si siempre has preferido las cosas sencillas, o si empezaste a trabajar entusiasmada por el ritmo frenético de la empresa y has acabado contemplando con nostalgia al jardinero que cuida las plantas en el jardín de la empresa, en este caso, cuanto más complicadas sean las cosas, más reacia serás a avanzar.

## El estilo femenino de éxito

Es imposible hablar de por qué las mujeres somos más susceptibles a sentirnos unas impostoras o, para el caso, del supuesto miedo de las mujeres al éxito, sin examinar la imagen del éxito que suele tener una mujer. El hecho es que casi nadie hablaba del miedo de las mujeres al éxito hasta 1980, cuando las profesionales blancas empezaron a entrar en masa en el mundo laboral tradicionalmente masculino. Una vez que lo hicieron, se dio por hecho, como lo más natural, que aspirarían a alcanzar las medidas tradicionales del éxito: estatus, dinero y poder. Y en el caso de muchas mujeres fue así. Pero no de todas, o, al menos, no a expensas de otras prioridades.

Adoptes o no el modelo del dinero, el poder y el estatus, no es una casualidad que las situaciones en las que intervienen estos elementos

—la negociaciones salariales, que se te distinga con un premio por tu trabajo o que se te nombre para un ascenso— sean precisamente los momentos en los que te preguntas: *¿De verdad lo merezco?* o *¿Voy a poder con esto?* Das por sentado que es la falta de confianza en ti misma la que habla. Y tal vez lo sea.

Sin embargo, también es cierto que las mujeres siempre hemos tenido una definición más compleja del éxito, lo que significa que es igual de probable que la ansiedad que sientes sea señal de un desajuste entre la definición social del éxito y lo que a ti de verdad te importa. Entiéndeme, no es que el estatus, el dinero y el poder no sean importantes, y puede que para ti sean primordiales. Pero, en general, las mujeres valoran más la calidad, tanto de su vida personal como laboral. Es una de las razones, por ejemplo, de que las empresas que son propiedad de mujeres tiendan a ser más pequeñas que las de los hombres. En lugar de que la motivación sea tener la oportunidad de ser las «jefas» y hacer crecer la empresa todo lo posible, son más las mujeres que dicen haber puesto en marcha un negocio como un reto personal, y con la idea de poder integrar trabajo y familia.[1]

Ahora bien, que las mujeres tengan prioridades diferentes no significa que apunten bajo. Incluso las mujeres que han llegado a lo más alto suelen tener una visión más expansiva de lo que es el éxito. Cuando se pidió a las estudiantes de la facultad de medicina, a las estudiantes en prácticas y a las profesoras que describieran su visión del éxito, su respuesta fue: «eficiencia laboral que permita a las personas sobresalir profesionalmente al tiempo que respetan sus valores y responsabilidades personales».[2] En pocas palabras: tener una carrera de éxito y tener una vida.

Por supuesto, no son pocos los hombres a los que les encantaría renunciar a las excursiones obligadas al campo golf o trabajar menos

**230** El síndrome de la impostura

horas para poder pasar más tiempo con su familia. Desgraciadamente, los hombres han acabado confinados en una visión del éxito medida exclusivamente en términos laborales y materiales. Sabemos, por ejemplo, que los propietarios de pequeños negocios se quejan –el doble de veces o más que las mujeres– de que las presiones familiares o financieras que los obligan a tener un trabajo estable y tradicional y ser el sostén de la familia son el principal impedimento para poder triunfar como emprendedores.[3] Y un estudio que examinaba las actitudes masculina y femenina con relación al éxito descubrió que muchos hombres que lo habían perseguido en detrimento de sus familias miraban atrás, tiempo después, con arrepentimiento.[4]

Para muchas mujeres, el éxito tiene también mucho que ver con la naturaleza del trabajo en sí. Sabemos que los ingresos desempeñan un papel menos importante en la autoestima femenina que en la masculina. Por eso, cuando una mujer tiene que elegir entre ganar mucho dinero y hacer un trabajo que le resulte agradable o enriquecedor, lo más probable es que elija lo segundo. Un hombre, no tanto. Esta es la razón de que, para atraer a más mujeres a los campos de la ciencia, la investigación y la tecnología, haya que presentarles a las candidatas un panorama atractivo, hablarles del destacado valor social de esos trabajos. Para las mujeres, los ideales son tan importantes que, en un experimento en el que a un grupo de estudiantes del curso introductorio de física se les pidió que reflexionaran, aunque fuera brevemente, sobre sus valores más arraigados, el rendimiento académico de las mujeres mostró una mejora significativa. En los hombres, el ejercicio no tuvo ningún efecto.[5]

Muchas mujeres autónomas podrían ampliar su negocio si de verdad lo quisieran. Algunas se frenan por falta de confianza o porque no tienen la habilidad necesaria para conseguir el capital, o por ambas razones. Otras saben perfectamente que tienen todo lo que hace falta tener para construir un imperio empresarial, pero no tienen ningún deseo de administrar sistemas ni ejercer el mando sobre un montón de personas. De hecho, una de las principales razones por las que muchas mujeres huyeron del mundo de las grandes corporaciones y crearon su propio negocio fue precisamente querer alejarse de todo eso. Lo sé porque yo fui una de ellas. Si el trabajo que haces no refleja a tu auténtica yo, puedes acabar siendo un fraude, otro tipo de fraude: te eligieron para que representaras el papel de abogada o de contable cuando tú lo que de verdad querías era excavar la tierra, ayudar a encontrar una cura para el cáncer o ser la próxima Jane Goodall. Pero en lugar de hacer caso a tu vocación, vas a las entrevistas de trabajo y dices que te encanta hacer esto o aquello, sabiendo perfectamente que estás mintiendo. Un día te despiertas y te preguntas: *¿Cómo he venido a parar aquí?* Es un tipo de farsa diferente, no hay duda. Aun así, puede no ser tan fácil distinguir con claridad si lo que sientes es impostura intelectual o inautenticidad vocacional.

No solo las mujeres caen en esta trampa. Recibí un correo electrónico de un hombre llamado Frank que en el asunto decía: «¿Y si resulta que soy realmente un impostor?». Tras terminar el doctorado en física hacía poco, lo habían admitido en un programa posdoctoral. Desde fuera, se mirara por donde se mirara, Frank era un hombre de éxito, y debía sentirse feliz por lo que había conseguido. Pero estaba desolado, hasta el punto de que se estaba planteando seriamente abandonar su incipiente carrera profesional. Esto fue lo que me escribió:

> No puedo quitarme de encima la sensación de que soy de verdad un farsante. Se da por hecho que soy un experto en física, pero la realidad es que no soy un buen profesional. Y esto no es una crítica

subjetiva, es una valoración objetiva real. Sé lo que doy de mí en este trabajo y sé lo que soy capaz de dar, y hay una gran diferencia.

No nos equivoquemos, Frank estaba fingiendo ser lo que no era. Pero tal vez no de la manera que él pensaba. Es cierto que daba señales de sufrir el síndrome de la impostura: indudablemente, le pesaba la errónea creencia de que, para que pudiera considerársele competente, debía tener «ideas originales» (un pensamiento que, como recordarás, es indicativo de la perspectiva de la competencia como sinónimo de Genio Natural sobre la que leíste en el capítulo 6). A la vez, me di cuenta de que no había nada en la carta de Frank que sugiriera ni remotamente una pasión por la física. De hecho, terminaba diciendo:

> Estoy muy deprimido y no tengo ni idea de lo que haría falta para que volviera a sentirme bien. Todas las aficiones que tenía las he abandonado «gracias» a la ciencia, y ahora estoy atrapado en este trabajo tedioso en el que tengo la impresión de que nadie quiere que esté, nadie me necesita, no les sirvo para nada.

Obviamente, si las aficiones de Frank y la necesidad de dedicarse a algo a lo que entregarse de verdad no hubieran sido importantes para él, no se habría molestado en mencionarlas. El que lo hiciera daba a entender que su principal problema no era la falta de inteligencia o conocimientos para abrirse camino en el campo de la física. El problema era que o bien estaba en el campo equivocado, o bien estaba en el campo correcto, pero la formación que tenía no era la que correspondía a ese campo.

Es algo con lo que me encuentro más a menudo de lo que imaginas, sobre todo entre personas que tienen un nivel de educación alto.

## ¿Es «miedo» al éxito o es otra cosa? 233

Inviertes seis, ocho, doce años de tu vida y, en algunos casos, más de cien mil dólares en formación para ser abogada, cirujana o profesora y, al final de todo eso, te sientes confundida y angustiada. Piensas que debe de ser porque todavía no tienes los recursos intelectuales necesarios para triunfar en tu campo, cuando en realidad es posible que, en lo más profundo de ti, sepas que te has equivocado de camino. Pero es tanto lo que has invertido para llegar ahí que sientes la tremenda obligación de no «desperdiciar el título».

Si te suena familiar, lo primero que debes saber es que no se desperdicia nada. No siempre somos capaces de verlo en el momento, pero todas las experiencias que hemos tenido contribuyen de alguna manera a la historia de nuestra vida. Fíjate en mí. Hasta no haber invertido mucha sangre, sudor y lágrimas en conseguir un doctorado no me di cuenta de que no necesitaba el título para dedicarme a lo que me dedico. Pero no me arrepiento de la experiencia ni por un instante.

Esa experiencia es lo que me dio la inspiración para ser educadora de adultos, lo cual me llevó a ser conferenciante profesional y a dirigir talleres, lo cual, por su parte, me dio las credenciales para conseguir un puesto en el departamento de formación y desarrollo de una empresa que aparece en la lista Fortune 200, lo cual, una vez dentro, me permitió ocupar un puesto directivo como gestora de *marketing*, en el que adquirí los conocimientos y habilidades que me permitieron poner en marcha mi propio negocio, lo cual, finalmente, me permitió escribir este libro basándome en el conocimiento directo que tenía de mis tres públicos principales: académico, ejecutivo y empresarial. Por eso digo que ninguna experiencia se desperdicia.

La empresaria estadounidense Anne Sweeney dijo: «Define el éxito en tus propios términos, alcánzalo observando tus propias reglas y construye una vida que te enorgullezca vivir». Cómo definas el éxito importa, todavía más si te sientes una impostora o un impostor. La pregunta que tienes que hacerte es: *Si el trabajo que estuviera haciendo y el entorno en el que lo estuviera haciendo reflejaran mis talentos y mi vocación, ¿seguiría cuestionando mi competencia de la misma manera?* Si la respuesta es negativa, puede que necesites cambiar de trabajo. No tienes por qué despedirte mañana mismo. Pero, al menos, cuando aparezca la ansiedad, sabrás a qué se debe. Si decides cambiar de rumbo, empieza por darte permiso para avanzar en la dirección en que tus dones e intereses naturales te lleven.

La clave está en que tu propia definición del éxito sea a partir de ahora tu punto de referencia. Tal vez descubras que los temores del pasado sobre si eres «lo bastante inteligente» o «lo bastante hábil» o, por qué no, si has llegado «lo bastante lejos», dan paso a una nueva perspectiva de las cosas. Tal vez descubras que lo que hasta ahora creías que era miedo al éxito es más bien una sana reticencia a triunfar según las condiciones de alguien que no eres tú.

## ¿Podría ser señal de integridad que te sientas un fraude?

Puede que seas una persona muy ambiciosa y, aun así, te incomode profundamente ser «la gran promesa» en un sistema en el que sabes que las personas más cualificadas y brillantes no son necesariamente las que llegan a la cima. Un sistema en el que, cuando se decide contratar o ascender a alguien, es muchas veces por los intereses velados de la empresa o por razones insignificantes como la edad o incluso la altura y el peso, tanto como por los méritos. De modo que, si la persona elegida eres tú, puede que te sientas un fraude. No porque dudes de tu competencia, sino porque ves el juego por lo que es, como subrayaba la doctora Peggy McIntosh hace varias décadas.

En un momento en el que la gran mayoría de los estudios sobre el síndrome de la impostura estaban enfocados en la dinámica familiar como fuente de sentimientos fraudulentos, McIntosh vio algo muy distinto. En la serie de varios volúmenes *Feeling Like a Fraud* (Cuando te sientes un fraude) que recoge sus interesantes artículos críticos, plantea una explicación diferente de por qué el síndrome de la impostura es más común en las mujeres.[6]

> Las mujeres sentimos que somos unas impostoras porque sabemos que, por lo general, quienes consiguen los títulos más notables y los reconocimientos [...] no son las personas «ni más cualificadas ni más brillantes», y no queremos fingir que somos ni lo uno ni lo otro. Cuando tenemos dudas persistentes sobre si ese es nuestro sitio, o si merecemos estar en el podio o en la sala de juntas o en los titulares, o conceder una entrevista a un periódico, o ganar un buen sueldo por hacer lo que más nos gusta, quizá sea una señal de inteligencia que tengamos un sentimiento de ansiedad, ilegitimidad y fraudulencia en estas circunstancias.

Cuando te desenvuelves en un sistema que no concuerda con quien realmente eres –un sistema que con tanta frecuencia valora más el estilo que la sustancia, la laboriosidad aparente que la productividad real, la competición que la cooperación–, es inevitable que sientas cierta tensión interna. Si es tu caso, igual te sorprende saber que la sensación de fraude que tienes en algunos momentos podría ser simplemente una reacción sana y razonable al engaño y la farsa sutiles que el éxito, entendido a la manera tradicional, exige siempre a todo el mundo.

**236** El síndrome de la impostura

Por algo oímos eso de que rara vez se dice la verdad entre las nueve de la mañana y las cinco de la tarde. Es muy difícil sentirse real cuando se lleva una máscara puesta, y eso es exactamente lo que ocurre cuando intentas triunfar siguiendo las reglas que alguien te impone o cumplir un sueño que no es tuyo. Desde esta perspectiva, la ambivalencia ante la idea del éxito podría ser una sabia reacción.

## «Estresada por el éxito»

La razón más obvia por la que tú o cualquier mujer puede tener dudas ante la posibilidad de avanzar profesionalmente es el factor tiempo. En respuesta a una pregunta sobre la escasez de mujeres en el mundo de la tecnología, Safra Catz, copresidenta y directora financiera de la empresa de tecnología informática Oracle Corporation, dijo ante su público femenino: «Tienes que ser mejor que los hombres. Tienes que esforzarte más, trabajar más horas, hablar más alto».[7] Si la perspectiva de esforzarte más y trabajar más horas no te hace precisamente dar saltos de alegría, puede que sea porque sabes que lo de trabajar de nueve a cinco se ha transformado ya en trabajar de ocho de la mañana a última hora de la noche. Y a esto debemos añadirle la expectativa de que, gracias a la tecnología, ya no tienes excusa para desconectarte de tu trabajo en ningún momento.

Por mucho que te tiente la idea de llegar a lo más alto, entiendes que es mucho más fácil hacer jornadas de entre diez y catorce horas, viajar por trabajo y asistir a eventos una vez finalizada la jornada laboral cuando hay alguien en casa que se ocupe de todo. Según una encuesta realizada por la Facultad de Ciencias Empresariales de Harvard a gente que ocupa puestos ejecutivos, el sesenta por ciento de los hombres heterosexuales casados tienen cónyuges que no trabajan a jornada completa fuera de casa, mientras que en el caso de las mujeres el porcentaje es del diez por ciento.[8]

Las mujeres de todos los niveles organizativos saben lo que es sentirse constantemente entre la espada y la pared. Fue este dilema lo que hizo que la psiquiatra Anna Fels llegara a la conclusión de que la mayoría de las mujeres que hoy trabajan fuera de casa viven «estresadas por tener éxito». «Las mujeres contemporáneas, sabiendo el estrés y las incomodidades que acompañan a la ambición, deben decidir cuánto de todo eso están dispuestas a tolerar», dice Fels. Razón de más para que te tomes un tiempo para decidir por ti misma: *¿Rehúyes el éxito porque te sientes una inepta o porque entiendes los sacrificios que tendrás que hacer para llegar a la cima y mantenerte en ella?*

## Sobre el dinero

Para estudiar a fondo la relación tan compleja que tenemos las mujeres con el dinero, haría falta todo un libro. Así que vamos a conformarnos con examinar rápidamente algunos aspectos del dinero que explican los reparos que a muchas mujeres les produce la perspectiva del éxito económico, reparos que pueden confundirse fácilmente con el miedo al éxito.

De entrada, a pesar de lo que te muestran los medios de comunicación, el éxito económico no es necesariamente señal de mayor seguridad y confianza. De hecho, no solo se ha visto que el materialismo nace de un sentimiento de inseguridad, sino que cuanto más insegura es una persona más se acentúa su orientación materialista.

**238** El síndrome de la impostura

La conexión entre el materialismo y un funcionamiento psicológico deficiente hizo que un grupo de psicólogos llegaran a la conclusión de que el materialismo es una «base incierta para juzgar la autoestima».[9]

Si la perspectiva de ganar mucho dinero no es para ti una tentación irresistible, probablemente sea porque has visto lo que el dinero puede hacerle a la gente. Es obvio que el dinero da la posibilidad de hacer un gran bien social, pero sabes también que tiene el poder de idiotizar a la gente. De hecho, en varios estudios se ha visto que el mero hecho de hablarle de dinero a una persona hace que esté menos dispuesta a ayudar a otra y tienda a guardar más distancia física de quienes estén a su alrdedor.[10] Puede que pienses: *Si eso es lo que hace el dinero, no quiero saber nada.*

Sin embargo, es cierto que el dinero da la felicidad, aunque no de la forma que probablemente te han hecho creer. Como se ha visto, lo que importa es lo que haces con el dinero. Cuando a una serie de personas se les dio la oportunidad de gastar dinero en otra gente o en sí mismas, las primeras se sentían más felices.[11] Instintivamente, sabes que es así. Lo que pasa es que vivimos en una sociedad que ensalza a quienes miden su éxito por la capacidad para amasar una fortuna. Oímos hablar mucho menos de quienes lo miden por la capacidad de desprenderse de ella.

Y no hace falta que seas multimillonaria para que tengas una visión del dinero orientada al bien social. En sus entrevistas a empresarias pertenecientes a minorías raciales, culturales o de otro tipo, Mary Godwyn y Donna Stoddard, profesoras de la escuela universitaria Babson College, descubrieron que tener el estatus de «forastera» o «intrusa» puede dar lugar a prácticas empresariales más humanas. Para estas empresarias, los valores empresariales son una extensión de sus valores personales; entienden que los beneficios financieros deben estar en equilibrio con el bien social y la sostenibilidad medioambiental. «Es lo que muestran los datos estadísticos en todo el mundo: que las mujeres aportan un porcentaje mucho mayor de sus ingresos al bien social que los hombres», dicen las autoras.[12]

Si el dinero por sí solo no es suficiente para animarte a avanzar, quizá sea porque eres consciente del precio oculto del dinero. Si tienes un estilo de vida de clase media, sabes que el dinero puede darte libertad de acción y ser una trampa al mismo tiempo. Gastas dinero en pagar servicios y en comprar los últimos aparatos del mercado que te ahorrarán tiempo. Y a la vez, para poder permitirte esos aparatos, tienes que trabajar más horas. En su libro *Time and Money* (Tiempo y dinero), Gary S. Cross resume este dilema de la siguiente manera: «Cada vez que elijo consumir más, elijo estar más agotado. Tomo la decisión de que los lazos familiares sean más débiles, de tener menos amigos. La decisión de tener más objetos repercute en todos los aspectos de la vida».[13]

Sin embargo, resulta chocante leer esto cuando siempre has oído cantar las alabanzas de la prosperidad económica. Como dice la canción de *Cabaret*, «el dinero hace girar el mundo». También es con lo que pagamos el alquiler, compramos la comida, lo que nos permite vestirnos y tener luz en casa. Si ya ganas un buen sueldo, quizá sientas la presión de tener que mantener el estilo de vida que te has podido permitir gracias a tener un buen trabajo. Pero es posible que en algún momento te preguntes: ¿cuánto es suficiente? «Compra ahora y paga después» adquiere un nuevo significado cuando te das cuenta del precio que en verdad pagas por trabajar más horas para ganar más dinero y poder comprar más. «Si gastas la energía vital en cosas que solo te reportan una satisfacción pasajera y no contribuyen a tu auténtico bienestar —escriben Joe Domínguez y Vicki Robin en *La bolsa o la vida*— acabas teniendo menos vida».

**240** El síndrome de la impostura

Cuando alcanzas cierto umbral económico, incluso el dinero puede perder su atractivo. Si te das cuenta de que quieres abandonar la vía rápida (o desde el principio te resistes a subirte a ella) o te conformas con un mando intermedio o con dirigir un pequeño negocio autosuficiente, puede no ser necesariamente porque te falte la seguridad en ti misma para llegar más alto ni más lejos. La actitud que veo en algunas mujeres es sencillamente: *Gano suficiente donde estoy. ¿Qué necesidad tengo de complicarme la vida?*

Esta actitud de «menos es más», asociada típicamente a las mujeres, es muy similar a la de la mayoría de los empresarios y empresarias en Nueva Zelanda. Pero no todo el mundo está contento. Según un artículo de la revista *Inc.*, «Ahora que en las empresas estadounidenses se aspira a encontrar un mayor equilibrio entre vida laboral y personal, Nueva Zelanda −en cumplimiento de la política estatal en la materia− intenta convencer a sus titulares de empresa de que dediquen menos tiempo a disfrutar de la vida y más a ganar dinero».

El «problema», tal como lo entiende el gobierno, es que los empresarios y empresarias del país trabajan lo justo para comprarse una segunda casa, un barco y mandar a sus hijos e hijas a la universidad. A partir de ahí, el interés por continuar aumentando su fortuna personal a costa de sacrificar el equilibrio entre vida laboral y personal al parecer se desvanece. A la mayoría le gusta tanto simplificar las cosas que evitan contratar empleados. Según un recuento, en todo el país, con una población de cuatro millones de habitantes, hay solo doscientas cuarenta empresas que empleen a más de quinientos trabajadores.[14]

Sin embargo, hay indicios de que incluso quienes tienen dinero están empezando a redefinir lo que significa la riqueza. Como le dijo el actor Chris Rock al periodista de la CBS Harry Smith, «Ser rico no es tener mucho dinero. Ser rico es tener muchas opciones».[15]

Puede que tu autoestima no dependa tanto de tu cuenta bancaria como la de un hombre. Pero también tú vives en una sociedad que valora sobremanera el estatus. Tal vez hay momentos en que te juzgas a ti misma por no tener tanta capacidad económica como crees que deberías tener. Por eso es tan importante que tengas clara la realidad de la situación. Si la razón por la que ganas menos dinero del que sabes que podrías ganar es que te sientes una impostora, entonces vale la pena que dediques tu energía a fortalecer tu confianza en ti. Ahora bien, si la razón por la que te resistes a llegar más alto es que sabes que tener una vida más próspera te exigirá dedicarle una cantidad de tiempo que te parece inaceptable o que ganar mucho dinero te parece caprichoso o malo, entonces estar más segura de ti misma no cambiará nada. Si te suena familiar esto que digo, deja de definirte como alguien que tiene miedo a triunfar y reconoce, por el contrario, que tal vez sencillamente tu definición del éxito sea otra.

Así que, dime, si el dinero no te motiva, ¿qué es lo que te inspira a trabajar con dedicación o a alcanzar tus sueños? ¿Tienes ciertas ideas que te impiden probar a mejorar tu situación económica, ideas que te hacen sentirte culpable o avergonzada? ¿Miras a la gente rica con desprecio, envidia, o quizás un poco de ambas cosas?

Piensa también en cuánto dinero ganas ahora y cuánto te gustaría ganar. Si eres como la mayoría de las mujeres, probablemente tirarás por debajo de lo que te mereces —y por menos de lo que necesitarás prácticamente cuando te jubiles—. Si es así, debes saber que «no hay nobleza en la pobreza». Sea cual sea la cifra que se te ocurra, sigue sumándole hasta que te entre la ansiedad. Entonces, duplícala. La otra mitad la puedes regalar, si quieres. El solo hecho de pensar a lo grande te ampliará la mente en cuanto a lo que es posible.

## Define qué es el éxito para ti y encuentra tu zona de confort

Cualquiera de estas prevenciones contra el éxito puede interpretarse fácilmente como miedo a triunfar. Por eso es tan importante que te pares un momento y mires a ver qué está pasando realmente dentro de ti. ¿Tienes miedo a dar el paso porque, con toda sinceridad, no crees que estés preparada para el reto? ¿O no te decides a darlo por alguna de las razones sobre las que has leído en las secciones anteriores? Lo más probable es que no se trate tajantemente de una cosa o la otra, sino que en cada situación sea más una cosa que la otra.

Una forma de saber de cuál de las dos se trata es imaginarte como la persona segura de sí misma y plenamente capaz que te gustaría ser. Si esa tú supremamente competente tuviera que tomar la misma decisión, ¿qué sentiría? Si sigue produciéndole rechazo, entonces sabes que hay algo más en juego que la confianza o la falta de ella, y tienes la oportunidad de investigar qué es.

Si el solo hecho de pararse unos instantes a afirmar sus valores puede hacer que unas estudiantes tengan mejores resultados en un examen de física, imagínate lo que puede hacer por ti dedicar un tiempo a reflexionar sobre lo que más te importa. Dedica un momento a descubrir qué significa el éxito para ti. ¿Es destacar en tu campo, ser reconocida o respetada en tu organización? ¿Un ascenso, ganar unas elecciones? ¿Ser famosa? ¿Que haya armonía en tu familia? ¿Participar en la creación de nuevas leyes? ¿Ganar dinero? ¿Contribuir a cambiar el mundo? ¿Una combinación de todo lo anterior? Recuerda que no hay respuestas correctas, lo importante es que descubras la respuesta que es correcta para ti. Como dice la escritora Anna Quindlen: «Si logras alcanzar objetivos que a ti en realidad no te dicen nada, si todo el mundo te alaba por tu éxito, pero a ti no se te alegra el corazón, eso no es éxito».

La razón por la que insisto en que lo tengas muy claro es que, por muy legítimas que sean tus prevenciones contra el éxito, no debemos olvidar que, además de todo, el síndrome de la impostura está presente en ti. Y nada tiene tanto poder para provocarte una seria crisis de confianza como un buen reto. He visto de cerca lo fácil que es utilizar convicciones éticas sobre la forma de vida o el dinero como excusa para seguir viviendo a la sombra de la inseguridad.

## Resumiendo

Cuando se nos presenta la oportunidad de alcanzar un alto nivel de éxito, la indiferencia puede confundirse fácilmente con la inseguridad y el miedo. La realidad es que hay una serie de factores, que nada tienen que ver con la confianza, que pueden hacerte dudar de si realmente quieres seguir adelante, como, por ejemplo, la disparidad entre tu definición del éxito y lo que se espera de ti, o las exigencias añadidas que conlleva el éxito, o tu relación con el dinero. Una vez que seas consciente de todo esto, podrás saber en cualquier situación qué es cada cosa: ¿estás angustiada porque crees que no serás capaz de hacerlo o es que sencillamente no lo quieres?

## Lo que puedes hacer

- Trata de descubrir otras razones que puedan estar provocándote ansiedad o ambivalencia a la hora de avanzar; por ejemplo, estar trabajando en una profesión para la que no estás hecha, tener que enfrentarte a un trabajo cada vez más complejo, sufrir las trampas de la especialización o tener cada vez menos tiempo para hacer las cosas que te gustan.

**244**   El síndrome de la impostura

- Tus habilidades y talentos naturales no podrán expresarse y desarrollarse plenamente si estás en un trabajo que no entraña demasiado, o suficiente, de lo que más te apasiona. Si crees que te conviene cambiar de profesión, dedica menos tiempo a preocuparte por lo que crees que deberías hacer y pregúntate: *¿Qué es lo que de verdad me gusta hacer?* Si sigues sin estar segura, busca a alguien que pueda asesorarte profesionalmente, ya sea alguien que se dedique al *coaching* empresarial o, si crees que te gustaría trabajar por tu cuenta, alguien cuya especialidad sea ayudar a la gente a encontrar la manera de sacarles el máximo provecho a sus pasiones.
- Dedica quince minutos a plasmar por escrito lo que para ti significa el éxito. Si ves que te atascas, dale la vuelta a la pregunta y piensa: *¿Qué es lo que no estoy dispuesta a sacrificar a cambio de tener dinero, estatus y poder, o éxito profesional en el sentido que sea?*
- Examina cómo es tu relación con el dinero y cómo influye esa relación en el deseo de avanzar profesionalmente.

## Lo que viene a continuación

En este capítulo y en el anterior has visto que hay factores, como la importancia que tienen para ti las relaciones y lo que para ti significa el éxito, que pueden confundirse a veces con una falta de confianza en ti misma. Ha llegado el momento de cambiar de marcha. A continuación, vamos a enfocar la atención en una gran dificultad a la que tiene que hacer frente cualquiera que sufra el síndrome de la impostura, las mujeres en especial: el reto de tener que demostrar más seguridad de la que realmente sientes.

# 10. Tres razones por las que a una mujer le cuesta más «fingir hasta conseguirlo» y por qué lo debes hacer

> Se me da muy bien fingir que sé lo que hago cuando no es verdad.
>
> Christian Siriano,
> ganador del concurso de diseño de ropa Project Runway

Por fin empiezas a verte como la persona de éxito, brillante y competente que el resto de la gente ve en ti. Pero no del todo. A pesar de lo mucho que has progresado, habrá momentos en los que todavía te sientas un poco (o muy) inestable. Es entonces cuando tienes que seguir el consejo que se suele dar a principiantes y a impostoras e impostores por igual: *Finge hasta que lo consigas*. Aunque sea un tópico, vale la pena hacer caso de la idea que trata de comunicar: que no tienes por qué esperar a tener la seguridad absoluta de que eres capaz de algo antes de dar el paso. Que es normal que seas un manojo de nervios, pero que actúes «como si» tuvieras el pleno convencimiento de que harás un trabajo excelente.

Es posible que no entiendas cómo puedo decirte esto, dado que te conozco y sé que llevas toda una vida fingiendo tener más seguridad de la que realmente sientes que tienes y lo único que has conseguido es intensificar la certeza de que eres un fraude. Entiendo que pienses: *¿No te das cuenta de lo farsante que soy ya? ¿Quieres que finja más todavía?* Sé que suena contradictorio. Pero la respuesta es: sí, quiero que empieces a comportarte como la persona brillante y competente que eres en verdad, incluso aunque no siempre sientas que lo eres.

El fundamento de «hacer como si» es que te conviertes en lo que haces. A James Taylor le funcionó. El cantautor ganador de un Grammy dijo una vez: «Empecé a cantar y a componer fingiendo que sabía hacerlo, y resultó que lo supe hacer». Descubrir que realmente eres capaz de hacer aquello que no creías que tuvieras capacidad de hacer te da a su vez auténtica confianza.

«Fingir hasta conseguirlo» es más que un tópico. De hecho, se ha demostrado que representar un comportamiento contrario quizá a lo que sientes puede hacer que te sientas de otra manera. Cuando en un estudio realizado en la Universidad de Wake Forest se pidió a cincuenta estudiantes que, durante quince minutos, adoptaran una actitud extravertida en un debate de grupo, aunque no tuvieran ganas de hacerlo, cuanto más animado y enérgico era su comportamiento, mejor se sentían».[1] Lo mismo ocurre con la confianza en tus capacidades. Puede que dudes seriamente si tienes lo que hay que tener para que te elijan, para obtener un título de grado superior o para alcanzar cualquier objetivo. Lo importante es que lo consigas.

Soy plenamente consciente de que demostrar seguridad cuando nada podría estar más lejos de lo que sientes no es fácil, en especial para las mujeres. Incluso dándote cuenta de las ventajas que podría tener esta estrategia, puede que no la pongas en práctica. Pero no necesariamente por la razón que crees. Está claro que es muy difícil fingir seguridad cuando te sientes ya una auténtica farsante. Sin embargo, aunque no te identifiques con el síndrome de la impostura por ninguna de las muchas razones que expondremos aquí, es posible que de todos modos te resulte muy incómodo fingir una seguridad que no tienes.

## «Fingir hasta conseguirlo»... a máxima potencia

¿Recuerdas lo que decía Bertrand Russell?: «El problema de la humanidad es que las personas estúpidas y fanáticas están seguras de todo, y las inteligentes están llenas de dudas». Una de las razones por las que te resistes a fingir es que eres consciente de que, a veces, quienes más seguridad demuestran son quienes menos motivos tienen para demostrar tal grado de confianza.

En un extremo de la línea de la seguridad está el síndrome de la impostura: personas plenamente capaces, como tú, que tienen motivos para sentirse seguras de sí mismas, pero no es eso lo que sienten. En el otro extremo están quienes sufren un sesgo cognitivo menos conocido, aunque posiblemente mucho más peligroso, denominado «exceso de confianza» o, como lo llamó muy acertadamente la exreportera del periódico *Rocky Mountain News* Erica Heath «síndrome de autoconfianza irracional» (ISC, por sus siglas en inglés), y que hace referencia a las personas que se sienten injustificadamente seguras.[*]

«La locuacidad y una aparente confianza suprema han sido las responsables de que cantidad de gente haya conseguido un cargo

---

[*]  También denominado «efecto Dunning-Kruger». (*N. de la T.*)

**248**   El síndrome de la impostura

electo o trabajo en el sector de ventas o de *marketing*. Una vez que están dentro, si son hábiles, puede que no sea fácil detectar la verdad». Poco a poco, dice, esa persona asciende en el escalafón, consigue mayores presupuestos y más personal de apoyo, y reorganiza con frecuencia sus departamentos para evitar que alguien la descubra. «Quienes más habilidad tienen pueden hacer este juego de prestidigitación varias veces antes de captar una señal de que ha llegado el momento de retirarse. Justo a tiempo, consiguen un nuevo trabajo, mejor que el anterior, y se van, dejando tras de sí un desastre y a un buen número de excolegas de muy mal humor».[2]

Entiéndeme bien: esto no es lo mismo que la confianza sana que nace de aceptar que no puedes saberlo todo, pero te lanzas al vacío de todas maneras. Como descubrirás muy pronto, este tipo de seguridad no solo es buena, sino que es esencial para desaprenderse del síndrome de la impostura. Pero aquí estamos hablando de otra cosa, hablamos del peligro que representan esas personas arrogantemente seguras de sí mismas que creen de verdad que lo saben todo.

El problema, dice el empresario y autodenominado «impostor» Steve Schwartz, es que [esas personas] «suelen hacer creer a todo el mundo que saben lo que hacen, por lo cual todo el mundo suele confiar en ellas y ponerlas al mando de asuntos que parecen saber manejar. Y, por supuesto, dado que estas personas creen sinceramente que saben cómo manejarlas, es probable que no se les pase por la cabeza informarse de cómo hacerlo o delegar el trabajo en quienes realmente saben».[3]

Los estudios confirman que las personas que hacen las cosas chapuceramente suelen tener una suprema confianza en sus capacidades, mientras que las que son más meticulosas y exigentes con su trabajo suelen hacer promesas más modestas y, por tanto, una evaluación de sí mismas mucho más precisa. Dejemos esto claro: una actitud

Tres razones por las que a una mujer le cuesta más... **249**

segura (con fundamento o sin él) no siempre es señal de ineptitud o imprudencia. Aun así, ¿quién no se ha encontrado en más de una ocasión ante alguien cuya seguridad superaba con creces la base real de sus conocimientos?

Hay cientos de estudios sobre el síndrome de la impostura, el noventa por ciento realizados por mujeres. Es curioso que en ellos apenas se haya prestado atención a otro sesgo cognitivo, asociado con el anterior, que manifiestan en número desproporcionadamente superior los hombres que las mujeres. Me refiero al denominado «síndrome de contestación masculina». La primera en hablar de él fue Jane Campbell, en un artículo publicado en la revista *Utne Reader* en 1992, en el que hablaba de «la tendencia de los hombres a responder siempre a cualquier pregunta aun no teniendo ni idea sobre el tema». No todos los hombres sienten esta compulsión, por supuesto. Aunque, según Campbell, no hay muchos hombres a los que les guste decir «no sé». Prefieren contestar, por ejemplo, «Eso no es lo importante». Campbell ofrecía esta descripción irónica, pero muy plástica, del síndrome de contestación masculina en acción:

> [Los hombres] procuran no enredarse en nimiedades como: «Pero ¿yo sé algo sobre este tema?» o «¿Tiene algún interés lo que podría decir sobre esto…?». Se toman las preguntas en sentido amplio, no tanto como si alguien les pidiera una información concreta, sino como si les ofreciera una invitación a disertar sobre alguna teoría, airear algunos prejuicios y contar, de paso, un par de chistes. Para algunos hombres, parece que la vida sea una especie de programa de entrevistas en el que ellos son la estrella invitada. Les preguntas: «¿Cuál es la capital de Venezuela?», y lo que oyen es: «Háblanos un poco de tu infancia, Bob».

**250** El síndrome de la impostura

Un equipo de psicólogos y psicólogas de la Southwestern University, de Texas, intentaron determinar si existe realmente el síndrome de contestación masculina. Mediante una serie de estudios descubrieron tres cosas. Una: tanto hombres como mujeres son conscientes de que, ante una pregunta difícil o ambigua, algunas personas se sienten obligadas a dar una respuesta que suene racional en lugar de admitir que no saben. Dos: todo el mundo cree que esta tendencia es mucho más común en los hombres. Tres: resulta que tienen razón.[4]

Cuando combinas la fanfarronería del síndrome de autoconfianza irracional con la falsa autoridad del síndrome de contestación masculina, obtienes una tendencia más que es típica de los hombres. En este caso hablamos de una pequeña, aunque altisonante, minoría de hombres que carecen de información sobre un tema, pero, aun así, se sienten obligados a «enseñar» a quien esté a su lado, especialmente a las mujeres. Y si no te das cuenta de lo que está pasando, puedes acabar bastante desconcertada.

En un artículo muy interesante que apareció en el periódico *Los Angeles Times* titulado «Men Who Explain Things» (Los hombres me explican cosas), la galardonada escritora Rebecca Solnit reflexionaba sobre la cantidad de veces que algún hombre le había explicado cosas, «supiera o no de lo que estaba hablando».[5] En el artículo reproduce el siguiente diálogo, entre su amiga Sallie, ella y el pomposo anfitrión de la fiesta:

> Él [...] me dijo:
> —Bueno, he oído que has escrito un par de libros.
> Le contesté:
> —En realidad, he escrito varios.
> Él añadió, en el mismo tono en el que animas a la hija pequeña

de tu amigo a que te cuente qué canciones ha tocado hoy en la clase de flauta:

—¿Y de qué tratan?

En realidad trataban de temas bastante diversos, los seis o siete que se habían publicado hasta entonces, pero aquel día de verano de 2003 empecé a hablarle solo del más reciente, el libro sobre Eadweard Muybridge, la aniquilación del tiempo y el espacio y la industrialización de la vida cotidiana.

Nada más mencionar a Muybridge, me cortó:

—¿Y has oído hablar de ese libro tan importante sobre Muybridge que ha salido este año?

Estaba tan metida en mi papel de ingenua que admití sin vacilación la posibilidad de que otro libro sobre el mismo tema hubiera salido a la venta al mismo tiempo que el mío y yo no me hubiera enterado. Él había empezado a hablarme ya de ese libro tan importante, con esa mirada de suficiencia tan característica de los hombres a los que les gusta explayarse, los ojos fijos en el horizonte lejano y borroso de su propia autoridad. […]

Míster Tan Importante seguía hablando con suficiencia de ese libro que iba a interesarme muchísimo, cuando Sallie lo interrumpió:

—¡Ese es el libro de Rebecca!

O, al menos, intentó interrumpirlo.

Su anfitrión continuó impertérrito, por lo que Sallie tuvo que hacer tres o cuatro intentos más hasta que al final aquel hombre entendió lo que se le estaba diciendo. Se quedó boquiabierto al saber que ella era la autora de un libro tan importante y que, al parecer, él ni siquiera había leído, sino que solo había leído sobre él. Al cabo de un momento, escribe Solnit, «empezó a explayarse de nuevo sobre

**252**  El síndrome de la impostura

el libro. Como éramos mujeres, nos alejamos educadamente antes de que nos entrara un ataque de risa».

Por supuesto, este tipo de hombres les dan también extensas explicaciones eruditas a otros hombres. Y sin duda hay mujeres que pueden, en palabras de Solnit, «hablar con fingida autoridad sobre cosas irrelevantes y teorías conspirativas, pero –añade– la seguridad agresiva que solo puede venir de alguien profundamente ignorante, por lo que yo he visto, tiene género». También es lo que han visto muchas otras mujeres.

Desgraciadamente, en lugar de desconfiar de ese expositor de información sin fundamento, las mujeres solemos dudar de nosotras mismas. Ahí tienes a Solnit, una escritora consumada, autora de una veintena de libros bien considerados. Si una mujer que ha alcanzado este nivel de éxito puede estar, aunque solo sea por un momento, dispuesta a creerse las arrogantes explicaciones de Míster Tan Importante por encima de lo que para ella hasta ese instante era una certeza, no es difícil imaginar el efecto apisonador que puede tener ese tono de superioridad con que un hombre expone sus presuntos conocimientos en una mujer que esté convencida de que sabe infinitamente menos que él. Si alguna vez te ha tocado recibir el impacto de esa «seguridad agresiva», sabes lo intimidante que puede llegar a ser, más todavía cuando el hombre que te explica las cosas es mayor, tiene un título más importante que el tuyo, tiene en algún sentido poder sobre ti, o todo esto junto.

Solnit lo explica mejor. «Es esa presuntuosidad –dice– la que a veces les hace la vida tan difícil a las mujeres en cualquier terreno; la que hace que no se decidan a hablar y, cuando se atreven, no se las escuche; la que hace que las chicas jóvenes se sientan impotentes y guarden silencio y se resignen –como cuando se las acosa por la

Tres razones por las que a una mujer le cuesta más...

calle– a que en este mundo les toca obedecer. Esa pretenciosidad nos hace cada vez más hábiles en dudar de nosotras mismas y reprimirnos, al tiempo que a los hombres los ejercita en una seguridad inflada e insustancial».

No es muy probable que el encuentro ocasional con unególatra al que le gusta explayarse te haga dudar de ti durante mucho tiempo. Ahora bien, si creciste con un padre abrumadoramente pomposo, o ese hombre es tu profesor, o trabajas para él, puede que tu perspectiva de «hacer como si» esté irreparablemente mediatizada. Piensas: *Si a esto es a lo que te refieres con eso de «fingir hasta conseguirlo», ¡olvídate de mí!*

Cuando te encuentres con un explicador, lo primero que tienes que hacer es ver la situación como lo que es. En primer lugar, no des inmediatamente por hecho que esa persona sabe de lo que habla. Y, desde luego, no pongas en duda tus conocimientos ni tu buen juicio. Si tu instinto te dice que alguien está exagerando, confía en tu instinto. Esa fanfarronería ignorante puede hacer que te enciendas por dentro. Si sientes que te sube la tensión, quizá te ayude pasar del enfado a la compasión por alguien que tiene la triste necesidad de darse tal importancia. Y, principalmente, recuérdate que lo que sientes es enteramente una reacción a la inseguridad o el narcisismo del explicador y no tiene nada que ver contigo, ni con tu intelecto ni con tus capacidades.

Cuando un hombre que no sabe de qué habla te está explicando cosas, tienes dos opciones. Puedes marcharte o puedes enfrentarte a él. Si decides responderle con información precisa, ten en cuenta desde el principio que las probabilidades de que admita algo de lo que dices son casi nulas. Ahora bien, si sus palabras son un menosprecio hacia ti o tu trabajo, especialmente en un foro público, debes responder. No tienes por qué recurrir a la agresividad verbal para responder con firmeza a alguien que demuestra una seguridad agresiva. Puedes aclarar las cosas con calma, pero con firmeza, y en términos inequívocos.

Así que, dime, ¿alguna vez te ha tocado recibir las explicaciones interminables de un hombre o una mujer básicamente ignorantes? Si es así, ¿cómo te sentiste en ese momento? ¿En qué medida ha afectado esa experiencia a lo que piensas sobre fingir hasta conseguirlo? Sabiendo lo que ahora sabes sobre la autoridad, a veces falsa, de quienes demuestran un exceso de confianza, ¿qué crees que podrías sentir, decir y hacer de forma diferente en el futuro?

Esa clase de seguridad arrogante y grandilocuente que acabas de ver es desagradable y potencialmente peligrosa. Así que es lógico que tengas dudas sobre cualquier propuesta que parezca sugerir que tienes que ser «como ellos». Fingir que sabes más de lo que realmente sabes es engañoso, falso, truculento. Es algo que asocias con políticos y políticas sinvergüenzas, vendedores de coches de segunda mano desaprensivos, contratistas de reparaciones domésticas que se aprovechan de tu ingenuidad y otras personas a las que justa o injustamente se ha relacionado con la mentira.

## La verdad sobre fingir

El periodista Ted Koppel, por su trabajo en la radio y en la televisión, donde presentó durante años el galardonado informativo nocturno *Nightline*, pasó la mayor parte de su carrera entrevistando a líderes mundiales, gente de ciencia y especialistas de primera línea en un sinfín de campos. En una entrevista, Jonathan Alter, redactor jefe y columnista de *Newsweek*, dio la vuelta a la tortilla y le preguntó a Koppel: «¿Alguna vez tienes la sensación de que no sabes lo suficiente sobre un tema como para hacer las preguntas clave?».

La respuesta de Koppel me cambió para siempre la forma de ver el mundo. Dijo: «No. Cuando puedo, prefiero ir a un programa sabiendo todo lo posible sobre el tema, pero no lo considero un impedimento [cuando] no sé prácticamente nada». La razón, en parte, era que Koppel se veía a sí mismo como un intermediario. Pensaba que, si él no era un entendido, probablemente su público tampoco. A pesar de esta explicación, cuando estás acostumbrada a no enviar una solicitud de trabajo porque no cumples uno o dos requisitos insignificantes que exige el puesto, el hecho de que alguien pueda no inquietarse lo más mínimo por no saber «prácticamente nada» es a la vez sorprendente y revelador.[6]

Pero ni siquiera fue esa parte la que me cambió la vida. Lo que me cambió la vida fue la explicación que dio Koppel de por qué se quedaba tan campante: «Cuento con que seré capaz de recabar en muy poco tiempo suficiente información para poder avanzar en el diálogo sin que se note que sé menos de lo que parece, *igual que hace cualquiera*».

Obviamente, hay muchos hombres (entre ellos mi padre) que no podrían o no querrían engañar a nadie ni aunque su vida dependiera de ello. Sin embargo, en general, a los hombres no les inquieta demasiado improvisar, lo cual explica en parte por qué «hacer como si...» les resulta más natural. También nos hace preguntarnos si todo el mundo entiende de la misma manera lo que significa ser un impostor o una impostora.

Después de todo, una de las maneras de estimar si alguien sufre el síndrome de la impostura es que se identifique o no con el enunciado: *Puede dar la impresión de que soy más competente de lo que realmente soy.* Lo normal sería que una puntuación alta en esta pregunta indicara que la persona tiene este sentimiento que tanta vergüenza nos causa, del que hablábamos en capítulos anteriores. Pero ¿y si hay personas que, al decir que se identifican con ese enunciado, lo que en realidad quieren decir es: *Sí, puede dar la impresión de que soy más competente de lo que realmente soy, ¡y cómo me alegro!*? Lo pregunto porque he conocido a más de un par de hombres que lo entendían exactamente así. No me refiero a los fanfarrones a los que te he presentado hace un rato. Me refiero a hombres honorables que, como Koppel, admiten de buen grado, y hasta con orgullo, que a veces fingen, pero que no consideran que fingir sea un problema. Desde este punto de vista, ser un impostor adquiere un significado totalmente nuevo.

No es que una de las dos perspectivas sea la correcta y la otra no. Ahora bien, me gustaría que fueras consciente de que, como mujer, el prejuicio femenino contra la impostura puede estar frenándote. Porque mientras tú esperas a tenerlo todo bien atado, a poner los puntos sobre las íes, a conseguir más y más credenciales, muchos de tus colegas masculinos se aprovechan de las ventajas de «hacer como si...».

Pero si tú (como la mayoría de las mujeres) sientes una profunda aversión por la idea misma de mentir, lo primero que voy a pedirte entonces es que accedas a definir la acción real con otras palabras. No para ocultar o disfrazar la realidad de esa acción, sino para aclarar de verdad en qué consiste.

Recuerda lo que dijo Ted Koppel: «[...] no lo considero un impedimento [cuando] no sé prácticamente nada [porque] cuento con ser capaz de recabar en muy poco tiempo suficiente información para poder avanzar en el diálogo sin que se note que sé menos de lo que parece, *igual que hace cualquiera*». He resaltado estas últimas palabras para que entiendas lo que de verdad está diciendo. Este hombre era un distinguido presentador de radio y televisión. ¿Hablaba de mentir, engañar o manipular? No.

Bien, entonces, ¿cómo podríamos describir lo que hacía Koppel de un modo que te resulte aceptable? ¿Qué te parece: «utilizar el ingenio...», «no dejarte intimidar...», «seguir la conversación...», «vivir el momento...», «confiar en el instinto...», «improvisar»? Lo de menos es cómo lo llames. Lo importante es que reconozcas que hay momentos en la vida en los que tienes que fiarte de tu intuición y dejarte llevar. Dejarte llevar puede ser increíblemente liberador, pero a menos que estés dispuesta a hacer una reformulación y dar cabida a la posibilidad de fluir con la corriente, puede que nunca llegues a experimentar esa clase de libertad.

Para ayudarnos a entender tres razones por las que a ti y a muchas otras mujeres os resulta más difícil improvisar sobre la marcha, vamos a consultar a alguien que se ha distinguido como la principal autoridad ni más ni menos que en fingir. Su nombre es Harry G. Frankfurt y es profesor emérito de filosofía en la Universidad de Princeton. Un breve ensayo que Frankfurt escribió en 1986, titulado «On Bullshit» (Sobre la charlatanería), acabó publicándose como un libro pequeñito y convirtiéndose inesperadamente en todo un éxito de ventas.[*] Las observaciones de Frankfurt sobre la naturaleza

---

[*] Dice en la versión en castellano una nota del editor: «*Bullshit* es un término de muy difícil traducción, que revela desprecio o manipulación de la verdad. En la presente obra será traducido por "charlatanería"». Más adelante, la traducción dice: «Charlatanería sería un sinónimo de la palabra paparrucha: tergiversación engañosa próxima a la mentira, especialmente mediante palabras o acciones pretenciosas, de las ideas, los sentimientos o las actitudes de alguien». Harry G. Frankfurt. *Sobre la charlatanería*, trad. Miguel Candel. Paidós, Barcelona, 2007. (*N. de la T.*)

**258**   El síndrome de la impostura

de la «charlatanería» son un buen punto de partida para indagar en algunos recelos femeninos sobre el fingimiento en general y sobre la charlatanería en particular.[7]

Antes de empezar, quiero que entiendas algo con claridad: no tienes por qué convertirte en una «artista de la charlatanería (o el fingimiento)» para dejar de sentirte una impostora. Pero eso sí, es muy importante que te des cuenta de cualquier resistencia que tengas al consejo de «finge hasta que lo consigas» y la investigues. De esa manera podrás decidir tú misma si le ves alguna ventaja a «hacer como si...».

## 1. «Se parece demasiado a mentir»

La objeción más enérgica que oigo de las mujeres es que, si demostraran más seguridad de la que realmente tienen, sentirían que son unas mentirosas. Obviamente, si crees que «fingir» no es más que un sinónimo de «mentir», y para ti es importante la autenticidad, entonces la mera idea de fingir te va a producir rechazo. Sin embargo, Frankfurt te invita a pensar en una frase de la novela de Eric Ambler *Dirty Story*, en la que un personaje recuerda algo que su padre le dijo de niño: «Nunca mientas si puedes arreglártelas con fingir».

En otras palabras, a diferencia del mentiroso, sostiene Frankfurt, el charlatán «no está de parte de lo verdadero ni de parte de lo falso. [...] Le da igual si las cosas que dice se ajustan con exactitud a la realidad o no. Él las elige, o se las inventa, únicamente para que se ajusten a su propósito». Muy a menudo, ese propósito es encubrir algún error, accidente o falta de conocimientos. Está claro que escabullirse tras haber infringido gravemente la ética o la ley es censurable. Pero algunas situaciones son realmente inofensivas, y la rapidez mental necesaria para salir de un aprieto puede tener un efecto humorístico.

Recién salido de la universidad, Tom empezó a trabajar como monitor de tiempo libre en una escuela de la YMCA. Llevaba pocas semanas en el puesto cuando el director le pidió que diera una clase de esquí de fondo. Solo había un problema: Tom no sabía esquiar. Pero sí sabía leer, así que se compró un libro sobre esquí de fondo para principiantes y a los pocos días ya estaba dando su primera clase. En general, lo estaba haciendo bastante bien. Hasta que llegaron a la primera pendiente. Tom fue el primero en descender para mostrarles cómo se hacía, y en cuanto llegó abajo perdió el equilibrio y acabó en el suelo. Cuando le pregunté si se había sentido abochornado, Tom sonrió. «¡Qué va! Me levanté de un salto, miré al grupo y les dije: "¡Así es como hay que levantarse cuando te caes!"».

Tras décadas dedicadas a estudiar las diferencias entre el estilo de comunicación de hombres y mujeres, cabría imaginar que la profesora de la Universidad de Georgetown Deborah Tannen lo había visto y oído todo. Sin embargo, incluso a ella le sorprendió la respuesta que dio su abogado cuando se interrumpió la teleconferencia porque él accidentalmente había tirado el teléfono con el codo. Una vez que volvió a la línea, Tannen supuso que se disculparía y seguiría con la conversación. Pero no fue así. En lugar de eso, el abogado dijo: «Oye, ¿qué ha pasado? Estabas ahí y, de repente, te he perdido».[8]

Mientras pensaba en la respuesta instintiva de su abogado —no admitir responsabilidad por la interrupción si podía no hacerlo—, Tannen llegó a la conclusión de que podía ser «una estrategia muy ventajosa en muchas circunstancias». Tampoco esta es una táctica que las mujeres acostumbremos a utilizar. No solo eso, sino que tendemos a juzgar a quienes lo hacen. En su reseña del libro de Tannen, Laura

**260**   El síndrome de la impostura

Shapiro, colaboradora de la revista *Newsweek*, se hacía la pregunta: «¿Instinto o simple imbecilidad?», y acababa inclinándose por la segunda opción. Puede que tú también. Pero por muy tentador que sea para una mujer atribuir una superioridad ética a nuestro género, los estudios sobre si las mujeres tienen un comportamiento más ético en general que los hombres no ofrecen una respuesta unánime.

Los chicos aprenden a exagerar desde niños. Lo que cuentan que pasó con cierta chica en el asiento trasero del coche es más de lo que pasó en realidad. Extienden los brazos y dicen que el pez era «así de grande». Cualquier experiencia interesante es «grandiosa». Cuando desde pequeño practicas algún deporte, aprendes que los faroles y las exageraciones forman parte del juego. Aprendes a fingir un pase, a engañar al equipo contrario cambiando de táctica a mitad de partido y a utilizar la bravuconería para poner nervioso a tu oponente y «meterte en su cabeza».

En los juegos a los que tradicionalmente jugaban las chicas cuando eran niñas no había un aprendizaje comparable a este. Nadie intentaba ir de farol con las muñecas ni fingir un movimiento mientras saltaba a la comba. Eso no quiere decir que las chicas no discutan sobre si una jugadora se ha salido de la línea o ha jugado cuando no era su turno. Pero si hay un desacuerdo sobre las reglas, las niñas se detendrán y negociarán por el bien de la relación. Para las chicas, las reglas son flexibles y pueden ajustarse dependiendo de quiénes juegan o de la situación. En cambio, en los juegos tradicionalmente masculinos, las reglas son sagradas. Los jugadores nunca cambian las reglas para adaptarse a un jugador menos hábil, por ejemplo.

En la vida hay circunstancias en las que es necesario dar una imagen de tranquilidad y serenidad a pesar de sentir un gran nerviosismo. Para ello, tienes que hacer como que sientes algo que en realidad no sientes; es decir, tienes que saber marcarte un farol. Puede que la línea sea muy fina, pero Frankfurt dice que «fingir» está «más cerca del farol que de la mentira». No consiste tanto en intentar engañar como en querer dar determinada imagen de quiénes somos.

En el mundo empresarial, se entiende que es lo normal tratar de dar una buena imagen, especialmente cuando alguien empieza a abrirse camino. Es comprensible, todo el mundo tiene que empezar por algún sitio, y tú también. Fingir seguridad conlleva cierta dosis de postureo, algo que sin duda les sale con más naturalidad a los hombres. Incluso en el reino animal, la supervivencia del más apto requiere a menudo que el macho de la especie parezca más grande de lo que en realidad es. El «comportamiento de exhibición», como se le llama, sirve para atraer a las hembras y ahuyentar a los machos rivales. Y los machos de dos patas también conocen el valor de ese comportamiento.

Con una alusión a su instinto animal, el actor Pierce Brosnan le dijo a un periodista: «Tienes que ser un gallo de pelea, tío. Tienes que salir ahí, erizar las plumas y fingir que sabes lo que estás haciendo, y confiar en que sepas lo que estás haciendo y pasártelo bien».[9] Eso no quiere decir que, por el hecho de saber marcarse un farol, ni Brosnan ni nadie sea insensible al fracaso. Cuando lo sustituyeron inesperadamente como protagonista de las películas de James Bond, también él tuvo que encontrar la manera de «encajar el golpe y el dolor de que te pasen por encima y te rechacen». Ni tampoco es que Brosnan no tenga miedo. Admitió que la perspectiva de cantar y bailar en la película *Mamma Mia!* «me daba terror».

Aun así, los hombres son más propensos no solo a exagerar sus capacidades, sino a inventárselas por completo si es necesario. En parte, porque saben que la puerta de las oportunidades puede cerrarse rápidamente. Así que, dice Brosnan, «tienes que ser más fuerte que un roble. Cuando te preguntan: "¿Tú cantas?", dices: "¡Claro que canto!". "¿Haces paracaidismo?", "Por supuesto que sí". "¿Sabes pelear?", "Naturalmente, hombre". "¿Eres buen amante?", "¡Eso ni se pregunta!"». No se trata tanto de «fingir», dijo, como de estar «preparado». Y, una vez más, de confiar en que eres capaz de improvisar sobre la marcha.

Como leíste en el capítulo 6, la convicción de que tienes que saberlo todo antes de considerarte competente es una de las principales razones por las que tú (y otra mucha gente) vais por la vida sintiéndoos un fraude. Nada más lejos de la realidad. En una entrada de blog muy buena que lleva por título «Nadie tiene ni p*ta idea de lo que hace (o "Los 3 tipos de conocimiento")»,[10] Steve Schwartz desglosa el conocimiento en tres categorías (desde que la leí por primera vez ha añadido varias más, pero estas son las básicas):

1. Lo que sabes.
2. Lo que sabes que no sabes.
3. Lo que no sabes que no sabes.

Toda esas personas que tienes la certeza de que son muchísimo más seguras y capaces que tú, dice Schwartz, en realidad ni saben más ni tienen más capacidad en ningún sentido. Lo que pasa es que, en vez de identificarse con la segunda categoría, quienes nunca han tenido sentimientos de impostura se han dado cuenta de que la mayor parte de los conocimientos posibles entran en la tercera categoría, la de las cosas que no sabes que no sabes. La mayor diferencia entre esas personas y tú, dice, es que «ellas entienden que no pasa nada por no saberlo todo, pero intentan averiguar lo que necesitan saber». En otras palabras, se sienten tranquilas no sabiendo. Y tú, si sabes que tienes la capacidad básica para encontrar información sobre lo que no sabes, entonces no hay razón para que no levantes la mano cuando alguien pregunta quién tiene aptitudes para el puesto. Entonces no es mentir, si sabes que es más que probable que al final puedas respaldar eso que dices de ti.

Así que, dime, ¿hay situaciones en las que te convendría un poco de postureo inofensivo? Suponiendo que veas las ventajas de «hacer como si…» en cierto tipo de situaciones, ¿sabes exactamente qué te lo impide? ¿Es el miedo a infringir las normas? ¿La preocupación por no tener realmente nada que lo respalde? ¿Miedo a que te descubran?

Está claro que, si alguien te pone en evidencia y no eres capaz de demostrar que sabes o que eres capaz de hacer lo que supuestamente sabías o dominabas, la precariedad que ya sientes se agudizará aún más. Pero si te dieras cuenta de verdad de que estás capacitada para averiguar e improvisar sobre la marcha y que, salvo por algunas excepciones obvias, es totalmente aceptable que sea así, cambiaría todo.

Basta con que pienses en una situación en la que sea hasta una ventaja ser capaz de improvisar un poco. Ahora imagina cómo sería creer de verdad que no tienes por qué ser una enciclopedia andante. ¿Cómo te sentirías si tuvieras una fe ilimitada en tu capacidad de improvisación? ¿Qué harías que no estés haciendo ahora?, ¿qué cambiaría? Si sigues sin podértelo imaginar, no corras, ¡vuela al capítulo 6!, y relee las secciones sobre la Perspectiva de la Competencia como sinónimo de Genio Natural, la Perspectiva Solista y el reglamento de la competencia para simples mortales.

## 2. «En realidad, ¿no es ser una tramposa y escabullirme?»

Si bien la charlatanería no es, por definición, sinónimo de mentira, Frankfurt dice que el charlatán sí ingenia algo y pretende eludir toda responsabilidad. También en este caso, al tratarse de una «generización», los hombres pueden tener ventaja. Aunque respeten las normas, son más propensos a buscar formas ingeniosas de saltárselas sin que nadie los pille. El que no te pillen aporta diversión al juego de infringir las reglas. Así que si estás jugando y la pelota está encima de la raya, pero crees que nadie se ha dado cuenta, le puedes dar un golpecito con el pie y mandarla hacia dentro del terreno de juego. Esto coincide con lo que me dijo una vez un compañero de trabajo: «Algunos errores solo tienen importancia si te pillan. Es como en los deportes. Si el árbitro no te ha visto pisar la línea, no ha pasado nada».

A las chicas se las ha educado para escoger la justicia y la franqueza. Si haces algo mal, te disculpas. Los chicos suelen recibir un mensaje diferente; aprenden que decir «lo siento» es un signo de debilidad. En el caso de las mujeres, ocurre justo lo contrario. De hecho, da igual que nadie nos pille, ¡porque nos entregamos nosotras solas! A lo largo de los años, he escuchado hablar a decenas de mujeres sobre este tipo de «confesiones de la verdad». Una había escrito un libro en colaboración con su marido. Al principio de cada firma de libros, anunciaba que habían encontrado algunas erratas y que el libro se iba a reimprimir. «La tercera vez que lo hice, mi marido me llevó aparte y me dijo: "¡Deja ya de decirles eso!"».

Después, está el caso de la investigadora que se quedó atónita al recibir una llamada en la que la felicitaban por haber sido elegida para un premio. «Tiene que ser un error», dijo. Estaba tan convencida de que tenía que haber un sinfín de candidatas y candidatos que lo merecieran más que ella que sugirió que el comité seleccionador reconsiderara la decisión. Cuando la persona que llamaba le aseguró que habían tardado meses en tomar una decisión, ella replicó: «Entonces no pasa nada porque le dediquen unos días más».

No tienes por qué adoptar el modelo preferentemente masculino de escabullirte para eludir tu responsabilidad. Ahora bien, este otro extremo tampoco es exactamente lo ideal. No te estoy sugiriendo que ocultes los errores por norma, especialmente los que tienen consecuencias graves para otras personas o para tu organización. Sin embargo, hay algunas faltas inofensivas que no merecen que hagas una declaración pública de tu culpabilidad. Entre los hombres, la habilidad para escabullirse y salir impunes –ya sea en el campo de juego o en el de las citas románticas– se considera una insignia de honor. A las mujeres, en cambio, nos gusta que se cumplan las normas, sobre todo en el trabajo. A ti, infringir las reglas te provocará culpa, no orgullo.

Piensas: *Mejor evitar cualquier clase de falsedad que arriesgarte a que te acusen de tramposa.*

Sin embargo, una vez más, el engaño está en el ojo de quien mira. La misma conducta que los hombres consideran una habilidad probablemente tú la veas como una prueba de tu ineptitud. «Todo el mundo alabó mi presentación –me contaba una ejecutiva publicitaria–. Yo solo podía pensar: "Si supieran que en realidad no es más que un revoltijo de cosas que pegué unas al lado de otras en el último minuto, no les parecería tan genial"». Es una forma de verlo. Más concretamente, la de alguien que tiene el síndrome de la impostura.

La invité a que reformulara la situación y se expresara como lo haría una mujer modesta, pero sin sentirse una impostora. Por ejemplo: *Qué alegría saber que puedo trabajar tan bien bajo presión.* O: *¡Guau, increíble! He sido capaz de reunir en un momento información de aquí y allá con tanta habilidad que a la gente le ha parecido verdaderamente interesante!* Lo de «la gente» importa. Porque si tu pensamiento habitual cuando alguien elogia tu trabajo es: *Les he vuelto a engañar,* lo que en realidad estás diciendo es: *La gente es tan tonta que no se da cuenta de que soy una incompetente.*

## 3. Eres una esnob de la seguridad

Es fácil criticar a los imbéciles engreídos y la seguridad agresiva de la que hacen gala. Al mismo tiempo, es posible que tengas un prejuicio muy arraigado contra las personas que se sienten «demasiado» seguras de sí mismas, incluso aunque tengan un fundamento en que asentar su seguridad. Y no hace falta mucho para que en una mujer se active el contador antiego, incluida yo. Hace algunos años consulté a la directora general de Sheryl, una empresa que vendía agendas. El principal competidor de la empresa en aquellos momentos era FranklinCovey (Covey es Stephen Covey, autor del superventas *Los 7 hábitos de la gente altamente efectiva*). Un prometedor conferenciante llamado Jim se había puesto en contacto con la directora general para ofrecerse como portavoz de su empresa, y ella había decidido hacerle una prueba. Yo había visto a Jim dar una conferencia, y la verdad es que era bastante bueno, pero aún no tenía lo que hay que tener para ser portavoz. También había autopublicado un libro, del que había vendido unos cientos de ejemplares, lo cual, por supuesto, no podía compararse con los millones que había vendido Covey.

Nada de esto disuadió a Jim, supremamente seguro de sí mismo, de describir una y otra vez a su competidor como una estrella en decadencia, a diferencia de él, que era una estrella en ascenso. «Él es como Jack Nicklaus, y yo como Tiger Woods», dijo en tono jactancioso.* Sheryl y yo nos miramos: «Pero ¿este tío de qué va?». La tercera vez que Jim comparó su pequeño récord con el de un icono de la industria editorial, me tuve que contener para no interrumpirlo al más puro estilo Lloyd Bentsen: «¡Tú no eres Tiger Woods!».[11]

Por desgracia para Jim, esta clase de seguridad vanidosa no es algo que guste normalmente a un público femenino. Si Jim hubiera soltado todo aquel discurso delante de un par de hombres, es muy posible que los hubiera convencido y le hubieran dado el trabajo. Como no era así, no lo consiguió. De todas formas, ¡cómo son las cosas! Al final, la vida se rio de nosotras dos. Mientras las mujeres como Sheryl y yo nos quedamos sentadas enjuiciando desde una pretendida superioridad moral los comportamientos de hombres como Jim, ellos están ya en el circuito de carreras con el pie en el acelerador. Jim el vanidoso, el hiperseguro, acaba de sacar un nuevo libro que está vendiéndose como rosquillas. Y entre las elogiosas reseñas de contraportada, todas de nombres célebres, ¡está ni más ni menos que la de su antiguo rival Stephen Covey!

Y tú, ¿qué me dices? ¿Eres igual de intolerante con cualquier comportamiento que te parezca «demasiado seguro»? Si es así, quizá quieras revisar tu «contador antiego». No estoy diciéndote, de ninguna manera, que tengas que cultivar un ego sobredimensionado para desaprender el síndrome de la impostura. Pero ¿y si lo elevaras solo un poquito? Es cierto que Jim todavía no se ha hecho famoso, pero

---

\*    Nicklaus y Woods ocupan, respectivamente, el primer y el segundo puesto en la «Lista de mejores golfistas masculinos de todos los tiempos». (*N. de la T.*)

**268**    El síndrome de la impostura

aquella idea suya de ser el próximo Stephen Covey ha resultado no ser tan descabellada como parecía.

Por supuesto que el ego por sí solo no te llevará muy lejos. Hace falta, además, invertir muchas horas de trabajo y mucha energía. Sin embargo, tengo la impresión de que, si Jim ha llegado a donde está, ha sido principalmente porque estaba convencido de que era una estrella en ascenso. No creo que corras peligro de convertirte en unaególatra, así que ¿por qué no te permites proyectar al exterior un poco más de seguridad de la que sientes y descubres a dónde te lleva?

Fingir hasta conseguirlo no significa que tengas que elegir entre la duda y la arrogancia o entre la modestia y la fanfarronería. Puedes hablar con mesurada confianza sin ser presuntuosa. De hecho, si eliminamos esa arrogancia, condescendencia y presunción que tanto nos disgustan de algunos hombres, puede que descubramos, como sugiere Jane Campbell, que hay ciertos aspectos del síndrome de contestación masculina de los que las mujeres podemos aprender.

Por ejemplo, tiene su atractivo, dice Campbell, ser capaz de dar una especie de «expansividad» a la pregunta concreta que alguien nos hace. Ante una pregunta a la que es difícil responder, tal vez una mujer «se encoja de hombros sin saber qué decir y admita que algunas cosas son sencillamente incognoscibles. Por el contrario, en las mismas circunstancias, es muy posible que un hombre proponga algunas teorías. –Y añade Campbell–: Los hombres tienen el valor y la inventiva para intentar explicar lo inexplicable».

Con la charlatanería, ocurre lo mismo. También Frankfurt utilizó el término «expansiva» para referirse al tipo de inventiva propia de los charlatanes y diferenciarla del tipo de inventiva más analítica y deliberada que se necesita para ingeniar una mentira. La razón por la que los hombres disfrutan reuniéndose a charlar despreocupadamente, sin entrar en grandes conversaciones, es que todos saben que nada de lo que se diga debe tomarse demasiado en serio. Es difícil no sonreír cuando lees que el hombre de frontera más famoso del Oeste americano, Daniel Boone, dijo en cierta ocasión: «Repito que nunca me he perdido; eso sí, admito que a veces me he pasado varias semanas sin saber dónde estaba».

## Como mínimo, reconócela cuando la oigas

Voy a insistir en esto una vez más: no tienes ninguna necesidad de convertirte en una artista de la charlatanería para desaprender el síndrome de la impostura. Pero, como mínimo, quiero que sepas captarla cuando la oigas. Porque, de lo contrario, irás por ahí pensando que todo el mundo sabe, menos tú. Ocurre con mucha más frecuencia de lo que crees. Hay personas increíblemente capacitadas que fracasan en sus carreras porque no saben reconocer a un charlatán cuando lo tienen delante. Ángela estuvo a punto de ser una de ellas.

Esta guatemalteca estadounidense, igual de inteligente que de insegura, venía de una familia inmigrante y era la primera miembro de la familia que terminaba bachillerato. Cuando la conocí, estaba preparando el doctorado sobre un área de las matemáticas de naturaleza tan críptica que aún no se conocía ninguna aplicación para ellas. A quienes teníamos dificultades hasta para la geometría básica, esto de por sí nos suena ya bastante impresionante. Pero Ángela no era la típica estudiante de matemáticas. A lo más alto que habían llegado los conocimientos de matemáticas que había recibido en el instituto era al nivel de álgebra II. Aun así, de toda la facultad, solo ella y otro estudiante estaban investigando en esta área concreta. Me dijo que las matemáticas siempre le habían resultado fáciles: «Veía las respuestas en la cabeza».

Lo único que tenían en común el otro estudiante y ella era la aptitud para las matemáticas; en todo lo demás, no habrían podido ser más diferentes. La inseguridad de Ángela era diametralmente opuesta a la seguridad de él, que acostumbraba a explicar sus cálculos intercalando expresiones como «Por supuesto» y «Como todos sabemos» y «Obviamente». Un día, cuando le tocó exponer su trabajo a Ángela, el profesor empezó a acribillarla a preguntas. A la mayoría de ellas, sabía responder, pero había algunas a las que no. Empezó a sofocarse. No podía pensar con claridad. Finalmente se echó a llorar y salió corriendo por la puerta. Ese fue el día en que Ángela decidió que no tenía aptitudes para hacer unos estudios de posgrado y llamó a su familia para anunciarles que dejaba la universidad.

Y lo habría hecho si su profesor no se hubiera molestado en localizarla. «¿Qué pasa, Ángela?». Ella le explicó lo torpe que se sentía al lado de su compañero, que con toda claridad tenía una inteligencia muy superior a la suya. Fue entonces cuando el profesor la paró en seco: «Un momento –le dijo–. No creerás que siempre sabe de lo que habla, ¿verdad? La mitad de las veces es un farol». (No eres la única que pensaba que fuera imposible hacer trampas en matemáticas).

El caso de Ángela es un triste recordatorio de lo fácil que es confundir seguridad con veracidad. Afortunadamente para Ángela, alguien se interesó por ella lo suficiente como para ofrecerle otro punto de vista, uno que la hizo cambiar sustancialmente de perspectiva. Cuando la localicé unos años más tarde, me dijo: «Cada vez que yo pensaba que daba una mala imagen por admitir que no entendía un concepto, lo que aquel profesor veía, según me contó, era la diferencia entre dar un rodeo si una cuestión no se entiende, como hacía mi compañero, y tener la integridad intelectual para admitirlo. Ahora escucho de una forma muy distinta».

Incluso gente que tiene uno o varios títulos universitarios suele decir, bromeando, que la abreviatura «Ph.D.» (correspondiente al título de doctorado en los países de habla inglesa) significa en realidad *«piled higher and deeper»* ([charlatanería] en grado mayor y más profundo». A pesar de todo, si trabajas con personas muy cultas o en un sector en el que das por hecho que existe verdadera profesionalidad, es probable que no estés atenta a los «faroles», ya que parece lógico pensar que, cuanto más sabe una persona, menos necesita recurrir a ningún artificio. Sin embargo, según Harry Frankfurt, podría ocurrir justo lo contrario. «No es solo que los individuos altamente cualificados tengan dotes lingüísticas e intelectuales que les permiten inventar de un modo muy convincente –decía en una entrevista–, sino que creo que muchos de ellos adquieren una especie de arrogancia que los hace indiferentes a qué es verdad y qué es falso. Tienen mucha confianza en sus propias opiniones».[12]

Y qué mejor lugar para encontrar grandes grupos de personas altamente cualificadas que el mundo de la educación superior, donde hay quien dice que la arrogancia intelectual aumenta en proporción idéntica al prestigio de la institución. De hecho, fue mientras hacía los estudios de doctorado en la Universidad de Harvard cuando Martha Beck vivió una inmersión profunda en el síndrome de la impostura. En su libro autobiográfico, *Expecting Adam* (Esperando a Adam), cuenta una anécdota que lo cambió todo.

De camino a clase una mañana, se detuvo en el laboratorio de una amiga. Beck se quedó tan fascinada mirando cómo hacía un experimento con ratas que llevaban conectados unos electrodos y nadaban en una piscina infantil de plástico decorada con esos graciosos

**272** El síndrome de la impostura

personajillos azules de los dibujos animados, los Pitufos [Smurf, en inglés], que llegó tarde a su clase, y se disculpó diciendo que había perdido la noción del tiempo en el laboratorio de psiquiatría viendo a las ratas nadar en una piscina de Smurf.

–Tranquila –dijo el instructor–. Sí, creo que he leído sobre ese experimento.

Uno de los prestigiosos profesores invitados se unió al diálogo.

–Por cierto, ¿cómo va el trabajo de Smurf? –preguntó–. Tengo entendido que ha hecho algunos descubrimientos muy interesantes.

–Sí –contestó uno de los estudiantes–. Hace poco leí su último artículo.

Y continuaron todavía durante un rato. Cuando Beck comprendió finalmente lo que estaba pasando, el desconcierto inicial se tornó en júbilo.

Yo estaba eufórica. Después de siete años en Harvard, acababa de caer en la cuenta de que yo no era la única que fingía. Me había marcado un farol en más de un cóctel y había fingido conocer al erudito o la teoría que fuera el tema de conversación en ese momento. Siempre me había preguntado cómo conseguía sobrevivir entre toda aquella gente tan asombrosamente inteligente que había a mi alrededor. Y ahora empezaba a entenderlo.

–Es un buen hombre Smurf –dijo con solemnidad el instructor.

La próxima vez que estés en una de esas situaciones en las que crees que estás rodeada de gente más inteligente, interesante e informada que tú, no des nada por hecho. En lugar de dejarte desestabilizar, sé consciente de que, a uno u otro nivel, todo el mundo está fingiendo. Y cuando te encuentres en uno de esos momentos, quiero que sonrías y te digas a ti misma: «Es un buen hombre Smurf».

## Resumiendo

A la par que vas eliminando los sentimientos de impostura, es posible que tengas que improvisar un poco, o mucho, sobre todo al principio. La clave está en no esperar a tener seguridad absoluta antes de atreverte a dar el paso. Empieza por modificar tu manera de comportarte y deja que eso te vaya dando más confianza en ti. Aquí es donde ayuda «hacer como si» tuvieras más confianza de la que sientes.

No voy a decirte qué opinión deberías tener sobre la charlatanería ni qué debería parecerte la idea de «fingir». Pero sí es importante que seas consciente de que lo que opines o sientas probablemente esté determinado en buena medida por el género. Y más importante aún: date cuenta de que tu forma de pensar sobre el tema puede influir en que seas o no capaz de sentirte todo lo segura de ti misma que te mereces.

Que lo llames charlatanería, improvisar, ir de farol, no dejarte intimidar o guiarte por el instinto es lo de menos. Lo que importa es que empieces a mostrarte todo lo capaz que realmente eres, incluso –o, mejor dicho, especialmente– cuando no lo sientas. No permitas que los aspectos más censurables de la hiperconfianza masculina te hagan descartar una de las estrategias más efectivas que existen para acabar con la sensación de que eres una impostora: adoptar una actitud de seguridad a pesar de las inevitables dudas que, como ser humano que eres, puedas tener.

## Lo que puedes hacer

- Investiga cómo afectan a tu capacidad para «fingir hasta que lo consigas» las opiniones que tienes actualmente hacia cosas como el síndrome de contestación masculina, el síndrome de autoconfianza irracional, el postureo, los faroles, la charlatanería, el disimulo y hacer trampas, en general.
- Si ves que las expresiones «fingir hasta conseguirlo» o «charlatanería» son un impedimento, reformula la acción real en términos menos ofensivos, como improvisar o seguir la corriente.
- Busca oportunidades de bajo riesgo para «hacer como si» tuvieras más seguridad en ti misma de la que sientes. Una vez que tengas unas cuantas victorias en tu haber, sube la apuesta y plantéate objetivos más ambiciosos que hasta ahora habías evitado.
- Mientras lo haces, recuérdate que (1) no siempre tienes que sentirte segura para comportarte con seguridad; (2) en la mayoría de las situaciones es totalmente aceptable que resuelvas las cosas sobre la marcha, y (3) cuanto más actúes en favor de tus objetivos, más éxito tendrás.

## Lo que viene a continuación

Uno de los elementos de «fingir hasta conseguirlo» que aún no hemos tratado es el de asumir riesgos. En el próximo capítulo veremos cómo puedes desarrollar la capacidad de hacerlo con naturalidad. Además, conocerás a algunas personas que pueden ser un ejemplo divertido y muy claro de distintas maneras de «hacer como si...».

# 11. Reconsidera la posibilidad de ser audaz y asumir riesgos

> Hay una línea microscópicamente fina
> entre ser sumamente creativa
> y comportarte como la mayor idiota del planeta.
> Por lo tanto, qué demonios, ¡salta!
>
> Cynthia Heimel, autora y dramaturga

En lo referente al riesgo, hay dos tipos de «impostoras» e «impostores». Uno sobrelleva el sentimiento de ineptitud yendo a lo seguro. El otro lo compensa arriesgándose sin medida. ¿A cuál de los dos perteneces? Ambos tipos se fijan objetivos y los alcanzan. Si te inclinas hacia el lado de la prudencia, tus objetivos tal vez sean más modestos o, al menos, más seguros. Y si lo que de verdad te gusta es volar sin red, entonces tendrás probablemente metas más ambiciosas y el éxito que lo demuestra.

En cualquiera de los dos casos, si elegiste este libro es porque quieres sentirte diferente. Para sentirte diferente, sin embargo, tienes que hacer las cosas de forma diferente, y eso incluye que estés dispuesta o dispuesto a arriesgarte. Como dijo el experto en gestión empresarial Tom Peters: «A menos que tengas la disposición a adentrarte en lo desconocido, las posibilidades de que en tu vida se produzca un cambio sustancial son bastante escasas».

Si ya eres alguien que acostumbra a arriesgarse, entonces no te inquietará la perspectiva de adentrarte en lo desconocido. Solo que ahora vas a tener que hacerlo sin todo el bagaje de la impostura. De lo que se trata en tu caso es de que pongas en práctica lo que has aprendido aquí: cuando apuestes y ganes, felicítate por tu éxito, y aprende todo lo que puedas cuando no. Una vez que empieces a hacer esto, encontrarás el coraje para aprovechar oportunidades cada vez mayores y mejores.

Si, por el contrario, no tienes particular afición por el riesgo, lo primero que has de hacer es empezar a familiarizarte con él. Cuantos más riesgos asumas, más fácil te resultará encontrar el coraje para seguir apostando por ti, y eso te dará satisfacción y te hará sentirte más competente. Un buen punto de partida es averiguar por qué tú evitas los riesgos y otra gente no.

## Por qué a los hombres les atrae más el riesgo

Por todas las razones de las que ya hemos hablado, en general los hombres sobrestiman considerablemente sus capacidades mientras que las mujeres subestiman las suyas.[1] Es lógico, por tanto, que las mujeres estén menos dispuestas a arriesgarse que los hombres.[2] Pero la falta de confianza no es el único factor. Al menos en parte, tienen también mucho que ver las diferencias de la educación que reciben unas y otros.

Es común, por ejemplo, que en la familia se trate a las niñas con más cautela, mientras que a los niños se les da más libertad para que vayan en busca de aventuras. Hasta los ocho años aproximadamente, se anima tanto a los niños como a las niñas a que exploren su entorno. A partir de esa edad, los niños disponen de un «área de actividad» más extensa y más independencia de movimientos.[3] Como mujer, incluso aunque crecieras en un ambiente familiar relativamente «ilustrado», es posible que recibieras mensajes contradictorios. En lo que a aspiraciones académicas se refería, tal vez te dijeron que todo era posible: «De mayor puedes ser lo que quieras, puedes volar al espacio exterior». Pero «No salgas del barrio».

Hay quien piensa que tiene una explicación biológica la propensión de los hombres a adoptar comportamientos más arriesgados. Durante mucho tiempo, las mujeres hemos sido objeto de burlas por nuestras hormonas volubles y descontroladas. Quizá por eso hubo tanto revuelo a raíz de unas investigaciones que relacionaron los niveles más altos de testosterona con el comportamiento de alto riesgo de los operadores de Wall Street. Dirigió el estudio John Coates, exoperador de Wall Street y actual investigador en neurociencia y finanzas en la Universidad de Cambridge.

Al volver la vista atrás, recuerda que, cuando sus compañeros habían hecho una operación redonda, mostraban síntomas físicos casi maníacos: daban puñetazos al aire, gritaban y, en general, era como si les entrara un ataque de enajenación. Recuerda que, al verlos, pensaba a veces que era como si estuvieran drogados. En cierto modo lo estaban. Este fenómeno, observado desde hace tiempo en animales, se conoce como «efecto ganador». Décadas de experimentos han demostrado que tener éxito en una tarea inunda el cerebro de testosterona, lo que hace que los animales de laboratorio tomen decisiones más rápidamente, se esfuercen más por ganar y estén más dispuestos a arriesgarse.

**278** El síndrome de la impostura

Lo mismo les ocurre a los machos en la naturaleza. Cuando luchan dos sementales, la testosterona del perdedor cae en picado y la del vencedor sube. Esto provoca en él de inmediato un comportamiento más seguro y agresivo, que puede durarle varios días. Hasta que finalmente sufre un auténtico envenenamiento por testosterona. Sobreestimulado por las hormonas y poco capaz de evaluar los riesgos, el caballo ganador se aventura fuera de su territorio, se enfrenta a competidores más fuertes que él y, en general, pone en peligro su vida.

Coates se preguntó si tal vez la testosterona tenía un efecto similar en los operadores de bolsa. Lo que descubrió fue que aquellos que empezaban la jornada laboral con un alto nivel de testosterona hacían más dinero. Y un día de intensa actividad de mercado elevaba aún más sus niveles de este esteroide natural. Recuerda, mientras ganes, la confianza se mantiene a buen nivel; sin embargo, un exceso de testosterona puede provocar una sensación de omnipotencia, y también hacerte cometer alguna imprudencia. Llevados por la arrogancia provocada por sus propias hormonas, los operadores empezaban a asumir mayores riesgos con la esperanza de obtener mayores recompensas, lo cual, como en el caso del semental vencedor, daba lugar a un comportamiento temerario.

Esta seguridad arrogante de origen hormonal hizo que el columnista del *New York Times* Nicholas Kristof se preguntara: «¿Le habrían ido mejor las cosas a Lehman Brothers si la empresa se hubiera llamado Lehman Brothers and Sisters [Hermanos y Hermanas Lehman]?». Es una excelente pregunta, teniendo en cuenta que actuar con excesiva confianza puede ser igual de arriesgado que hacerlo con excesiva cautela. No es por casualidad que los movimientos pacientes y milimétricamente estudiados que caracterizan al multimillonario

Warren Buffett hayan hecho decir con frecuencia que «invierte como una chica». En determinadas situaciones, una actuación menos impulsiva, más mesurada, puede ser una gran ventaja. Atendiendo a un informe de la empresa Bloomberg de información y asesoría financieras, los fondos de cobertura gestionados por mujeres y grupos minoritarios han superado,* a corto y largo plazo, a los de los grupos en los que había diversidad. A lo largo de un periodo anualizado de tres años, la gestión realizada por mujeres y grupos minoritarios obtuvo un rendimiento total del 10,6 por ciento y el 7,8 por ciento, respectivamente, frente a la rentabilidad del 6,4 por ciento obtenida por grupos en los que no había diversidad.[4]

Hay otra razón por la que, tal vez, los hombres y las mujeres tengan una actitud distinta ante el riesgo. En un estudio realizado en la Universidad de Columbia, al ir más allá de los datos superficiales, se descubrió que los hombres no es que fueran necesariamente más audaces que las mujeres, sino que valoraban más los supuestos beneficios de asumir un riesgo.[5] Esto puede explicar el descubrimiento de que las mujeres «impostoras» que asumen riesgos muestran, además, un fuerte deseo de demostrar que son capaces de hacerlo mejor que el resto y, por tanto, compiten con más tenacidad.[6] Si para ti es importante demostrar lo que vales, entonces te merecerá la pena intentarlo.

---

\* Un fondo de cobertura (*hedge fund*), también denominado instrumento de inversión alternativa, es una sociedad privada de inversión que maneja títulos de terceros para cubrirlos ante posibles y eventuales riesgos, así como para incrementar el valor de estos títulos. Dicho de otro modo, es una asociación entre la parte que gestiona los fondos y la parte que invierte en el fondo de cobertura. El propósito es siempre conseguir los máximos rendimientos para la parte inversora y reducir al mínimo los eventuales riesgos. (*N. de la T.*)

## Ya eres una mujer atrevida y resuelta

Tanto si te gusta el riesgo como si huyes de él, lo más probable es que tengas un concepto del riesgo demasiado restrictivo. En realidad, las mujeres asumimos riesgos todos los días, lo que pasa es que la sociedad no los reconoce ni los valora como tales. Una vez que expandas tu idea sobre lo que constituye un riesgo, puede que descubras que te gustan más las emociones fuertes de lo que pensabas.

Los riesgos a los que me refiero son fáciles de pasar por alto porque, como has leído ya en varias ocasiones, es la sociedad la que determina qué actitudes se valoran y recompensan. Si preguntas a distintas personas qué entienden ellas por «riesgo» en el contexto profesional, la mayoría pensarán automáticamente en comportamientos dirigidos a la búsqueda de poder, dinero o estatus, todo lo cual ocurre en los ámbitos públicos asociados históricamente a los hombres. Sin embargo, en el ámbito privado de las relaciones, que ha sido desde hace mucho dominio de las mujeres, el riesgo forma parte del día a día. Solo que, por lo general, no nos lo parece.

A la hora de gastar e invertir dinero, las mujeres solemos ser más conservadoras que los hombres. En cambio, en el terreno de las relaciones, una mujer asume constantemente riesgos financieros calculados, es decir, acostumbra a poner todos los huevos en la misma cesta: confía en que un hombre será su plan de jubilación, interrumpe su carrera profesional para hacer de madre o apoya a su cónyuge o pareja en los estudios confiando en su promesa de reciprocidad futura.

No hace falta que hagas *puenting* para tener una sensación de riesgo físico. En el mundo desarrollado, el parto es relativamente seguro. Pero las mujeres de los países pobres se juegan la vida por

## Reconsidera la posibilidad de ser audaz y asumir riesgos 281

dar a luz. Si fueran los hombres quienes parieran, la sociedad erigiría santuarios en nombre de los que perdieran la vida en acto de servicio.

Luego están los riesgos emocionales. En cuatro de las cinco áreas de riesgo (financiera, sanitaria y de seguridad, ética, recreativa y social), se ha visto que las mujeres son más reacias a arriesgarse que los hombres. La excepción es el ámbito social. Aquí entran cosas como expresar abiertamente tu opinión sobre un tema controvertido en un evento social o decirle con delicadeza a tu amiga que tus gustos difieren de los suyos. Puede que la sociedad no siempre valore la facilidad con la que compartes tus sentimientos más íntimos, pero realmente hace falta mucho valor para colocarte a ti misma en esa posición de vulnerabilidad.

En el terreno emocional, las mujeres saltamos sin miedo desde el borde del precipicio y nos zambullimos de cabeza en las profundidades, riesgos que aterrorizarían a la mayoría de los hombres. Un hombre disfruta charlando con sus amigos de temas intrascendentes, y quizá tú como disfrutas es hablando de temas íntimos con tus amigas. Algunas mujeres se lo pasan tan bien indagando en sus sentimientos y compartiendo lo que descubren que incluso organizan «fiestas psicoterapéuticas» con una psicóloga invitada que les ayuda a resolver sus «cosas» mientras se toman unos cócteles. Puede que a ti no te parezca que es una actividad de alto riesgo, pero a muchos hombres les aterraría hacer algo parecido.

La razón por la que quiero que te des cuenta del regalo tan inmenso que es poder acceder con facilidad a tus emociones es que no te pierdas la oportunidad de sacarle el máximo beneficio. La nueva palabra de moda en los sectores empresarial y gubernamental es «autenticidad». Hablar con franqueza, reconocer los puntos débiles y admitir los errores de repente está de moda. Cualquier emprendedor

**282**   El síndrome de la impostura

o líder empresarial que quiera inspirar confianza debe mostrar vulnerabilidad, humildad, intuición y sensibilidad, cosas que a una mujer le resultan más fáciles. Así que, cuando evalúes cómo de intensa es tu apetencia de riesgo, concédete unos cuantos puntos de más por estar dispuesta a ser vulnerable, transparente y, además, vanguardista.

Por último, algo que tienen en común todas las personas atrevidas es el gusto por la intensidad y la incertidumbre; en una palabra, les encanta la emoción. El psicólogo Frank Farley, de la Universidad del Temple, en Filadelfia, incluso acuñó un término para referirse a ellas: la personalidad de tipo T, por la T de *thrill*, emoción. Que a ti no te gusten los deportes extremos o que no busques capital de riesgo no significa que no te atraiga lo emocionante. Farley cita a Margaret Mead y Helen Keller, dos famosas mujeres intrépidas para las que fue como una inyección de adrenalina la originalidad de su pensamiento. ¡Tenlo en cuenta la próxima vez que te lances sin freno en una sesión de lluvia de ideas!

## Audaz y más audaz

¿Por qué conformarte con asumir los riesgos habituales cuando puedes experimentar los beneficios aún mayores de actuar con valentía en nombre de tus sueños? En el último capítulo aprendiste tres cosas relacionadas con la asunción de riesgos. Primera: no siempre es necesario que te sientas absolutamente segura para que adoptes una actitud de confianza. Segunda: de hecho, tiene un toque creativo, de juego y expansividad, ser capaz de improvisar un poco. Tercera: demostrar a todo el mundo que sabes lo que haces solo es importante si a ti te lo parece.

Sobre este último punto, el ensayista y periodista estadounidense

H.L. Mencken dijo una vez: «Los hombres son todos unos farsantes. Lo único que diferencia a unos de otros es que algunos lo admiten. Yo personalmente lo niego». Todas las personas verdaderamente competentes saben que, hasta cierto punto, son unas «impostoras». En otras palabras, la diferencia entre ellas y tú es que ellas no lo consideran un problema. Saben que quizá tengan que fingir un poco, sobre todo al principio, y lo aceptan. Aceptan que forma parte del juego saltarse un poco las reglas, confiar en su instinto y tener fe en que serán capaces de aprender sobre la marcha.

Es lo que se llama *chutzpah*, una maravillosa palabra en yidis[*] que se utilizaba originariamente para expresar indignación hacia alguien que sobrepasaba descaradamente un límite. El propio yidis, y más tarde el inglés, le dieron un giro y le atribuyeron un significado más positivo: audacia, agallas. A menudo se utiliza en tono de admiración: «¡Hay que tener *chutzpah* para hacer eso!», que viene a decir: *audacia con estilo*.

Estás a punto de conocer a una serie de «artistas del *chutzpah*», personas famosas y no tan famosas que tienen una visión muy diferente de lo que significa «fingir», que entienden que la capacidad de improvisar un poco (o mucho) es una habilidad muy valiosa. En el fondo, ninguna de estas historias tiene que ver con el engaño. Son más bien ejemplos de personas que creían de verdad en su capacidad inherente para triunfar. Todas, cada una a su manera, detectaron una

---

[*]   El yidis, yiddish o ídish, o también judeoalemán, es un idioma perteneciente a las comunidades judías asquenazíes, oriundas de Europa central y oriental, y sus emigrantes y descendientes en Israel, el continente americano y otros lugares del mundo. La mayoría de las palabras comunes son de origen germánico, aunque muchos otros términos provienen del hebreo y arameo. Tradicionalmente, ha sido de uso cotidiano, mientras que el hebreo y el arameo se consideraban las lenguas de las escrituras sagradas del judaísmo. (*N. de la T.*)

**284**   El síndrome de la impostura

carencia o reconocieron una oportunidad, y tuvieron la audacia de actuar, por muy inseguras que se sintieran. El que lo hicieran con algo más que un poco de ingenio ¡es lo que las convierte en artistas del *chutzpah*! El propósito de reunirlas aquí es que te animen a añadir una nota divertida a tus futuros proyectos de riesgo.

Por ejemplo, alguien que no se amedrentó ante los riesgos fue Estée Lauder, que construyó desde cero lo que se convertiría en un imperio cosmético multimillonario. En su mayor parte, lo hizo de la misma forma que cualquier empresario y empresaria de éxito: con una gran dosis de coraje y trabajo incansable. Pero esto no significa que Lauder no hiciera algunas travesuras. Gene N. Landrum cuenta en su libro *Profiles of Female Genius: Thirteen Creative Women Who Changed the World* (Perfiles de mujeres geniales: trece mujeres creativas que cambiaron el mundo) cómo Lauder consiguió un importante comprador para su primer perfume:

> En 1960, tras lanzar un programa internacional, esta empresaria eternamente agresiva había logrado personalmente la prestigiosa cuenta de Harrods en Londres. Luego se vio obligada a hacer uso del ingenio para conseguir la prestigiosa cuenta de las Galerías Lafayette de París. Viendo que el director no se decidía a poner a la venta sus productos, durante una demostración Lauder dejó caer al suelo «accidentalmente» un frasquito de su Youth Dew (su primera fragancia) en medio de una multitud. El aroma era tan penetrante y embriagador que despertó el interés y los comentarios de la clientela. El director capituló y le hizo el primer pedido.

Un ejemplo particularmente llamativo de *chutzpah* es el de un adolescente que sentía pasión por el cine. La historia comienza cuando este joven de diecisiete años, que había ido a California a visitar a unos parientes que vivían en Canoga Park, hizo un recorrido por los estudios de Universal Pictures. El tranvía no se detenía en los estudios de sonido, así que, cuando paró en una cafetería próxima a uno de ellos, nuestro joven se escondió en el cuarto de baño para poder verlo de cerca. Al entrar en el estudio, un hombre le preguntó qué hacía allí, y el joven le habló sobre las películas de ocho milímetros que llevaba «rodando» en el salón de casa de sus padres prácticamente desde que tenía edad para sostener una cámara.

La suerte quiso que el hombre fuera el jefe del departamento editorial. Invitó al joven cineasta a que le llevara sus películas y le dio un pase de un día, para que cuando lo hiciera lo dejaran entrar en el recinto. El jefe de departamento se quedó muy impresionado, pero tenía que volver al trabajo, así que le deseó buena suerte a nuestro joven y se despidió. En realidad, no era suerte lo que iba a necesitar, solo la osadía descarada para saltarse dos o tres normas.

Al día siguiente, el joven se puso un traje formal, metió un bocadillo y un par de chocolatinas en uno de los viejos maletines de su padre y regresó al estudio. Le hizo un gesto con la mano al guardia de seguridad para transmitirle el mensaje de «soy de aquí», y entró con paso seguro en las instalaciones de Universal Pictures. Siguió haciendo lo mismo durante todo el verano. El adolescente del traje que soñaba con ser director tuvo ocasión de relacionarse con directores de verdad, y guionistas, y el personal de montaje y de doblaje. Un día encontró un despacho que no se utilizaba y se convirtió en okupa. Como estaba allí todos los días, la gente daba por sentado que trabajaba para el estudio. Y en un alarde de *chutzpah* más increíble todavía, el joven compró unas letras de plástico y añadió su nombre al directorio del edificio. Decía: Steven Spielberg, Despacho 23C.[7]

Por muy audaz que fuera la maniobra de Spielberg, no era nada original. Clare Boothe Luce había sido igual de audaz unos treinta y cinco años antes. Tras graduarse a los dieciséis años, siendo la primera de su clase, Boothe Luce estaba deseando vivir el brillante futuro que tenía por delante. La realidad fue que, diez años después, su gran triunfo había sido conseguir divorciarse del hombre alcohólico que la maltrataba. Con su escasa experiencia laboral, y en los inicios de la Gran Depresión, a cualquiera le habría resultado difícil conseguir trabajo; ser mujer y tener que ocuparse de su hijo ella sola lo hacía aún más difícil.

Pero Boothe Luce no era una mujer corriente. Había conocido a Condé Nast, propietario de las revistas *Vogue* y *Vanity Fair*, a través de unas amistades comunes. Cuando se encontró con él en una cena, vio la oportunidad. Según su biógrafo Stephen Shadegg, «se acercó al editor y, en un tono directo que debió de desconcertarlo, le pidió trabajo en una de sus revistas». Nast la rechazó. «Mi querida niña —recordaba Boothe que le dijo—. Ha habido muchas chicas antes que tú que han venido a pedirme trabajo, y, créeme, no aguantarías. No vales para un trabajo como ese».[8]

Impávida, Boothe se presentó en las oficinas de *Vogue* tres semanas más tarde, y se enteró de que Nast estaba de viaje por Europa. Sin embargo, lo que tal vez otra persona habría pensado que era un contratiempo, a Boothe le pareció una oportunidad. «A través de la puerta abierta, vio otra redacción donde había seis escritorios. Dos de ellos vacíos. Entró en la oficina y preguntó por aquellas dos mesas —cuenta Shadegg—. Le contestaron que dos redactoras se habían casado hacía poco y habían dejado el trabajo. Así que se quitó el abrigo y los guantes y se sentó delante de una de ellas, y la única explicación que dio fue que estaba lista para ponerse a trabajar».

Cuando Nast regresó, Boothe estaba ya en nómina, demostrando que sí valía para aquel trabajo.

Y siguió demostrándolo. Cuatro años más tarde, en 1933, era jefa de redacción de *Vanity Fair*. De aquí pasó a la literatura y escribió seis obras de teatro, tres libros y un guion que fue nominado al Óscar; después trabajó como corresponsal en el extranjero para la revista *Life* en Europa y China durante los primeros años de la Segunda Guerra Mundial; más tarde, fue la primera mujer congresista de su estado natal, Connecticut, y, finalmente, embajadora en Italia, lo que le valió la Medalla Presidencial de la Libertad por su servicio. Es cierto que, para lograrlo, Boothe a veces tuvo que fingir un poco, pero ni su competencia ni sus logros tenían nada de falso.

Las empresas hacen este tipo de cosas constantemente. En los inicios de The Home Depot (la primera empresa minorista de bricolaje de Estados Unidos y del mundo), dada la escasez de fondos, los propietarios pedían al personal que apilara cajas vacías para crear la ilusión de que la tienda estaba llena.[9] También las actrices Claudia Jessup y Genie Chipps, recién convertidas en empresarias, vieron que podía ayudarlas a ponerse en marcha aparentar ser más de lo que eran. En 1972, como estaban las dos sin trabajo, decidieron crear una empresa de asistencia personal imaginativa. Disponían de noventa dólares y un lema atrayente: «Haremos cualquier cosa que no sea ilegal, inmoral o que ya se esté haciendo». Se dieron cuenta de que iba a ser difícil causar una buena impresión por teléfono cuando su «sede mundial» era un minúsculo estudio de Manhattan. Así que compraron un disco de ruidos ambientales llamado *Sonidos de oficina*, en el que se oían sonar teléfonos y máquinas de escribir, muchas, a toda velocidad. Y, *¡voilà!*, ¡problema resuelto![10]

Nuestra última artista del *chutzpah* es una escritora de libros in-

**288**  El síndrome de la impostura

fantiles llamada Starr Hall. A los veintiún años, Hall ya había escrito tres libros. A pesar de las buenas críticas, cada vez que intentaba organizar una lectura de cuentos en alguna de las librerías de prestigio recibía la misma respuesta: «Sí, estupendo. Dile a tu publicista que nos llame». «Aun suponiendo que alguien hubiera tenido interés en ser "mi publicista" –dice Starr Hall–, no habría podido permitírmelo». Así que decidió representar el papel de Holly Grant, publicista. «Holly tenía incluso su propia línea de teléfono y tarjetas de visita a su nombre».

Hall no sabía ni remotamente cómo ser publicista literaria, de modo que hizo lo que hace cualquier artista del *chutzpah* que se precie: aprender «sobre la marcha». «Cada vez que llamaba a una nueva librería, descubría algo nuevo –dice Hall–. Cuando me preguntaban por "el comunicado de prensa", pensaba: "Vale otra cosa que tengo que averiguar cómo se hace"». Y funcionó. Cada día había niños y niñas haciendo cola delante de Barnes & Noble para que les contara un cuento, y una vez incluso consiguió que apareciera un periodista del *Los Angeles Times*. Y en un último acto de audacia, cuando la encargada de una librería comentó inocentemente lo mucho que se parecía la voz de Holly a la Starr, con la mayor naturalidad Hall/Grant contestó: «¡Ya, y la gente nos dice que también físicamente nos parecemos mucho!».

## Despierta a tu artista del *chutzpah*

El sentimiento de ser una impostora o un impostor te ha dominado durante demasiado tiempo. Es hora de que te liberes de él. Y como dijo Robert Frost: «La libertad radica en ser audaz». Rosa Parks, Stephen Hawking, Connie Chung, y pioneras menos conocidas, como Madam C.J. Walker, Ellen Ochoa y Julie Taymor, nos recuerdan los efectos trascendentales que puede tener aventurarse. Así que, si ya eres valiente, ¡enhorabuena!, estás entre la larga lista de personas que han tenido el valor de hacer lo que sentían que tenían que hacer. Sin embargo, cabe la posibilidad de que no seas tan valiente como te gustaría, y en ese caso necesites un poco de ayuda para dar el paso.

Quiero que entiendas que nadie te está pidiendo que te cueles en una oficina y te apropies de un puesto de trabajo o que te inventes una personalidad ficticia. Pero tienes que empezar a comportarte como si te merecieras un sitio en la mesa…, y por «mesa» puedes entender librería, universidad de élite, alta administración de empresa o escenario. Ninguna de las personas a las que acabas de conocer era más lista, tenía más talento o era más merecedora que tú. Ser audaz no significa tener razón, ser impecable ni saberlo todo. Consiste más bien en utilizar con inteligencia los recursos, conseguir información y aprovechar cualquier contacto. Consiste en ver los problemas como oportunidades, en dejarte llevar en algunos momentos y, en última instancia, en contar con que puedes caer de bruces y saber que sobrevivirás.

Para desarrollar la confianza que te permita apostar por ti, debes saber de entrada que un nuevo reto siempre te creará cierta tensión interior. Pero eso no significa que no estés a la altura. Es más, no solo debes contar con que tendrás miedo en muchos momentos, sino que en realidad deberías preocuparte si no lo tienes. Denzel Washington, ganador de un Premio Tony y un Óscar, desde luego no las tenía todas consigo cuando representó su papel protagonista en el gran éxito de Broadway *Fences*. «Cinco minutos antes de salir a escena, en el primer preestreno [en Broadway], si no sientes "¡qué

**290**   El síndrome de la impostura

demonios hago yo aquí!" […], si no sientes eso, dicen que es hora de que te dediques a otra cosa».[11]

En cuanto sientas que el miedo se apodera de ti, respira hondo, y luego con calma recuérdate: *Ahora mismo, esto no ayuda.* A continuación, descubre qué sentimiento sería una ayuda en esos momentos. ¿Qué te parece emoción, asombro, expectación, alegría, orgullo, entusiasmo o determinación? Decía el famoso psicoanalista Fritz Perls que el miedo es «entusiasmo sin aliento».[*] Piénsalo. Tu cuerpo tiene las mismas respuestas fisiológicas al miedo y al entusiasmo: tienes nervios en el estómago, las palmas de las manos sudorosas, la boca seca. Y tu mente solo sabe lo que tú le cuentas; ella no es capaz de distinguir si es lo uno o lo otro.

Supongamos, por ejemplo, que te da miedo hablar en público. Es normal que sientas cierto nerviosismo mientras te diriges hacia el estrado; solo, acuérdate de repetirte mientas caminas: «¡Qué emoción estar aquí! ¡Estoy entusiasmada! ¡Estoy entusiasmada!». Acto seguido, cuando empieces a hablar, puedes reforzar ese mensaje elevando el tono de voz, o con gestos que ratifiquen ese entusiasmo. No solo despertarás mayor interés en el público, sino que, además, tanto lo uno como lo otro queman energía nerviosa.[12]

La capacidad de actuar con valentía es como cualquier otra habilidad. Cuanto más la practicas, más fácil es. El consejo de Eleanor Roosevelt era: «Haz cada día algo que te asuste». Pruébalo durante una semana. Apúntate a clases de esgrima o de canto. Envía un poema o un artículo a una revista. Levanta la mano cuando pregunten quién quiere ocuparse de una tarea que para ti sea un reto. Te gustaría, naturalmente, que las cosas salieran bien, pero el resultado es lo

---

\*   Creador, junto con su esposa, Laura Posner, de la terapia Gestalt. (*N. de la T.*)

# Reconsidera la posibilidad de ser audaz y asumir riesgos 291

de menos. En serio. Lo importante es que has salido de tu zona de confort y, además, has aprendido a hacer algo que antes no sabías.

Cuando pienses en los riesgos de emprender cualquier aventura, asegúrate de contemplar las posibles consecuencias desde la perspectiva adecuada. Una brillante directiva de nivel medio que llevaba años trabajando en un conglomerado empresarial del sector cosmético me contó que siempre había preferido «pecar de precavida», porque no quería ser la responsable si algo salía mal. Hasta que un día su jefa le dijo: «Mira, no hay nada que puedas hacer para hundir esta empresa, así que ¡adelante!». Por supuesto que las decisiones tienen consecuencias, pero rara vez son tan graves ni permanentes como tú imaginas.

Ir a por todas se reduce, en definitiva, a tener fe en que, a pesar de tus inseguridades, sabrás encontrar la manera de resolver lo que tengas que resolver. ¿Y si todo sale mal? Bueno, en palabras de la almirante Grace Murray Hopper: «Es mucho más fácil disculparse que obtener permiso».

Date cuenta, por otro lado, de que ir sobre seguro puede ser la jugada más arriesgada de todas. Es cierto que, si no te arriesgas ni te expones nunca, te evitas la posibilidad de fracasar. Pero deberías considerar también lo que te está costando toda esa seguridad. En su libro *Perseverance*, Margaret Wheatley escribe: «La seguridad no genera vida. Ponernos a resguardo en un sitio seguro, querer tener garantías de que estamos a salvo, no permite que la vida se exprese. La novedad, la creatividad, la imaginación…, estas son las cosas que de verdad están vivas».

Párate ahora y piensa en un reto o una oportunidad que podrías aprovechar, pero que te da miedo. Nombra tres cosas concretas que te perderás si sigues yendo a lo seguro. Puede ser desde una ganancia económica hasta la oportunidad de obtener información valiosa o el orgullo de saber que, ganes o pierdas, al menos lo has intentado.

Si no eres capaz de «verte» haciendo algo, es probable que nunca lo hagas. Así que te sugiero que pienses en qué artista del *chutzpah* te ha despertado más interés o simpatía y dejes que te sirva de inspiración para tener una imagen de ti más valiente y resuelta. Retrocede mentalmente a alguna situación concreta en la que tener incluso un poquito de osadía te habría resultado muy útil. Reproduce la escena en tu mente, pero esta vez añádele una pizca de audacia creativa. ¿Qué harías o dirías de otra manera si fuera hoy? ¿Cómo te sentirías después?

Ahora que ya tienes una imagen mental, quiero que hagas algunos experimentos, como si estuvieras haciendo un estudio científico, y luego evalúes lo ocurrido. Tal vez no consigas imaginarte faroleando para conseguir un trabajo, pero si supieras que farolear un poco iba a impedir que en un taller mecánico se aprovecharan de ti sin el menor escrúpulo, ¿te parecería bien hacer como que sabes más de coches de lo que realmente sabes? En otras palabras, quiero que encuentres tu zona de confort y que luego te arriesgues un poquito más.

Piensa en dos o tres maneras de poner en práctica ese *chutzpah* que no supongan un riesgo excesivo. Es solo para que veas la sensación que te produce fingir un poco. ¿Cómo ha resultado? ¿Has sonado convincente? ¿Demasiado audaz? ¿No lo bastante? Y sobre todo, ¿cómo te has sentido tú?

Recuerda que lo que tienen en común todas las personas que asumen riesgos es que les encantan las emociones fuertes. Si has jugado al juego «Dos verdades y una mentira», ya sabes lo divertido –incluso emocionante– que puede ser fingir. El juego funciona así: por turnos, cada persona cuenta a un grupo de gente que no la conoce bien dos verdades sobre sí misma y una mentira disparatada. A continuación, se trata de descubrir cuál de las tres afirmaciones es falsa. Podrías decir, por ejemplo, fui a París a hacer un curso de cocina, mi madre me parió de camino al hospital y gané una competición de tiro con arco. Tómate ahora un momento para pensar en tus dos verdades y tu mentira, ¡cuánto más estrambótica, mejor!

Puedes poner a prueba tu *chutzpah* con gente de confianza o, si de verdad quieres practicar el «hacer como si», aprovecha esa conversación que entablas con una persona desconocida en el avión o mientras estás de vacaciones a muchos kilómetros de casa. No hace falta que dejes de ser de Cleveland y de tener dos hijos y una hija, pero, en lugar de ser Teresa de contabilidad, puedes ser una periodista independiente a la que le pagan por viajar por el mundo y escribir reseñas de balnearios o una experta de renombre internacional en la historia de la cerveza. ¿No sabes nada de ninguno de los dos temas? ¡Ve inventando cosas sobre la marcha! Te sorprenderá lo que sale de tu boca cuando te pregunten cómo te metiste en eso. Total, ¿tienes algo que perder? En el peor de los casos, alguien a quien no volverás a ver nunca pensará que deliras. Recuerda que todo esto lo haces para tener más confianza en ti y explorar qué se siente en el «lado de la osadía».

En su autobiografía *I'm Wild Again: Snippets from My Life and a Few Brazen Thoughts* (Salvaje de nuevo: retazos de mi vida y algunos pensamientos audaces), Helen Gurley Brown escribió: «La gente cree que la audacia está en los genes. No es así […], está en la necesidad y el anhelo y en estar dispuesta a caer de bruces. No es precisamente divertido […], ¡a quién le gusta tener que soportar tanto rechazo!, pero la vida es más jugosa si te obligas a hacer cosas incómodas».[13] Afortunadamente, no solo puedes elegir cómo encajar el fracaso, sino que puedes incluso decidir qué tipo de fracasos quieres tener. Puedes tener fracasos relativamente mundanos, como suspender una asignatura o perder un cliente importante. O puedes seguir el consejo que dio Garrison Keillor en un discurso de graduación, en el que animó al grupo de chicas y chicos recién graduados a «tener fracasos interesantes».[14]

Deja que esas palabras te calen hondo. Ten fracasos interesantes. Cada artista del *chutzpah* que has conocido aquí podría haber fracasado con la misma facilidad que triunfó. Lauder habría podido crear una empresa cosmética millonaria en lugar de una multimillonaria, o podría haberse estrellado. Spielberg podría haber recibido un solo Óscar en lugar de tres, o habría podido no ganar ninguno. La cuestión es que la vida es corta. Y puesto que, hagas lo que hagas, es inevitable fracasar en cierta medida, ¿por qué conformarte con fracasos aburridos cuando puedes fracasar en algo que de verdad valga la pena, como quedar en segunda posición en unas elecciones importantes, conseguir que solo se fabrique uno de tus inventos o ser la persona número veintitrés mil en cruzar la línea de meta en la maratón de Boston?

## Resumiendo

La confianza en ti nace de asumir riesgos, enorgullecerte de las victorias y aprender de las derrotas. Algunas de las personas que tienen el síndrome de la impostura se atreven a aceptar la incertidumbre y están decididas a demostrar su valía. En general, sin embargo, a las mujeres les cuesta más arriesgarse que a los hombres. Las razones son complejas. Probablemente se mezclan el condicionamiento educativo y social, las tendencias biológicas y cómo percibe cada género los beneficios potenciales de un determinado riesgo.

Las mujeres asumen habitualmente riesgos financieros y emocionales que nadie reconoce; ni la sociedad, ni ellas mismas. Tanto si te gustan las emociones fuertes como si prefieres las acciones más comedidas, siempre puedes intensificar tu espíritu de aventura. No hace falta que seas «artista de la simulación» para fingir hasta conseguirlo. Lo que sí puedes es disfrutar de la creatividad y los beneficios potenciales que se derivan de ser «artista del *chutzpah*».

## Lo que puedes hacer

- Recuerda que evitar el riesgo puede ser la medida más arriesgada de todas.
- Reconoce los riesgos que asumes y que no valoras porque te parecen lo natural.
- Enfréntate cada día a algo que temas, para desarrollar la capacidad de asumir riesgos.
- Aplica lo que hayas aprendido de cada «artista del *chutzpah*» que acabas de conocer.

## Lo que viene a continuación

Quizá tu mayor miedo no sea en realidad el que tú crees, sino algo muy distinto. Mientras te preparas para embarcarte en tu nueva vida sintiéndote la persona inteligente y capaz que realmente eres, hay algunas ideas esenciales que debes tener presentes. Entre ellas, lo que hace falta en la práctica para «apostar por ti», y que nada te impida hacer realidad tus sueños.

# 12. Lo que realmente supone hacer realidad tus sueños

Llevo a cuestas el peso de un gran potencial.

LINO, personaje de *Carlitos y Snoopy*

Hasta ahora hemos puesto toda la atención en ti y en el restante setenta por ciento, aproximadamente, de la población adulta que se identifica con el síndrome de la impostura. Setenta por ciento. Así que somos mayoría. Pero inevitablemente la pregunta es: ¿y qué pasa con el otro treinta por ciento? Ya que, como es obvio, son la excepción a la regla, ¿no deberíamos estudiar a esas personas? Esta es mi teoría sobre ese colectivo.

Una minoría dentro de esa minoría tiene un problema diferente, y podría decirse que más grave. Y ese problema es que la percepción que tienen ciertas personas de sus conocimientos y capacidades supera con creces sus conocimientos y capacidades reales. En el extremo está «el listo», el arrogante sabelotodo al que conociste hace un par de capítulos. Lo último que quieres es parecerte a él, créeme. Pero aunque quisieras ser esa persona, hay cero posibilidades de que pases de ser alguien competente que se siente un fraude por falta de confianza a engrosar las filas del sector inmerecidamente hiperseguro de su superioridad. Así que vamos a olvidarnos de esta pandilla y a enfocar la atención en la otra parte de ese treinta por ciento a la que sí te quieres parecer: personas que, como tú, son perfectamente capaces, pero que, a diferencia de ti, nunca se han sentido un fraude.

## Corrijamos las reglas

Una barrera gigantesca para llegar a donde está esa gente es la convicción de que no tenemos derecho a sentir, pensar o actuar de determinadas maneras. A continuación hay una lista de veinte derechos que nos corresponden a todos los seres humanos, aunque a veces actuemos como si no nos correspondieran. Compruébalo tú, marcando los derechos que te cuesta concederte. Al ir leyendo la lista, procura no intelectualizar. Solo presta atención a cómo sueles responder habitualmente.

### Lista de derechos[1]

El derecho a decir no sin sentirme culpable.
El derecho a sentir y expresar una sana competitividad y motivación de logro.
El derecho a cometer errores o a no tener razón.
El derecho a expresar orgullo por mis logros.
El derecho, ocasionalmente, a tener un mal día o a no rendir como se espera.
El derecho a fracasar y a aprender de la experiencia.
El derecho a recibir un trato justo y no discriminatorio.

Lo que realmente supone hacer realidad tus sueños **299**

El derecho a alcanzar un nivel con el que me sienta a gusto.

El derecho a decir «no entiendo».

El derecho a que me expliquen las cosas.

El derecho a que se me trate como a una persona adulta competente.

El derecho a trabajar en ámbitos no tradicionales sin que se me penalice.

El derecho a no ser el portavoz de todo mi género, raza, etcétera.

El derecho a trabajar y, al mismo tiempo, criar a mis hijos y mis hijas.

El derecho a rendir por encima –o por debajo– de las expectativas familiares.

El derecho a no tener respuesta para todo.

El derecho a que se me trate con dignidad y no con condescendencia.

El derecho a que mis aportaciones se consideren igual de valiosas que las de cualquier persona.

El derecho a pedir una compensación económica adicional por hacer trabajo adicional.

El derecho a estar en una curva de aprendizaje.

A continuación, elige de la siguiente lista una situación que evoque en ti sentimientos de impostura. Te ocurre, por ejemplo, cuando:

- Tienes que defender tu trabajo o tus ideas.
- Te ponen a prueba, te evalúan o te juzgan de alguna manera.
- Te encuentras ante una tarea nueva y desconocida.
- No entiendes algo.
- Tienes que hacer una presentación.

**300**   El síndrome de la impostura

- Muestras tu trabajo a otra gente.
- Estás con personas de más éxito o categoría o conocimientos que tú.
- Se te presenta la oportunidad de ampliar tu negocio, avanzar en tu carrera o hacer realidad cualquiera de tus sueños.
- Te encuentras en... (otras circunstancias; especifica).

Por último, pregúntate: *¿Qué derecho o derechos me estoy negando en esta situación?*

Muy pronto tendrás ocasión de ver lo diferentes que podrían ser las cosas. Pero antes quiero presentarte a alguien. Se llama Betty Rollin, y durante su época como corresponsal de ABC News escribió un artículo de opinión para el *New York Times* con el siguiente titular: «Chronic self- doubt: Why does it afflict so many women?» (Inseguridad crónica: ¿por qué afecta a tantas mujeres?). A pesar de su impresionante historial, Rollin admitió que a lo largo de toda su carrera la había atormentado el miedo constante a «meter la pata». Se preguntaba por qué no había más hombres que se echaran a llorar, como le ocurría a ella cada vez que le encargaban un nuevo trabajo y la asaltaba la sensación de *Estoy loca, pero ¿cómo he dicho que sí? Yo no sé hacer esto, ahora sí que me van a pillar.*

Así que un día Rollin decidió hacerle la pregunta a un joven productor con el que trabajaba en ABC News, alguien que «es tan competente como cree que es». Así es como Rollin describió el diálogo:

> —Cuando estás investigando un tema —le pregunté—, ¿alguna vez piensas que el trabajo no va a salir bien?
>
> —Claro —contestó alegremente—. Todo el tiempo.
>
> —¿Te preocupa?

Lo que realmente supone hacer realidad tus sueños

-A veces -dijo sin mucha convicción.

-Si no sale bien, ¿sueles pensar que es culpa tuya?

-No -dijo con convicción.

-Pero supón que es culpa tuya. ¿No te angustia ser el responsable...?

-No.

-¿Por qué no?

Me miró.

-¿Es que no tengo derecho a equivocarme de vez en cuando?

Han pasado varias décadas desde el día que leí esas palabras, pero aún recuerdo cómo esta simple pregunta retórica me dejó boquiabierta. ¿Tener derecho a equivocarse? Esto era nuevo para mí. Y, como me iría dando cuenta con el tiempo, es igual de nuevo para muchas mujeres, para mucha gente de color y, de hecho, para cualquiera que padezca el síndrome de la impostura.

Piénsalo un momento: ¿qué pasaría si supieras que tienes derecho a equivocarte «de vez en cuando»? Fíjate en que ese chico no dijo «continuamente». Está claro que, si cometes un error detrás de otro, es porque te falta formación o porque estás en un trabajo que no es el tuyo. Pero si supieras que tienes derecho, de vez en cuando, a meter la pata -o a tener un mal día, a no entender, a necesitar ayuda, a pelearte con un asunto o a que te cueste un poco dominar una técnica, a no saberlo todo sobre el tema que tienes entre manos o a estrellarte, directamente-, entonces no tendrías por qué sentirte una impostora o un impostor.

Por otro lado, es cierto que a algunas personas la sociedad les da más libertad para equivocarse que a otras. Como mujer, persona de color o miembro de cualquier otro grupo sobre el que pesen los estereotipos relacionados con la inteligencia y la competencia, puede que te sientas más vulnerable cuando las cosas no salen bien. Además de un mayor escrutinio y una doble moral, puede que también sientas el peso de representar, por ejemplo, a toda la cultura asiática o a toda la comunidad sorda.

Por supuesto, no es fácil saber cuál es la mejor manera de sobrellevar los efectos del sexismo, el racismo, el capacitismo o cualquier otro «ismo» sistémico. Pero hay algo que sí sé, y es que no tengo ningún control sobre lo que la gente vaya a pensar de mí. Ni yo ni nadie. Lo único que podemos controlar es nuestra respuesta.

¿A qué me refiero exactamente? Bien, ¿alguna vez has estado en una reunión y había algo que no entendías, pero no te atreviste a levantar la mano porque no querías que pensaran «¡Menuda estupidez!»? No creo que haya nadie a quien no le ha pasado. Al cabo de unos instantes, alguien hace la pregunta que tú querías hacer, y se oye un suspiro colectivo de alivio porque esa persona ha tenido el valor –y la seguridad– para preguntar. Vale, sé tú la persona a la que toda esa gente admira.

Sé tú la persona que entiende que la competencia no consiste en saberlo todo, sino en *saber con confianza*. Y ya que estamos, sé tú la persona que se tropieza al subir al estrado, se levanta con elegancia y sigue caminando, o que pierde el hilo en medio de una frase o pronuncia mal una palabra y se ríe, porque sabe que ¡a quién no le ha pasado!, y sabe que no es el fin del mundo. En otras palabras, sé tú la persona que, piense lo piense la gente, actúa como si realmente creyera que tiene tanto derecho a ser humana como la que más.

## De «impostora» o «impostor» a Humilde Realista™

Mira, sé que lo tú quieres es dejar de sentirte una impostora o un impostor. Pero las cosas no funcionan así: los sentimientos son lo último que cambia. Es decir:

LA ÚNICA FORMA DE QUE DEJES DE SENTIRTE
UNA IMPOSTORA O UN IMPOSTOR
ES QUE DEJES DE PENSAR COMO UNA IMPOSTORA O UN IMPOSTOR.

En contra de lo que te imaginas, la parte de ese treinta por ciento que es auténticamente humilde y que nunca se ha sentido un fraude –la gente a la que llamo Humildes Realistas– no es gente más inteligente, capaz, competente, con más talento o que esté más cualificada que el resto de los seres humanos. De hecho, solo hay una diferencia entre esas personas y tú: cuando se encuentran en la misma situación en la que tú te sientes un fraude, ellas tienen pensamientos distintos. Eso es todo. Lo cual es una inmejorable noticia, porque significa que lo único que tienes que hacer es aprender a pensar como ellas.

No me refiero a que te des ánimos con unas cuantas afirmaciones inspiradoras: *¡Adelante! ¡Puedes con esto y con más! ¡Te mereces estar aquí!* Y no porque no sean ciertas o no vayan a ayudarte, sino porque, aunque muevan la aguja de la impostura, la variación no durará mucho. ¿Por qué? Cuando te digo que el sector de Humildes Realistas piensa de forma diferente, me refiero a tres aspectos muy concretos: cómo definen estas personas la competencia; cómo responden al fracaso, a los errores y a las críticas constructivas, y cómo reaccionan al miedo.

El sector de Humildes Realistas no se rige por los estándares inalcanzables de la persona Perfeccionista, ni de la que a aspira a ser Experta, o de la que solo cree en el Genio Natural, ni de la Solista ni de la que se esfuerza por ser Superhumana, a las que conociste en el capítulo 6. En lugar de eso, estas personas adoptan los estándares –mucho más realistas y motivadores– que recibiste en el reglamento de la competencia para simples mortales.

En lugar de ver en el fracaso y los errores la prueba fehaciente de su ineptitud, como hacen la «impostora» y el «impostor», ellas entienden que las victorias y las derrotas, los tropiezos y los rechazos son altibajos naturales del proceso por lograr algo. Eso no quiere decir que se alegren si fracasan. De hecho, puede que se sientan terriblemente defraudadas. Pero en lugar de la vergüenza y las autorrecriminaciones habituales de las personas «impostoras», las Humildes Realistas aprenden todo lo posible de los reveses, se recomponen y lo vuelven a intentar.

Lo mismo ocurre cuando reciben una crítica. Posiblemente sientan una punzada, es comprensible. La diferencia es que, en lugar de hundirse en la miseria –o, peor aún, de sentir que esa crítica las define como «impostoras»–, las Humildes Realistas ven hasta los comentarios negativos como un regalo. Incluso si alguien elogia su trabajo, es posible que respondan: «Muchas gracias, ¿hay algo que hubiera podido hacer todavía mejor?

Y dado que estas personas, Humildes Realistas, no consideran que «competencia» sea sinónimo de «seguridad» como hacen las «impostoras», no esperan sentirse absolutamente seguras las veinticuatro horas del día. Saben que hasta las personas con más talento y más competentes del planeta a veces dudan si serán capaces de resolver una situación y tienen miedo de no conseguirlo. Es natural. Lo que importa es lo que haces con esos sentimientos.

A ver si me explico, la manera de convertirte en Humilde Realista no es intentando «desterrar» la voz crítica que suena dentro de ti (lo cual, francamente, sería agotador). No, tiene que haber un cambio fundamental en tu concepción de la competencia, el miedo y la inseguridad, y en tu forma de responder al fracaso, a los errores y a las críticas constructivas. La próxima vez que te asalte el sentimiento de ser un fraude, por sutil que sea, distánciate un poco y presta mucha atención al diálogo que está teniendo lugar en tu cabeza. A continuación, reformula con calma esos pensamientos con mentalidad de Humilde Realista.

## Vamos a crear tu imagen de «después»: ¿quién quieres ser?

Aún no hemos terminado del todo. A pesar de lo común que es el síndrome de la impostura, cómo lo experimentas tú es algo característicamente tuyo. Por lo tanto, para que te sirva de verdad lo que has leído en estas páginas, debes tener unas indicaciones personalizadas. Ya empezaste el proceso de definirlas en el capítulo 4, cuando investigaste las tácticas inconscientes que utiliza tu personaje «impostor» para evitar que lo detecten. Fue también entonces cuando identificaste la mentira terrible, oculta en lo más hondo de ti, que llevas contándote desde hace años sobre quién eres, ¿recuerdas?: tu «trituradora» interior.

Para la siguiente parte del proceso, vamos a utilizar de nuevo una técnica de clarificación de patrones que ideó Gerald Weinstein. Teniendo en mente tu experiencia impostora, rellena los espacios en blanco:

**306** · El síndrome de la impostura

> Cada vez que estoy en una situación en la que _____ ,
> suelo sentir _____ .
> En la cabeza, la voces negativas empiezan a decir _____
> y lo que hago habitualmente es _____ .

La imagen de «después» que estás a punto de crear será todo lo contrario a la imagen de «antes» que acabas de describir. A base de alimentarla, esta forma de ser se ha convertido para ti en algo natural. Por eso es necesario que construyas una nueva imagen que te reafirme; una imagen que tengas preparada, lista para entrar en acción en cuanto empiecen a asomar los antiguos sentimientos de impostura.

Regresa a la situación que has descrito hace un momento, pero esta vez revive la escena utilizando lo que has aprendido en estas páginas. Si ves que te atascas, imagina cómo reaccionaría la Humildad Realista en esa misma situación:

> ¿Qué preferirías sentir, que te diera confianza en ti y fe en tus capacidades?
> ¿Qué te gustaría que dijeran en tu cabeza las nuevas voces positivas?
> ¿Qué preferirías hacer en esta situación?

Mientras lo haces, ten en cuenta que comportarte con seguridad cuando sientes casi lo contrario va a exigirte un poco de, en fin, «actuación». Compréndelo, te estás pidiendo pensar cosas de ti que nunca has pensado, sentir sentimientos que no te son familiares, y comportarte de un modo que puede causarte una sensación un poco ajena. Hasta ahora, te has encasillado en el papel de un personaje menos competente y capaz de lo que tú realmente eres. Cuando un actor o una actriz quiere escapar del encasillamiento, elige papeles opuestos a aquellos por los que es célebre. Para que tú puedas romper con un comportamiento que es tan habitual en ti, también tienes que llegar hasta la raíz y «actuar» esencialmente de forma diferente a como lo has estado haciendo hasta ahora.

¿Qué te parecería empezar por sentirte una persona poderosa, lúcida, entusiasta, segura y orgullosa de sí misma, optimista, vital, curiosa, capaz o con derecho a ser quien es? ¿Qué te parecería decirte cosas como: «Sé que lo puedo hacer», «Vale, ya sé por dónde va esto», «Me encantan los retos interesantes», «Lo iré haciendo mejor a medida que vaya teniendo más experiencia», «Así está suficientemente bien», «Gane o pierda, habré aprendido algo valioso». En cuanto a tus nuevas conductas, ¿y si te relajaras y disfrutaras el momento? ¿Qué te parecería hacer preguntas para aprender más? Sonreír, y confiar en que te llegará esa palabra que buscas. Dar menos importancia a lo que la gente piense de ti. Improvisar un poco. Pararte a reconocer y celebrar cada pequeño o gran logro.

Pero antes de que esta nueva forma de ser salga de ti con la misma naturalidad y automatismo que tu antiguo papel de impostora o impostor, Weinstein dice que tienes que establecer una base positiva, y que esa base debe tener suficiente poder emocional como para anular la convicción negativa que está en la raíz de tu antiguo patrón de pensamiento y de conducta. Este nuevo fundamento consiste en una declaración breve que debe estar en radical contraposición a tu «trituradora» interior. A diferencia de la antigua convicción negativa que te inmovilizaba, esta nueva «declaración direccional», como se la llama, establece el curso de la nueva dirección positiva en la que ya has empezado a avanzar. ¿Qué te parece?:

**308** **El síndrome de la impostura**

> Soy yo quien decide lo que valgo.
>
> Me merezco todo lo que he logrado en mi vida y me enorgullezco de cada uno de mis logros.
>
> Soy una persona creativa e inteligente que tiene mucho que ofrecer.
>
> Todas mis ideas –buenas, malas y regulares– merecen ser escuchadas.
>
> Tengo derecho a equivocarme o a tener un mal día y seguir siendo un miembro de gran valor para mi organización.
>
> Tengo capacidad para madurar y aprender.
>
> Soy una persona competente y con talento.
>
> Soy quien soy, y es suficiente.

A la hora de establecer tu declaración direccional, debes tener en cuenta algunas cosas. De entrada, procura que sea breve y contundente, así la recordarás con más facilidad. Además, y esto es importante, asegúrate de formularla en sentido positivo; es decir, en lugar de escribir «No soy tan torpe como creía», escribe «Soy inteligente y capaz». Y elimina también cualquier cuantificador sutil, como *Soy bastante competente*.

Por último, es importante que no te invites a fracasar, con exigencias de perfección o visiones grandiosas. Por tanto, nada de declaraciones inalcanzables como *Soy capaz de hacerlo todo admirablemente y con soltura* o *Soy la mejor gestora de proyectos del mundo*. Además de ser expectativas muy poco realistas e innecesarias para tener éxito en la vida, a la larga, imponerte este tipo de exigencias reavivará en ti sentimientos de impostura latentes.

Con estas indicaciones en mente, escribe tu nueva declaración direccional libre de impostura:

Antes de seguir adelante, es importante que hagas una verificación rápida para asegurarte de que tu nueva persona segura de sí misma es lo suficientemente opuesta a tu trituradora. Sabrás que todo marcha según lo previsto si:

1. Te suena a que es mentira.
2. Casi no te atreves a pronunciarla en voz alta.
3. Solo pensar en decirla en voz alta te provoca una reacción fisiológica: te ruborizas, te sudan las manos o sientes una opresión en el pecho.

Si la declaración no te provoca al menos una de estas tres respuestas, vuelve atrás y reescríbela tantas veces como sea necesario hasta que te provoque alguna de ellas. Luego confía en que, con la práctica, superarás esas reacciones y empezarás a sentir poco a poco la solidez y veracidad de tu declaración.

Desaprender el estilo de pensamiento que nace del síndrome de la impostura lleva tiempo. Pero, lo creas o no, puedes elegir responder de otra manera. En lugar de pensar: *¿Quién va a querer contratarme a mí?*, puedes elegir pensar: *Tengo mucho que ofrecer a mis clientes* o, mejor aún: *¡A ver quién es el afortunado o la afortunada de tenerme en su equipo!* Entonces puedes «actuar» de otra manera, representar el papel que tienes tan bien ensayado, explicar exactamente por qué vales cada céntimo de tus honorarios.

**310**  El síndrome de la impostura

¿Sentirás necesariamente que es verdad lo que estás diciendo? Probablemente no. Los sentimientos son lo más difícil de cambiar. Recuerda que son los últimos en desaparecer. Pero, como has leído en los dos últimos capítulos, no hace falta que esperes a que desaparezcan. La solución no es esperar a que un día ya no tengas miedo ni inseguridad ni ansiedad y te sientas competente y creas que mereces cumplir tus sueños. La solución es cambiar primero tus pensamientos y tu conducta, y dejar que los sentimientos se vayan poniendo al día. Así que repite conmigo: *La única forma de dejar de sentirme una impostora (o un impostor) es dejar de pensar como una impostora (o un impostor).*

## La otra cara de tu historia de impostura

Llevas años recurriendo a toda clase de razones circunstanciales para explicar el porqué de tus logros... con el convencimiento de que no eres tan inteligente o capaz como todo el mundo sabe que eres..., con la certeza de que es cuestión de tiempo que te descubran. Pero hay otra verdad, y es esta:

> TU MIEDO A SER INCOMPETENTE
> NO ES NADA EN COMPARACIÓN
> CON TU MIEDO A SER EXCEPCIONAL.

A nivel consciente, vives con el temor a que la gente descubra que eres un fraude. Pero en el fondo, sabes que eres «inteligente», o al menos suficientemente inteligente. Como dice el famoso poema de Marianne Williamson: «Nuestro miedo más profundo no es a ser deficientes. Lo que más miedo nos da es nuestro poder inconmensu-

Lo que realmente supone hacer realidad tus sueños **311**

rable. Es nuestra luz, no nuestra oscuridad, lo que nos aterra». Oculta bajo los escombros del miedo y la duda está la certeza de que eres infinitamente capaz. Es probable que sonrías si te digo que el experto en liderazgo Manfred F.R. Kets de Vries describe el síndrome de la impostura como «la otra cara de la genialidad».

Si te cuesta creerlo, no sé qué te parecerá saber que, en un estudio reciente, se vio que las personas que «decían» sentirse un fraude eran secretamente más seguras de lo que aparentaban. El estudio se llevó a cabo en una universidad, donde se pidió a un grupo de estudiantes que predijeran la nota aproximada que sacarían en un test de habilidades intelectuales y sociales. Cuando se les anunció que las predicciones serían anónimas, tanto quienes habían demostrado, en una prueba anterior, un nivel alto de sentimientos de impostura como quienes habían demostrado un nivel bajo consideraron que tenían muchas posibilidades de sacar una buena nota. Pero cuando se les dijo que, luego, cada estudiante intercambiaría su test con el de la persona de al lado para comprobar si había acertado en el pronóstico, quienes habían demostrado fuertes sentimientos de impostura rebajaron, en general, su autoevaluación. Los investigadores llegaron a la conclusión de que eran «farsantes de mentira». Respetuosamente, discrepo.

Creo que lo que estos investigadores estaban viendo en realidad era la otra cara de la impostura: esa parte de ti que, por pequeña e inconstante que sea, secretamente sabe que puedes hacer casi cualquier cosa que decidas. Aunque tal vez no sea con facilidad, a la perfección o sin ayuda, en el fondo sabes que tienes todo lo necesario para alcanzar la mayoría de los objetivos que te propongas. Es solo que, hasta ahora, tu pensamiento impostor se ha interpuesto en tu camino. Quería decirte todo esto desde el principio. Pero sabía que no me habrías creído. Entonces los sentimientos de impostura te pesaban demasiado como

## 312    El síndrome de la impostura

para que pudieras escuchar toda la verdad sobre ellos. Ese peso se ha disipado, y ahora estás en condiciones de escuchar.

Las personas a las que admiras o que han llegado más lejos o han hecho más cosas que tú no son necesariamente más listas, más capaces ni tienen más talento. Es cierto que han adquirido ciertos conocimientos, habilidades y experiencia. Pero la palabra clave es «adquirido». Un fenómeno televisivo tan asombroso como Julia Child no salió del vientre de su madre siendo «Julia Child, leyenda de la cocina».[*] Se convirtió en Julia Child a los cuarenta y nueve años. En el caso de la dramaturga Wendy Wasserstein,[**] el punto de inflexión lo marcó que, a los treinta y pocos años, una amiga le dijera: «La forma de que te tomen en serio es tomarte en serio a ti misma».[2]

Oprah Winfrey no tuvo ninguna de las ventajas de una clase social acomodada ni de una vida familiar estable. Pasó los seis primeros años de su vida con su abuela en Misisipi antes de que la mandaran al norte a vivir con su madre. A los trece años, incapaz de soportar más el maltrato y los abusos sexuales, se escapó de casa y, poco después, fue enviada a un centro de detención de menores, donde no la admitieron porque todas las camas estaban ocupadas.

---

[*]    Julia Child revolucionó la forma de cocinar en los hogares de todo el mundo. Tras estudiar en la reputada academia Le Cordon Bleu de París, abrió su propia escuela de cocina con Simone Beck y Louisette Bertholle. Con ellas escribió el primero de sus libros, *El arte de la cocina francesa*, que se convertiría de inmediato en un éxito de ventas. Con él, introdujo la gastronomía francesa en la sociedad norteamericana. Su programa de televisión *The French Chef* fue el precursor del formato de los programas televisivos de cocina actuales. (*N. de la T.*)

[**]    La dramaturga estadounidense Wendy Wasserstein, y profesora en la Universidad de Cornell, escribió una decena de obras dramáticas, dos guiones cinematográficos, una novela y varios libros de ensayo. Recibió numerosos galardones, entre ellos el Premio Tony y el Premio Pulitzer de Teatro por su obra *The Heidi Chronicles*. (*N. de la T.*)

No había nada en los antecedentes de Oprah que fuera presagio de éxito, mucho menos de megaestrellato. Sin embargo, asombrosamente, Oprah se mantuvo impertérrita en medio de todo. Ni siquiera después de que la despidieran de su trabajo de reportera de televisión y le dijeran: «No sirves para la televisión»,[3] se dio por vencida. Es más, tiempo después dijo: «Siempre supe que estaba destinada a la grandeza». Y tú también.

No es necesario que te conviertas en una celebridad para que expreses plenamente tu poder inconmensurable. De hecho, se necesita el mismo valor para abandonar lo que todo el mundo considera que es un «trabajo de ensueño» y seguir tu propio camino. A la vez, no hace falta ni una pizca más de coraje o energía para soñar a lo grande que para conformarte con cualquier cosa. Y tienes mucho más que ganar apuntando alto que apuntando bajo.

## ¿Quién te crees que eres para no ir a por todas?

Cuando te atreves a «soñar a lo grande» y a apostar por ello —lo que quiera que sea ese «ello» para ti—, aparece una resistencia interna que se empeña en reducir tu radio de acción. Cuanto más cerca estés de creer de verdad que puedes conseguir cualquier cosa que te propongas, más probable es que una parte de ti te pregunte: *¿Quién te crees que eres?*

La pregunta que deberías hacerte es: *¿Quién me creo que soy para no ir a por ello?* Lo sepas o no, tus acciones, lo mismo que la ausencia de ellas, tienen implicaciones que van mucho más allá de ti. Es una lección que aprendí en la última fase de la creación de este libro, cuando me senté a organizar todo el material que había ido

## 314 El síndrome de la impostura

recogiendo en las investigaciones. Había entrevistado a cada sujeto, y las grabaciones de las entrevistas estaban trascritas. Tenía ya hasta el título: «Un modelo de barreras internas que a las mujeres les impiden triunfar profesionalmente».

Y de repente apareció la resistencia. Me abrumaba la perspectiva de tratar de dar sentido a casi mil páginas de datos. Empecé a cuestionar el tema en sí. Me bloqueé, por completo. Me quedé totalmente en blanco. Durante días. En pocas palabras: me sentía un fraude. Pero no solo por no saber ni por dónde empezar, sino que, además, ¿quién se creía que era, esta descendiente de una larga estirpe de asistentas y conserjes, para tener el atrevimiento de considerarse la «doctora» Valerie Young? Esto ocurría a principios de los años ochenta, una época en la que las mujeres blancas se abrían camino hacia los mandos intermedios, mayormente. Mi amiga Rita Hardiman dirigía seminarios sobre diversidad para los sectores directivo y ejecutivo de algunas de las mayores empresas del país. Todos los días observaba a mujeres asombrosamente competentes que se esforzaban por creerse la imagen de mujer segura de sí misma que anunciaban sus prominentes hombreras.

Rita había terminado su tesis doctoral unos meses antes, así que sabía bien a lo que me enfrentaba. Con cierto temor a que la mía se quedara a medias, se sentó y me escribió una carta. Todo lo que decía en ella tenía mucho sentido, pero la parte que me hizo reflexionar de verdad fue la que decía: «Valerie, tienes que terminar la tesis, porque lo que has aprendido en el curso de tu investigación puede beneficiar a muchas mujeres. Y si no la terminas, salimos perdiendo todas».

Las palabras de mi amiga cambiaron para siempre mi perspectiva de las acciones humanas: me hicieron darme cuenta de las consecuencias de sentirnos insignificantes y resignarnos a no hacer lo que de verdad querríamos, pero no nos atrevemos. Mi respuesta visceral fue: *¡Dios mío, pero qué egoísta soy! ¡La gente me está esperando! ¡Tengo que darme prisa!* Fue como si alguien hubiera encendido un interruptor dentro de mí. Comprender que aquel miedo a terminar la tesis iba a tener consecuencias para otras mujeres se convirtió en una poderosa fuerza motivadora.

Desde entonces he aprendido que abogar por alguien o servir a sus intereses de la manera que sea es una forma muy eficaz de conseguir que las mujeres se decidan a actuar. Varios capítulos atrás, leías que aquellas mujeres que negocian el sueldo que se les ofrece dan una imagen menos amable y más exigente que las que lo aceptan sin decir nada. He esperado hasta ahora para darte la buena noticia. Lo que también reveló este estudio es que, cuando los hombres y las mujeres que tenían cargos ejecutivos negociaban su sueldo, los resultados eran similares. Ahora bien, si las negociaciones eran en favor de otra persona, las mujeres obtenían mejores resultados que los hombres. La conclusión a la que llegó el equipo de investigación fue que, al actuar como defensoras de alguien en quien creían, las mujeres se sentían más libres para defender con firmeza sus peticiones y tenían menos miedo a que se las criticara. Además, lo mismo que los hombres se crecen en los entornos competitivos, son los entornos cooperativos los que potencian la energía de las mujeres. ¿Y puede haber mejor forma de cooperación que representar los intereses de otra persona?[4] Por lo tanto, si quieres conseguir resultados mejores para ti, busca la manera de vincularlos a los de otra gente, ya se trate de otro individuo, tu familia, un equipo, tu comunidad o la humanidad entera.

Esta estrategia puede aumentar también las probabilidades de que alcances un sueño largamente acariciado. A lo largo de los años, he tenido innumerables ocasiones de transmitir a otras personas las palabras de Rita. Una de ellas fue Kim, una escritora formidable, pero que nunca había publicado nada y que se había pasado años cuidando de su padre enfermo. Tras su muerte, empezó a escribir una obra de teatro que reflejara su experiencia. Antes de haber avanzado mucho, se paró en seco por miedo a que su obra tuviera éxito. Si eso llegara a ocurrir, me dijo, «¡Qué vértigo! Tendría que demostrar que estoy a la altura de ese éxito, que de verdad lo merezco».

Invité a Kim a imaginarse un teatro lleno a rebosar, a sentir la emoción del público, a darse cuenta de que en aquellas butacas había personas que habían pasado por una experiencia similar a la suya, deseosas de ver reflejadas y honradas su propia alegría y tristeza en las palabras que ella había escrito, a ver cómo se atenuaban las luces, se levantaba el telón y revelaba un escenario vacío… y luego a verse a sí misma, la «casi dramaturga», salir de entre bastidores y oírse anunciar a sus «casi admiradores y admiradoras»: «Lo siento, no va a haber obra. Me daba demasiado miedo ser tan buena dramaturga como para escribirla».

¿Puede dar miedo apostar por nuestros sueños? Que no te quepa duda. Y te costará todavía más si te has pasado la vida anteponiendo las necesidades de cualquier otra persona a las tuyas. Incluso aunque consigas convencerte de que tu trabajo tiene algún valor, poner de repente tu sueño en primer plano te parecerá posiblemente egoísta. Razón de más para recordarte que todo el mundo pierde cuando te resignas a no hacer lo que puedes y quieres hacer. Como dijo Audre Lorde: «Cuando me atrevo a ser poderosa, a poner mi fuerza al servicio de mi visión, cada vez importa menos si tengo miedo».

En lugar de la clásica pregunta *¿Qué haría en mi vida si el dinero no fuera un impedimento?*, prueba a preguntarte *¿Qué cambiaría en*

## Lo que realmente supone hacer realidad tus sueños 317

*mi vida si el miedo no me impidiera actuar?* En este mismo instante, hay gente en tu ciudad, en tu país, que quiere y merece beneficiarse de toda tu variada gama de conocimientos, capacidades y habilidades. Mira todavía un poco más lejos y comprenderás que, en un mundo en el que la pobreza y el analfabetismo afectan desproporcionadamente más a las mujeres, niñas y niños, el mundo necesita que nos pongamos manos a la obra. Todos. Todas. Incluida tú.

No hace falta que salgas corriendo y luches por acabar con el hambre en el mundo, por la paz mundial o por salvar a una especie en peligro de extinción. Pero puedes contribuir a criar, orientar o inspirar a la próxima generación de niñas fuertes y niños sensibles. Puedes levantar la mano en una reunión o en una clase. Puedes levantar la mano y decir sí a un proyecto, pedir un ascenso o un aumento de sueldo. Puedes lanzarte al ruedo o lanzar al viento la cautela. Y si alguien te hace sentirte menos capaz de lo que realmente eres, puedes levantar la mano, y mucho.

La pelota está ahora en tu tejado. Para que las cosas cambien de verdad, tiene que haber cambios. Si cierras este libro y no haces nada por aplicar lo que has aprendido, lo que conseguirás será exactamente eso: nada. No espero que te acuerdes de todo lo que has aprendido aquí, pero sí confío en que te acordarás de ser amable contigo. En que recordarás estas palabras del yogui indio Kripalvananda: «Cada vez que te juzgas, te rompes el corazón».

En el terreno que sea, te mereces empezar a actuar como la persona valiente y poderosa que realmente eres. Por ti, y por toda la humanidad. Si crees que es hora de poner en práctica la confianza que has adquirido a lo largo de estas páginas, si crees que ha llegado el momento de liberarte del miedo a tu propio potencial, entonces ¡adelante, no hay tiempo que perder!

# Apéndice

## Me pasó algo gracioso cuando estaba a punto de empezar a escribir este libro

Hay algo más que debes saber. Voy a hacerte una confesión. En 2007 tuve la fortuna de que una agente fenomenal se pusiera en contacto conmigo y me consiguiera entrevistas con siete de las editoriales más importantes de Nueva York. A diferencia de las otras seis, que fueron en persona, la primera entrevista fue por teléfono. Al colgar, me sentía de maravilla. Pero a medida que iba avanzando el día empecé a tener dudas. *¿Por qué he dicho esto? Ojalá me hubiera acordado de decir aquello. ¿Habré sonado muy pesada… o, peor aún, incoherente?*

No se me escapaba la ironía de estar presentando el proyecto de un libro sobre cómo superar el síndrome de la impostura y llevar todo el día sacándome faltas. La diferencia era que, en el pasado, una situación como esta, en la que había tanto en juego, hubiera podido hundirme fácilmente en innumerables días, semanas o incluso meses de autocrítica obsesiva. Ahora, en cambio, aquella imprevista oleada de inseguridad me duró menos de veinticuatro horas. No porque fuera más «lista». Tenía, simplemente, la perspectiva y las herramientas para aplacar las dudas mucho más rápido.

Luego vino el proceso de escribir el libro. Yo había calculado que no me llevaría más de nueve meses, y acabó llevándome más del doble. Hubo muchos días en los que me sentía totalmente des-

**320** El síndrome de la impostura

bordada, y ni de lejos a la altura del reto que me había puesto. La verdad sea dicha, acabé desechando tantas páginas como las que conservé. Afortunadamente, hubo bastantes días en los que todo cuadraba. Días en los que tenía que recordarme que, como tantas otras cosas en la vida, escribir es un trabajo meticuloso y agotador: crear palabra a palabra, párrafo a párrafo, página a página, y hacer luego innumerables correcciones.

Te he contado que algo que dijo Ted Koppel me cambió la vida. Resulta que, años después, un encuentro casual con otro periodista me cambió también la forma de pensar. En un momento de desánimo en el que pensaba que el libro debería estar ya mucho más avanzado, un día en un avión tuve la inmensa fortuna de ocupar la butaca contigua a la de Bob Woodward, el famoso periodista de investigación que ayudó a destapar el caso Watergate, y de charlar con él durante el vuelo. Cuando nos despedimos, me deseó mucha suerte con mi libro y me dijo que él acababa de entregar el primer borrador de su decimosexto libro esa misma semana, y eso significaba, añadió, que tenía la mitad del trabajo hecha. Saber que Bob Woodward consideraba que un primer borrador era solo la mitad del trabajo me tranquilizó enormemente.

Soy gran fan de los tableros de visión. Después de utilizar uno para encontrar la casa de mis sueños –con vistas–, creé uno para este libro. Cuando tenía días difíciles (y fueron muchos), las palabras y las imágenes me recordaban por qué estaba haciendo todo aquel esfuerzo. ¿Me seguía desanimando? Por supuesto que sí. Y entonces, de repente, una serie de acontecimientos inesperados retrasaron el libro casi un año. En principio, esto no hubiera tenido por qué ser un gran problema. Pero pasa la página. ¿Ves de quién es la foto que está en el centro de mi tablero de visión? La editorial había fijado una nueva fecha, y mi libro se publicaría unos meses después de que terminara la última temporada del programa de Oprah tras haber estado un cuarto de siglo en antena. ¡Había estado tan cerca!

¿Era «realista» pensar que hubiera podido estar en el show de Oprah? Era una posibilidad remota. Pero, una vez más, *¿y por qué no?* Prefiero infinitamente vivir en el mundo de las posibilidades que en el llamado mundo real. El secreto es que no importaba no haber conseguido salir en *Oprah* o que, si lo hubiera conseguido, habría estado hecha un manojo de nervios. Lo que importa es que siempre creí que era posible.

## 322  El síndrome de la impostura

Te digo esto porque te conozco y sé cómo funciona tu mente. Y sé lo fácil que sería terminar de leer este libro y, el instante siguiente, encontrarte en una situación que desencadene tus sentimientos de impostura y decir: *¿Ves como no ha funcionado? Soy un caso perdido.* Porque lo que tú quieres es tener seguridad y confiar plenamente en ti las veinticuatro horas del día todos los días de la semana y del año. Pero la confianza no funciona así. Como has leído más de una vez en estas páginas, los errores, los fracasos y los contratiempos son de esperar, el ser humano nunca es perfecto, y siempre nos queda mucho que aprender. Y eso, mi brillante y competente amiga, amigo, es muy bueno.

# Notas

## Introducción

1. «Research from The School of Life Show Two Thirds of Britons "Struggling" at Work», Dropbox and The School of Life White Paper, 2017, https://dropboxbusinessblog.co.uk/two-thirds-britons-struggling-work-team work difficulties-arise/.

2. Pauline Clance y Suzanne Imes, «The Impostor Phenomenon Among High Achieving Women», *Psychotherapy: Theory, Research, and Practice* 15, n.º 3 (otoño 1978): págs. 241-247.

3. Gregory C.R. Yates y Margaret Chandler, «Impostor Phenomenon in Tertiary Students», ponencia presentada en la Conferencia Anual de la Asociación Australiana de Investigación en Educación, en la Universidad de Australia Meridional, Adelaide, diciembre de 1998; Catherine Cozzarelli y Brenda Major, «Exploring the Validity of the Impostor Phenomenon», *Journal of Social and Clinical Psychology* 9, n.º 4 (invierno 1990): págs. págs. 401-417; D. Lester y T. Moderski, «The Impostor Phenomenon in Adolescents», *Psychological Reports* 76, n.º 4 (1995): págs. 466, y Sharon Fried-Buchalter, «Fear of Success, Fear of Failure, and the Impostor Phenomenon Among Male and Female Marketing Managers», *Sex Roles* 37, n.º 11 y 12 (1997): págs. 847-859.

## 1. ¿Te sientes una impostora, un impostor? Únete al club

1. Ellyn Spragins, *What I Know Now: Letters to My Younger Self.* Nueva York: Crown Archetype, 2006: págs. 143.

2. Leslie Goldman, «You're a Big Success (So Why Do You Feel So Small?)», *Chicago Tribune*, 30 de marzo, 2005.

3. Gail M. Matthews, «Impostor Phenomenon: Attributions for Success and Failure», ponencia presentada en la American Psychological Association, Toronto, 1984.

**324** El síndrome de la impostura

4. Joseph R. Ferrari, «Impostor Tendencies and Academic Dishonesty: Do They Cheat Their Way to Success?», *Social Behavior and Personality* 33, n.º 1 (2005): págs. 11-18.
5. «Jodie Foster Reluctant Star», entrevistada por Charlie Rose en el programa *60 Minutes*, 30 de enero, 2000.

## 2. En busca del origen

1. Andy Williams, *Moon River and Me: A Memoir*, reimpresión, 2010.
2. Diane Zorn, «Academic Culture Feeds the Imposter Phenomenon», *Academic Leader* 21, n.º 8 (2005): magnapubs.com/newsletter/story/l46.
3. Mary E. Topping y Ellen B. Kimmel, «The Imposter Phenomenon: Feeling Phony», *Academic Psychology Bulletin* 7 (1985): págs. 213-226, psycnet. apa.org/psycinfo/1986=20664-001.
4. Ellyn Spragins, *What I Know Now: Letters to My Younger Self.* Nueva York: Crown Archetype, 2006.
5. Entrevista a Jonathan Safran Foer, *Entertainment Today*, 5-11 de julio, 2002.
6. Entrevista a Kate Winslet, entrevista publicada en *Interview*, noviembre 2000.
7. Chris Lee, «A Hard Look at Himself; Colleagues and Reviewers Lavish Praise on Don Cheadle for Distinctive, Eye-Catching Performances but He's His Toughest Critic», *Los Angeles Times*, 14 de noviembre, 2004.
8. Michael Uslan, citado en «How to Amp Up Your Charisma», Olivia Fox Cabane, forbes.com, 22 de octubre, 2009.
9. Encuesta OnePoll a tres mil personas adultas en el Reino Unido realizada en nombre de Access Commercial Finance, 2018.
10. A.J. Jacobs, *The Guinea Pig Diaries.* Nueva York: Simon & Schuster, 2009: pág. 67.
11. Meryl Streep, entrevistada por Ken Burns para *USA Weekend*, 1 de diciembre, 2002. Se le formuló la pregunta: «¿Piensa seguir actuando toda la vida?».
12. Jenny Legassie, Elaine M. Zibrowski y Mark A. Goldszmidt, «Measuring Resident Well-Being: Impostorism and Burnout Syndrome in Residency», *Journal of General Internal Medicine* 23, n.º 7 (julio 2008): págs. 1.090-1.094.

## Notas    **325**

13. Carina Sonnak y Tony Towell, «The Impostor Phenomenon in British University Students: Relationships Between Self-Esteem, Mental Health, Parental Rearing Style and Socioeconomic Status», *Personality and Individual Differences* 31, n.º 6 (15 de octubre, 2001): págs. 863-874.
14. Neil A. Lewis, «On a Supreme Court Prospect's Résumé: Baseball Savior», *New York Times*, 14 de mayo, 2009.
15. Sandra Day O'Connor. Entrevista realizada por David Rudenstine en 2000, citada en Ann Carey McFeatters, *Sandra Day O'Connor: Justice in the Balance*. Albuquerque: University of New Mexico Press, 2005: pág. 5.
16. Cary M. Watson, Teri Quatman y Erik Edler, «Career Aspirations of Adolescent Girls: Effects of Achievement Level, Grade, and Single-Sex School Environment», *Sex Roles* 46 n.º 9-10 (2002): págs. 323-335, DOI: 10.1023/A:1020228613796.
17. Sarah Anne Lin, «The Imposter Phenomenon Among High-Achieving Women of Color: Are Worldview, Collective Self-esteem and Multigroup Ethnic Identity Protective?», tesis doctoral, Universidad de Forhdham, Nueva York, 2008.

### 3. No todo está en tu cabeza

1. Janet K. Swim y Lawrence J. Sana, «He's Skilled, She's Lucky: A Meta-Analysis of Observers' Attributions for Women's and Men's Successes and Failures», *Personality and Social Psychology Bulletin* 22 (1996): pág. 507.
2. «Equality Not Taken for Granted», *Nature* 390 (13 noviembre, 1997): pág. 204.
3. Christine Wenneras y Agnes Wold, «Nepotism and Sexism in Peer-Review», *Nature* 387 (22 mayo, 1997): págs. 341-343.
4. Claudia Goldin y Cecilia Rouse, «Orchestrating Impartiality: The Impact of 'Blind' Auditions on Female Musicians», *American Economic Review* 90, n.º 4 (septiembre 2000): págs. 715-741.
5. Geoff Potvin et al., «Unraveling Bias from Student Evaluations of Their High School Science Teacher», *Science Education* 93 (2009): págs. 827-845, onlinelibrary.wiley.com/doi/10.1002/sce.20332/abstract.
6. D.G. Smith, J.E. Rosenstein y M.C. Nikolov, «The Different Words We Use to Describe Male and Female Leaders», *Harvard Business Review* (25

mayo, 2018), hbr.org/2018/05/the-different-words-we-use-to-describe-male-and-female -leaders.

7. Rhea Steinpreis, Katie A. Anders y Dawn Ritzke, «The Impact of Gender on the Review of Curriculum Vitae of Job Applicants and Tenure Candidates: A National Empirical Study», *Sex Roles* 41 (1999): págs. 509-528.

8. Martin Wood, Jon Hales, Susan Purdon, Tanja Sejersen y Oliver Hayllar, «A report of research carried out by National Centre for Social Research on behalf of the Department of Work and Pensions», 2009. https://www.researchgate.net/scientific-contributions/Martin-Wood-26680587.

9. K.L. Milkman, M. Akinola y D. Chugh, «What Happens Before? A Field Experiment Exploring How Pay and Representation Differentially Shape Bias on the Pathway into Organizations», *Journal of Applied Psychology* 100, n.º 6 (noviembre 2015): págs. 1.678-1.712.

10. Victoria L. Brescoll y Eric Luis Uhlmann, «Can an Angry Woman Get Ahead? Gender, Status Conferral, and Workplace Emotion Expression», *Psychological Science* 19 (marzo 2008): págs. 268-275.

11. James Chartrand, «Why James Chartrand Wears Women's Underpants», 14 diciembre, 2009, copyblogger.com/James_chartrand_underpants.

12. Eleanor E. Maccoby y Carol Jacklin, *The Psychology of Sex Difference*. Stanford University Press, Stanford, California, 1974. [Otro de sus libros, este con traducción al castellano, es: Eleanor E. Maccoby. *Desarrollo de las diferencias sexuales*, Marova, Madrid, 1972.]

13. Jacqueline J. Madhok, «The Effect of Gender Composition on Group Interaction», en Kira Hall, Mary Bucholtz y Birch Moonwomon (ed.), *Locating Power: Proceedings of the Second Berkeley Women and Language Conference*, vol. 2. Berkeley Women and Language Group, University of California, Berkeley, California, 1992: págs. 371-386.

14. Caroline Simord et al., «Climbing the Technical Ladder: Obstacles and Solutions of Mid-Level Women in Technology», encuesta a 1.795 hombres y mujeres de siete empresas de alta tecnología de la región de Silicon Valley (Michelle R. Clayton Institute for Gender Research, Stanford University/Anita Borg Institute for Women and Technology, 2008).

15. Linda J. Sax y Alexander W. Astin, *The Gender Gap in College: Maximizing the Development Potential of Women and Men*. Jossey-Bass, San Francisco, 2008.

## Notas    **327**

16. Joan Biskupic, «Ginsburg: The Court Needs Another Woman: Panel's Lack of Diversity Wears on Female Justice», *USA Today*, 6 de mayo, 2009: pág. 1.
17. Dave Barry, «Why Men Can't Help It», *Miami Herald*, 23 noviembre, 2003.
18. Rita Hardiman y Bailey Jackson, «Conceptual Foundations for Social Justice Education», en Maurianne Adams, Lee Anne Bell y Pat Griffin (ed.), *Teaching for Diversity and Social Justice*, 2ª ed. Routledge, Nueva York, 2007.
19. K.M. Hayes y S.F. Davis, «Interpersonal Flexibility, Type A individuals, and the Impostor Phenomenon», *Bulletin of the Psychonomic Society* 31 (1993): págs. 323-325.
20. Deborah Tannen, «Power of Talk: Who Gets Heard and Why», *Harvard Business Review*, 1 de septiembre, 1995.
21. Claude M. Steele y Joshua Aronson, «Stereotype Threat and the Intellectual Test Performance of African Americans», *Journal of Personality and Social Psychology* 69, n.º 5 (1995): págs. 797-811.
22. Jennifer Steele y Nalini Ambady, «"Math Is Hard!" The Effect of Gender Priming on Women's Attitudes», *Journal of Experimental Social Psychology* 42, n°. 4 (2006): págs. 428-436; e Ilan Dar-Nimrod y Steven J. Heine, «Exposure to Scientific Theories Affects Women's Math Performance», *Science* 314, n°. 5.798 (20 de octubre, 2006): pág. 435.
23. Mary C. Murphy, Claude M. Steele y Janes J. Gross, «Signaling Threat: How Situational Cues Affect Women in Math, Science, and Engineering Settings», *Psychological Science* 18, n.º 10 (2007): págs. 878-885.
24. P.G. Davies, S.J. Spencer y C.M. Steele, «Clearing the Air: Identity Safety Moderates the Effects of Stereotype Threat on Women's Leadership Aspirations», *Journal of Personality and Social Psychology* 88, n.º 2 (2005): págs. 276-287.
25. Sabine C. Koch, Stephanie M. Müller y Monika Sieverding, «Women and Computers: Effects of Stereotype Threat on Attribution of Failure», *Computers & Education* 51, n.º 4 (diciembre 2008): pág. 1.795.
26. P.G. Davies *et al.*, «Consuming Images: How Television Commercials That Elicit Stereotype Threat Can Restrain Women Academically and Professionally», *Personality and Social Psychology Bulletin* 28, n.º 12 (2002): págs. 1.615-1.628.

**328** El síndrome de la impostura

27. Claude M. Steele y Joshua Aronson, «Stereotype Threat and the Intellectual Test Performance of African-Americans», *Journal of Personality and Social Psychology* 69, n.º 5 (noviembre 1995): págs. 797-811.

28. Jean-Claude Croizet y Theresa Claire, «Extending the Concept of Stereotype to Social Class: The Intellectual Underperformance of Students from Low Socioeconomic Backgrounds», *Personality and Social Psychology Bulletin* 24, n.º 6 (junio 1995): págs. 588-594.

29. Anne M. Koenig y Alice H. Eagly, «Stereotype Threat in Men on a Test of Social Sensitivity», *Sex Roles* 52, n.º 7, 8 (2008): págs. 489-496.

30. Jeff Stone et al., «Stereotype Threat Effects on Black and White Athletic Performance», *Journal of Personality and Social Psychology* 77, n.º 6 (1999): págs. 1.213-1.227.

31. Margaret Shih, Todd L. Pittinsky y Nalini Ambady, «Stereotype Susceptibility: Identity Salience and Shifts in Quantitative Performance», *Psychological Science* 10 (1999): págs. 80-83; y Margaret Shih, Todd L. Pittinsky y Amy Trahan, «Domain- Specific Effects of Stereotypes on Performance», *Self and Identity* 5: págs. 1-14.

32. Encuesta de la plataforma de *marketing* Kajabi a personas que participaron en la campaña «Quítate de tu camino» («Get Out of Your Own Way») y que se identificaron como emprendedoras o propietarias de pequeñas empresas en 2020.

33. K. Cokley, S. McClain, A. Enciso y M. Martinez, «An Examination of Minority Status Stress and Impostor Feelings on the Mental Health of Diverse Ethnic Minority College Students», *Journal of Multicultural Counseling and Development* 41, n.º 2 (2013): págs. 82-95, DOI: 10.1002/j.2161-1912.2013.00029.x.

34. L. Ojeda y A. Heads, «An Intersectional Look at Imposter Syndrome by Gender and Race/Ethnicity», 2022, manuscrito en preparación.

35. Jennifer Lee y Min Zhou, *The Asian Achievement Paradox*. Russell Sage Foundation, Nueva York, 2015.

36. «The Supergirl Dilemma: Girls Grapple with the Mounting Pressure of Expectations», encuesta nacional a niños y niñas en edad escolar realizada para Girls Inc. por la consultora digital Harris Interactive en 2006.

37. Adrienne Rich, *Nacemos de mujer: la maternidad como experiencia e*

*institución.* Trad. Anna Becciu y Gabriela Adelstein. Traficantes de sueños, Madrid, 2019, pág. 149.

## 4. A salvo en tu escondite

1. Pauline Rose Clance y Suzanne Imes, «The Imposter Phenomenon in High Achieving Women: Dynamics and therapeutic intervention», *Psychotherapy Theory, Research and Practice* 15, n.º 3 (otoño 1978): págs. 241-247; Clance et al., «Impostor Phenomenon in an Interpersonal/Social Context: Origins and Treatment», *Women & Therapy* 16, n.º 4 (1995): págs. 79-96
2. Ellyn Spragins, *What I Know Now: Letters to My Younger Self.* Crown Archetype, Nueva York, 2006.
3. Donovan Webster, «The Eliot Spitzer Question: Are You an Impostor? Why Do Some Successful Men Self-destruct When They Reach the Top? Are They Phony, Hypomanic, or Just Plain Scared?», *Best Life*, agosto 2008.
4. Gerald Weinstein, *Education of the Self: A Trainers Manual.* Mandala Press, Amherst, Massachusetts, 1976.
5. Julie K. Norem, *El poder positivo del pensamiento negativo.* Barcelona: Paidós, 2010; y Susan Pinker, «Feeling Like a Fraud», *Globe and Mail*, 2 de junio, 2004: C1.

## 5. ¿Qué tienen que ver realmente la suerte, el don de la oportunidad, los contactos y la simpatía con el éxito?

1. Marlo Thomas y sus amigos, *The Right Words at the Right Time.* Atria Books, Nueva York, 2002, pág. 5.
2. Michael E. Raynor, Mumtaz Ahmed y Andrew D. Henderson, «A Random Search for Excellence: Why "Great Company" Research Delivers Fables and Not Facts», Deloitte Development 2009.
3. Robin Roberts, *From the Heart: Eight Rules to Live By*, reimpreso en Hyperion, Nueva York, 2008: pág. xiii.
4. Daniel Goleman, *Inteligencia emocional.* Trad. David González Raga y Fernando Mora. Kairós, Barcelona, 1996.

**330**   El síndrome de la impostura

## 6. Reglamento de la competencia para simples mortales

1. Es un dicho del orador motivacional Mike Litman.
2. James Bach, «Good Enough Quality: Beyond the Buzzword», *Computer* 30, n.º 8 (agosto 1997): págs. 96-98.
3. K.A. Ericsson et al., eds. *Cambridge Handbook of Expertise and Expert Performance*. Cambridge University Press, Cambridge, Reino Unido, 2006: págs. 658-706.
4. J. McGrath Cahoon, Vivek Wadhwa y Lesa Mitchell, «Are Women Entrepreneurs Different Than Men?». Estudio subvencionado por la Fundación Ewing Marion Kauffman, 2010.
5. J. Evans, «Imposter Syndrome? Women, Technology and Confidence», *Globe and Mail*, 6 de junio, 2001.
6. *The Supergirl Dilemma: Girls Grapple with the Mounting Pressure of Expectations*, Girls Inc./Harris Interactive: 2006.
7. «Tina Fey: From Spoofer to Movie Stardom», *Independent*, 19 de marzo, 2010, independent.co.uk/arts-entertainment/films/features/tina-fey-from-spoofer-to -movie-stardom-1923552.html.

## 7. La respuesta al fracaso, los errores y las críticas

1. Sharon Fried-Buchalter, «Fear of Success, Fear of Failure, and the Imposter Phenomenon: A Factor Analytic Approach to Convergent and Discriminant Validity», *Journal of Personality Assessment* 58, n.º 2 (1992): págs. 368-379.
2. C.S. Dweck y T.E. Goetz, «Attributions and Learned Helplessness», en J. Harvey, W. Ickes y R. Kidd (ed.), *New Directions in Attribution Research*, Erlbaum, Hillsdale, Nueva Jersey, 1978, vol. 2.
3. Deborah Phillips, «The Illusion of Incompetence Among Academically Competent Children», *Child Development* 58 (1984): págs. 1.308-1.320.
4. Betty Shanahan, «Authentic Women and Effective Engineers... Create the Future», presentación, Michigan Technical University, 19 de noviembre, 2008.
5. S. Van Goozen *et al.*, «Anger Proneness in Women: Development and Validation of the Anger Situation Questionnaire», *Aggressive Behavior* 20 (1994): págs. 79-100.
6. Carol S. Dweck, *Mindset: la actitud del éxito*, trad. Pedro Ruiz de Luna González. Sirio, Málaga, 2016.

Notas   **331**

7. Karen Wright, «How to Take Feedback», *Psychology Today* (marzo/abril 2011).

## 8. El éxito en las mujeres y su instinto de conexión afectiva

1. Catalyst (organización sin ánimo de lucro cuya misión es acelerar el progreso de las mujeres mediante la inclusión en el lugar de trabajo), «The Bottom Line: Connecting Corporate Performance and Gender Diversity», enero 2004, catalyst.org/wp-content/uploads/2019/01/The_Bottom_Line_Connecting_Corporate_ Performance_and_Gender_Diversity.pdf.

2. Anna Fels, *Necessary Dreams: Ambition in Women's Changing Lives*. Pantheon, Nueva York, 2004.

3. Suzie Mackenzie, «Talented, Clever, Sexy... and Guilty», *Guardian Unlimited*, 22 de marzo, 1999, theguardian.com/film/1999/mar/22/features.

4. «Spellbound», *Dateline*, 22 de diciembre, 2000.

5. Mariah Burton Nelson, «Sisters Show How to Compete—and Care», *Newsday*, 11 de septiembre, 2001.

6. Lee Anne Bell, «Something's Wrong Here and It's Not Me: Challenging the Dilemmas That Block Girls' Success», *Journal for the Education of the Gifted* 12, n.º 2 (1989): págs. 118-130.

7. Georgia Sassen, «Success Anxiety in Women: A Constructivist Interpretation of Its Sources and Its Significance», *Harvard Business Review* (1980).

8. Carol Stocker, «When Even the Most Successful People Have a Gnawing Feeling They're Fakes», *Boston Globe*, 22 de marzo, 1986.

9. Sheryl Sandberg, «Why We Have Too Few Women Leaders», Conferencia TED, 21 de diciembre, 2010.

10. M.C. Murphy, C.M. Steele y J.J. Gross, «Signaling Threat: How Situational Cues Affect Women in Math, Science, and Engineering Settings», *Psychological Science 18* (2007): págs. 879-885.

11. Clay Shirky, «A Rant About Women», 15 de enero, 2010, shirky.com/weblog/2010/01/a-rant-about-women.

12. Richard L. Luftig y Marci L. Nichols, «An Assessment of the Social Status and Perceived Personality and School Traits of Gifted Students by Non-Gifted Peers», *Roeper Review* 13, n.º 3 (1991): págs. 148-153.

13. Kimberly Daubman y Harold Sigall, «Gender Differences in Perceptions

**332** El síndrome de la impostura

of How Others Are Affected by Self-disclosure About Achievement», *Sex Roles 37*, n.º 1-2 (1997): págs. 73-89.

14. Hannah Riley Bowles, Linda Babcock y Lei Lai, «Social Incentives for Gender Differences in the Propensity to Initiate Negotiations: Sometimes It Does Hurt to Ask», *Organizational Behavior and Human Decision Processes* 103, n.º 1 (mayo 2007): págs. 84-103.

15. Estudio realizado por las Girl Scouts de Estados Unidos, «Change It Up! What Girls Say About Redefining Leadership», 2008.

16. Pat Heim y Susan Murphy, *In the Company of Women; Indirect Aggression Among Women; Why We Hurt Each Other & How to Stop.* Tarcher, Nueva York, 2003: pág. 53.

### 9. ¿Es «miedo» al éxito o es otra cosa?

1. Sharon Hadary, fundadora y ex directora ejecutiva del Center for Women's Business Research, «Why Are Women-Owned Companies Smaller Than Men- Owned Companies?», *Wall Street Journal*, publicación 17 de mayo, 2010.

2. Ann J. Brown, William Swinyard y Jennifer Ogle, «Women in Academic Medicine: A Report of Focus Groups and Questionnaires, with Conjoint Analysis», *Journal of Women's Health* 10 (2003): págs. 999-1.008.

3. J. McGath Cohoon, Vivek Wadhwa y Lesa Mitchell, «Are Successful Women Entrepreneurs Different from Men?», Fundación Ewing Marion Kauffman, mayo, 2010.

4. Lorraine S. Dyke y Steven A. Murphy, «How We Define Success: A Qualitative Study of What Matters Most to Women and Men», *Sex Roles: A Journal of Research* 55, n.º 5-6 (2006): págs. 357-371.

5. Akira Miyake et al., «Reducing the Gender Achievement Gap in College Science: A Classroom Study of Values Affirmation», *Science* 330, n.º 1.006 (26 noviembre, 2010): págs. 1.234-1.237.

6. Peggy McIntosh, «Feeling Like a Fraud: Part I», Documento n.º 37 (1989); «Feeling Like a Fraud: Parte I», Documento n.º 18 (2002), Serie Trabajo en Curso. Stone Center for Developmental Services and Studies, Wellesley, Massachusetts.

7. Respuesta a una pregunta formulada en 2006 en la Women's High-Tech Coalition, grupo de Silicon Valley.

8. Boris Groysberg y Robin Abrahams, «Manage Your Work, Manage Your Life», *Harvard Business Review*, marzo 2014.
9. Lin Chiat Chang y Robert M. Arkin, «Materialism as an Attempt to Cope with Uncertainty», *Psychology & Marketing* 19, n.º 5 (2002): págs. 389-406.
10. Kathleen D. Vohs, Nicole L. Mead y Miranda R. Goode, «The Psychological Consequences of Money», *Science* 314, n.º 5.802 (17 noviembre, 2006): págs. 1.154-1.156.
11. Elizabeth W. Dunn, Lara B. Aknin y Michael I. Norton, «Spending Money on Others Promotes Happiness», *Science* 319, n.º 5.870 (24 marzo, 2008): págs. 1.687-1.688.
12. Mary Godwyn y Donna Stoddard, *Minority Women Entrepreneurs: How Outsider Status Can Lead to Better Business Practices*. Stanford University Press, Greenleaf, 2011.
13. Gary S. Cross, *Time and Money: The Making of Consumer Culture*. Routledge, Nueva York, 1993.
14. Daniel McGinn, «The Trouble with Lifestyle Entrepreneurs», *Inc.*, julio 2005.
15. «Chris Rock Is Ready to Rock Broadway», entrevista realizada por Harry Smith en el programa *CBS Sunday Morning*, 3 de abril, 2011.

## 10. Tres razones por las que a una mujer le cuesta más «fingir hasta conseguirlo» y por qué lo debes hacer

1. William Fleeson, «Towards a Structure –and Process– Integrated View of Personality: Traits as Density Distributions of States», *Journal of Personality and Social Psychology* 80, n.º 6 (2001): págs. 1.011-1.027.
2. Erica Heath, «Incompetents Who Sing Strengths Go Far», *Rocky Mountain News*, 25 de marzo, 2006.
3. Steve Schwartz, «No One Knows What the F*ck They're Doing (or "The Three Types of Knowledge")», 9 de febrero, 2010, jangosteve.com/post/380926251/ no-one-knows-what-theyre-doing.
4. Traci A. Giuliano et al., «An Empirical Investigation of Male Answer Syndrome», ponencia presentada en la 44 Convención Anual de la Southwestern Psychological Association, Nueva Orleans, Luisiana, abril 1998.
5. Rebecca Solnit, «Men Who Explain Things», *Los Angeles Times*, abril 13,

**334**    El síndrome de la impostura

2008. (El conjunto de ensayos se ha reunido en una obra del mismo título. Versión en castellano: *Los hombres me explican cosas*, trad. Paula Martín Ponz. Capitán Swing, Madrid, 2016.)

6. Jonathan Alter, «And Now, a Few Questions for the Questioner», *Newsweek on Campus*, noviembre 1985: pág. 10.

7. Harry G. Frankfurt, *Sobre la charlatanería (on bullshit) y sobre la verdad*, trad. Carme Castells Auleda y Candel Sanmartín. Paidós Ibérica, Barcelona, 2013.

8. Deborah Tannen, *La comunicación entre hombres y mujeres a la hora del trabajo*, trad. Edith Zilli. Editorial Plural, Barcelona, 2001.

9. Jeanne Wolf, «You've Got to Be a Fighting Rooster», *Parade*, 15 de junio, 2008: págs. 4-5.

10. Steve Schwartz, «No One Knows What the F*ck They're Doing (or "The 3 Types of Knowledge")».

11. En el debate vicepresidencial de 1988 entre Lloyd Bentsen y Dan Quayle, Bentsen protagonizó uno de los momentos más memorables de la campaña. Cuando Quayle comparó el tiempo que había estado en el Senado con el del difunto presidente John F. Kennedy, Bentsen célebremente replicó: «Senador, yo serví con Jack Kennedy, conocí a Jack Kennedy, Jack Kennedy era mi amigo. Senador, usted no es Jack Kennedy».

12. Videoentrevista a Harry G. Frankfurt, press.princeton.edu/titles/7929.html.

## 11. Reconsidera la posibilidad de ser audaz y asumir riesgos

1. Jacqueline Reilly y Gerry Mulhern, «Gender Differences in Self-Estimated IQ: The Need for Care in Interpreting Group Data», *Personality and Individual Differences* 18, n.º 2 (1995): págs. 368-373.

2. Christine R. Harris, Michael Jenkins y Dale Glaser, «Gender Differences in Risk Assessment: Why Do Women Take Fewer Risks Than Men?», *Judgment and Decision Making* 1, n.º 1 (2006): págs. 48-63.

3. M.H. Matthews, «Gender, Home Range, and Environmental Cognition», *Transactions of the Institute of British Geographers* 12, n.º 1 (1987): págs. 43-50; y *Making Sense of Place: Children's Understanding of Large Scale Environments*. Harvester Wheatsheaf, Hertfordshire, Reino Unido, 1992.

4. Alan Mirabella, «Hedge Funds Run by Women, Minorities Outperform

Market Peers», *Bloomberg*, 8 noviembre, 2021, bloomberg.com/news/articles/2021-11-08/ hedge-funds-run-by-women-minorities-outperform-market-peers.

5. Elke U. Weber, Ann-Renee Blais y Nancy E. Betz, «A Domain Specific Risk- Attitude Scale: Measuring Risk Perceptions and Risk Behaviors», *Journal of Behavioral Decision Making* 15 (2002): págs. 263-290.

6. Shamala Kumar y Carolyn M. Jagacinski, «Impostors Have Goals Too: The Imposter Phenomenon and Its Relationship to Achievement Goal Theory», *Personality and Individual Differences* 40, n.º 1 (2006): págs. 147-157.

7. Richard Corliss, «I Dream for a Living: Steven Spielberg, the Prince of Hollywood, Is Still a Little Boy at Heart», *Time*, 15 de julio, 1985.

8. Stephen Shadegg, *Clare Boothe Luce: A Biography.* Simon & Schuster, Nueva York, 1970.

9. James R. Haggerty, *Wall Street Journal*, 19 de febrero, 1999.

10. Claudia Jessup, *Supergirls: The Autobiography of an Outrageous Business*, Harper & Row, Nueva York, 1972. Gracias a mi amiga Barbara Winter por darme a conocer la historia de estas mujeres.

11. Denzel Washington, entrevistado por George Stephanopoulos, *Good Morning America*, 10 de abril, 2010

12. Los consejos sobre técnicas de presentación provienen de la empresa de formación Communispond.

13. Helen Gurley Brown, *I'm Wild Again: Snippets from My Life and a Few Brazen Thoughts.* St. Martin's Press, Nueva York, 2000: pág. 67.

14. Garrison Keillor, discurso de graduación, Macalester College, St. Paul, Minnesota, 2002.

## 12. Lo que realmente supone hacer realidad tus sueños

1. A principios de los ochenta, muchas de mis compañeras y compañeros de la Facultad de Pedagogía de la Universidad de Massachusetts crearon material educativo auténticamente innovador. En nuestro ingenuo deseo de compartir y aprender, la mayoría pusimos nuestro trabajo a disposición de todo el mundo. No solo no se nos ocurrió registrar los derechos de autoría, sino que, por lo general, ¡ni siquiera poníamos nuestro nombre en el documento! Esta lista de derechos era uno de esos documentos maravillosos que circulaban

en mi departamento en aquella época, probablemente del programa de Educación del Yo. Lo he modificado a lo largo de los años, pero el verdadero mérito es de su autor o autora sin nombre, que no recibió reconocimiento a su sabiduría y generosidad.

2. Marlo Thomas y Amigos, *Las palabras precisas en el momento oportuno*, trad. María Teresa Aguilar Ortega. Diana, México, D.F., 2004.

3. Steve Young, *Grandes fracasos de gente altamente exitosa*. Panorama, Ciudad de México, 2006, prefacio.

4. Hannah Riley Bowles, Linda Babcock y Kathleen L. McGinn, «Constraints and Triggers: Situational Mechanics of Gender in Negotiation», *Journal of Personality and Social Psychology* 89, n.º 6 (diciembre de 2005): págs. 951-965.

# Agradecimientos

Habría podido seguir hablando sobre el síndrome de la impostura durante años. Sin embargo, este libro no se habría publicado de no haber sido por unas cuantas personas cuyo papel ha sido esencial. La primera es mi agente literaria, Elisabeth Weed. El periódico *Chronicle of Higher Education* había publicado un artículo sobre una presentación que hice de este libro en la Universidad de Columbia. En el transcurso de los dos días siguientes, se pusieron en contacto conmigo cuatro agentes que me ofrecieron buscar una editorial para publicarlo. Me sentí halagada, pero también obligada a decirles que una agencia literaria ya había intentado encontrarme una editorial y no lo había conseguido. Al oírlo, tres se retiraron cortésmente. Elisabeth no, me dijo: «Aquella agencia era aquella agencia. Esta soy yo. Y yo puedo vender este libro». Y lo vendió, magníficamente. Desde entonces, tengo plena confianza en Elisabeth como caja de resonancia y valedora.

Mi viaje con Crown Publishing comenzó con dos magníficas y enérgicas defensoras de este libro, Tina Constable y Heather Jackson. Heather fue mi primera editora. Trabajamos juntas durante un año, y luego ella, tras dos décadas de extraordinario éxito en el mundo editorial, decidió abrirse camino por su cuenta. Antes de eso, afortunadamente, había tenido tiempo de trabajar en serio en la edición del manuscrito y sus propuestas me ayudaron a dar forma al libro y a encontrar mi propia voz.

Mi nueva editora, Suzanne O'Neill, retomó el trabajo donde

**338** El síndrome de la impostura

Heather y yo lo habíamos dejado. Me imagino el reto que debió de ser para ella entrar en el proceso editorial en fase tan avanzada. Sus sugerencias fueron valiosísimas, y gracias a ellas pude expresar con más claridad y concisión algunas partes del texto. No fue tarea fácil para Suzanne. A ella debo agradecerle también la idea del título.

En cuanto conocí a mi equipo de *marketing* de Crown –Rachel Rokicki, Jennifer Robbins, Courtney Snyder, Meredith McGinnis y Katie Conneally–, supe que estaba en buenas manos. También en el terreno del *marketing*, gracias a la generosidad del gurú de las redes sociales Gary Vaynerchuk y su hermano A.J., tuve la oportunidad de aprender directamente del experto en *marketing* Sam Taggart cómo era en la práctica el proceso de lanzamiento de los superventas de Gary. Lo que aprendí de Sam es inestimable.

Les estaré eternamente agradecida a dos amigas que, a pesar de sus apretadas agendas, leyeron y editaron diligentemente cada página de las primeras versiones del manuscrito. Cuando mis palabras eran confusas o incoherentes, siempre podía contar con Diana Weynand, autora de renombre, para que me lo hiciera ver, a su manera amable y compasiva. Como empresaria que es, me ayudó además a mantenerme (relativamente) cuerda durante el proceso de dirigir un negocio y escribir un libro al mismo tiempo. Mi amiga Cathy McNally, una mujer polifacética y de muchísimo talento, contribuyó también a la claridad del libro con su agudeza y su habilidad para la redacción y la edición, de las que me beneficié enormemente. Célebre por su ingenio, me aportó en muchos momentos la ligereza que tanto necesitaba, en la producción del libro y en mi vida.

Cuando estaba a punto de terminar, mi amiga Linda Marchesani me ayudó a pensar en cómo editar un capítulo que se me resistía, nada menos que durante sus vacaciones. Fue una ayuda impagable.

## Agradecimientos 339

Otras personas cuyos comentarios y sugerencias me ayudaron enormemente son Dianna Ploof, Kerry Beck, Susan Merzbach, Rita Hardiman, Lee Bell, Rene Carew y Matt Ouellett. También quiero dar las gracias de todo corazón al profesor, y buen amigo, Gerry Weinstein, que a lo largo de los años me ha permitido generosamente adaptar aspectos de sus formidables estudios sobre educación humanística y de sus cursos formativos de autoconciencia tanto en mis talleres como en este libro.

Todo el mundo necesita una sección de animadoras y animadores, y la mía tenía varias gradas de altura y una milla de profundidad: mi padre, Edward Young, y el segundo amor de su vida, Leslie Fitzgerald; mi tía Marion Lapham y mi tío Art Warren; mis dos hermanas, Susan y Debbie, y mis hermanos Peter y Mark, y sus cónyuges.

Me siento muy afortunada de haber podido contar con tal cantidad de personas queridas que durante tres años esperaron pacientemente a que llegara el día en que dejara de responder a sus llamadas e invitaciones con un «Lo siento, ahora no tengo tiempo de hablar/ no puedo ir/ no puedo quedarme. Estoy trabajando en el libro». Entre ellas están mis buenas amigas Susan DeSisto, Ange DiBenedetto, Lynn Werthamer y Keitheley Wilkinson. Gracias también por el apoyo virtual a Barbara Winter, Steve Coxsey y Dyan DiNapoli.

Mi ética de trabajo se la debo entera a mi madre, Barbara Young. Mientras yo estaba en la universidad investigando sobre lo que acabaría siendo la base de este libro, mi madre trabajaba incansablemente como conserje del segundo turno en la misma universidad. Si siguiera viva, sé que estaría orgullosa de su «hija escritora».

Un agradecimiento especial a mi asistente virtual (y mucho más) Lisa Tarrant, que se encargó magníficamente de todo lo relacionado con ImpostorSyndrome.com mientras yo estaba ocupada con el libro.

**340**   El síndrome de la impostura

Retrocediendo en el tiempo... Les debo mucho a las personas que estuvieron en los inicios de mi investigación del síndrome de la impostura. Entre ellas se encuentran las quince profesionales a las que entrevisté para mi tesis doctoral sobre las barreras íntimas a los logros profesionales de las mujeres. Sus percepciones y observaciones influyeron en mi manera de enfocar todo el trabajo que realizaría a continuación. A mi amiga Lee Anne Bell, con quien diseñé y facilité los primeros talleres sobre el síndrome de la impostura hace unas tres décadas. Y al profesorado fundador del programa de Justicia Social en la Educación (ahora Educación para la Justicia Social) de la Universidad de Massachusetts, por ayudarme a ampliar mi perspectiva.

Y lo que es más importante, siempre estaré en deuda con los cientos de miles de mujeres y hombres que han asistido a mis talleres a lo largo de los años y sin los cuales este libro no habría sido posible. Hubo quienes me contaron en privado su historia de impostura y quienes la contaron con valentía durante el taller, a veces delante de varios cientos de caras desconocidas. Gracias también a las innumerables personas que me han enviado correos electrónicos a lo largo de los años para compartirme sus experiencias de «impostoras», con frecuencia dolorosas. De un modo u otro, todas sus voces están reflejadas en estas páginas.

Por último, debo dar las gracias a las codescubridoras del fenómeno de la impostura, las psicólogas Pauline Clance y Suzanne Imes, a quienes está dedicado este libro.

# Nota de la autora

Para las niñas y las mujeres, la separación entre capacidad y confianza es una experiencia tanto individual como colectiva. Ahora que has aprendido a dejar brillar tu propia luz, te invito a que también te ofrezcas como voluntaria o apoyes económicamente a organizaciones sin ánimo de lucro dedicadas a empoderar a niñas y mujeres a nivel local y en el mundo entero. Estas dos organizaciones que te presento a continuación están entre mis favoritas: su trabajo está cambiando seriamente las cosas en nuestro mundo. Puedes obtener más información sobre estas y otras organizaciones nacionales e internacionales en ImpostorSyndrome.com.

La red de organizaciones locales sin ánimo de lucro Girls Inc., fundada en 1864, atiende a niñas de entre cinco y dieciocho años en más de mil quinientos centros repartidos por trescientas cincuenta ciudades de Estados Unidos y Canadá. La organización utiliza programas enfocados en el desarrollo integral de las niñas, impartidos por profesionales especializadas que las apoyan, asesoran y orientan en un entorno fortalecedor en todos los sentidos. Las niñas aprenden a valorarse a sí mismas, descubren y desarrollan sus cualidades y reciben la asistencia que necesitan para hacer frente a situaciones muy difíciles en ocasiones. Las participantes llevan un estilo de vida saludable y activo, y es menos probable por tanto que adopten comportamientos de riesgo; están deseosas de aprender, van bien en los estudios y tienen más probabilidades de seguir estudiando al terminar la educación secundaria. Además, muestran diligencia, perseverancia y resiliencia. Encontrarás información más detallada en GirlsInc.org.

WOMEN'S
FUNDING
NETWORK

La Red de Financiamiento para Mujeres (Women's Funding Network, WFN) es la mayor red filantrópica del mundo dedicada a mejorar la vida de las mujeres y las niñas. La red cuenta con ciento sesenta y seis centros repartidos por veintiséis países, y los fondos que aportan las mujeres afiliadas a la red sirven para proporcionar subsidios y soluciones a otras mujeres, con la firme creencia de que un mundo en el que las mujeres y las niñas viven mejor es un mundo mejor para toda la humanidad.

Encontrarás más información en womensfundingnetwork.org.

# Índice

abandono, crítica y, 185
Abzug, Bella, 73
actividades creativas, síndrome de la
    impostura y, 54-57, 64
adicción al trabajo, 99-100
admisiones universitarias
    oficina de, 46
    por herencia, 127, 159-160
adulación intelectual, 102, 117
aguantar, *véase* estrategia de «fingir
    hasta conseguirlo»
aislamiento, 54, 60, 207-212
*Algo para recordar* (película), 214
arrogancia intelectual, 271
Asociación de Mujeres Camioneras, 15
aspiraciones profesionales, 62, 92
asumir riesgos, 45, 275-282, 289-294
autoafirmación, 47-48
autocompasión, 191-192
autoconciencia, 93-94
autoconfianza, 49, 53, 57, 62, 77-78
autoestima, 29, 62, 63, 216, 221, 230,
    238, 241
autónomo, trabajo, 230
autosabotaje, 106-111

Babcock, Linda, 85
Bach, James, 142
Banco Mundial, 199

Barbie, muñecas, 92
Barry, Dave, 80
Baxter, Jeff, 156
BBC (British Broadcasting Corpora-
    tion), 215
Beck, Martha, 271
béisbol, 168
Bell, Lee Anne, 14, 202
Blair, Jayson, 107
Boone, Daniel, 269
Boothe Luce, Clare, 61, 286
Bradbury, Ray, 122
Brosnan, Pierce, 261
Brown, Helen Gurley, 293
Brown, Linda, 31
Buffett, Warren, 279

calidad satisfactoria, de, (GEQ), 142
calificaciones, 41, 44
Cameron, Julia, 141
Campbell, Jane, 249, 268
Canadá, 57
capacitismo, 17, 302
carisma, 128-129
*Carlitos y Snoopy*, dibujos animados
    de, 297
Carnegie, Dale, 165
catalizador, 199
Catz, Safra, 236

**344**    El síndrome de la impostura

Centro Teológico de Boston para Mujeres, 169

Centros Wellesley para Mujeres (Massachusetts), 59

charlatanería, la, 254-273, 295

Chartrand, James, 75

Cheadle, Don, 55

Chesterfield, conde de, 165

Child, Julia, 312

Chipps, Genie, 287

Chisholm, Shirley, 87

Chung, Connie, 289

*chutzpah* (audacia con estilo), 282-289, 292-294

científicas, 71

citas y matrimonio, 212-213

Clance, Pauline, 11, 27, 98, 102-104

clarificación de patrones, técnica de, 305-306

clasismo, 17

Clinton, Bill, 81, 107

*coaching* profesional, 244

Coates, John, 277

Collins, John Churton, 13

*Cómo ganar amigos e influir sobre las personas* (Carnegie), 165

compasión, 199

competencia, 9, 11, 16, 39, 59, 135-175, 300, *véase también* éxito

conceptos sociales sobre la mujer, 65, 67-96, 151-152

definición de, 16

desterrar el extremismo, 171-174

estereotipos sobre la, 17, 302

Humildes Realistas, 303-307

Perspectiva de ~ como Genio Natural, 137, 145-149, 166, 172, 174, 232, 263, 304

perspectiva Experta de la, 137, 150-158, 174, 304

Perspectiva Perfeccionista de la, 137-144, 150, 159, 166, 171, 174, 304

Perspectiva Solista de la, 137, 159-165, 169, 172, 174, 263, 304

Perspectiva Superhumana de la, 137, 166-171, 172, 174, 304

tipos de, 137-175

comunicación, género y, 185

conexiones, 33, 133

confianza en una misma, 9, 14, 15, 39, 49, 99, 139, 196, 242, 322, *véase también* éxito

asumir riesgos y la, 278, 282, 294, 295

confianza durante una confrontación, 253

estrategia de «fingir hasta conseguirlo» y, 246-248, 253, 261, 266-267, 274

síndrome de la confianza irracional en una misma, 247, 250, 274

confidencialidad, 163

Consejo Médico Sueco, 71

consumo de sustancias psicoactivas, 107

contenerse, como mecanismo de protección, 97, 101

contexto social, síndrome de la impostura y, 69-96

Covey, Stephen, 266
crítica, 180-186, 189, 193, 303
  constructiva, 177, 187, 303
Cross, Gary S., 240
cuidar y hacer amistades (respuesta
  femenina al estrés), 185-186
cultura académica, 51-52
cumplidos, 117, 132, 134
Curie, Marie, 51, 118
curiosidad, éxito y, 125
curso de excelencia académica, 49,
  101

«De calidad satisfactoria: Más allá de
  la frase de moda» (Bach), 142
declaración direccional, 308
dejar las cosas a medias, 105-106,
  108, 109
delegación, 164-165
Deloitte, 123
deportes, 126, 180-181, 187-188, 260
derechos, lista de, 298-299
DiCicco, Tony, 180, 182
diligencia, 98
dinero/poder/estatus: el modelo del
  éxito, 228-229, 237-238, 241, 280
*Dirty Story* (Ambler), 258
Disney, Walt, 188
doble moral, 72-74, 161, 302
Domínguez, Joe, 239
don de la oportunidad, el, 126, 131, 134
Dweck, Carol, 146, 148

Eastwood, Clint, 171
Edison, Thomas, 187

educación, 41-43, 47, 49-51, 62, 92,
  156, 232, 233
*Education of the Self* (Weinstein), 109
efecto ganador, 277
egolatría, 173
Einstein, Albert, 165
Ejercicio. «¿Qué dice tu reglamento
  personal de la competencia»?»,
  136-137
Eliot, George (Mary Ann Evans), 48
Ellis, Albert, 110
elogios en la infancia, 41-43, 47-48,
  132
empatía, 199, 202
empresariado neozelandés, 240
empresas propiedad de mujeres, 230,
  240
encanto, 104, 108, 117, 122, 128, 131
engrandecimiento propio, 215
Enjoli, anuncio del perfume, 167
equilibrar trabajo y vida personal, 17,
  229-230, 240
Equipo Nacional de Fútbol Femenino
  de Estados Unidos, 180
Ernst & Young, 199
errores, 44, 184, 186, 193, 301, 305,
  322
escabullirse para eludir responsabilidades, *véase* estrategia de «fingir
  hasta conseguirlo»
estereotipos, 20
  el peligro de los, 89
  género y, 87-93
  positivos, 90
  sobre la competencia, 17, 302

**346** El síndrome de la impostura

estilo vocal, 88
estrategias de afrontamiento y protección, 98-119
estrés, 209-211, 236-237
estudiantes, síndrome de la impostura y, 48-53, 57-59, 218
estudiantes de ingeniería/matemáticas/ciencias, 32, 49, 89-90, 210, 269
Estudio sobre la aleatoriedad de la excelencia (Deloitte), 123
estudio «The Supergirl Dilemma», 170
evaluaciones de desempeño militar, 72
Evans, Jennifer, 154
Evert, Chris, 202
excelencia académica, 41, 46-47
*Executive Female*, revista, 28
éxito, 9-11, 16, 41
  aprender a asumir el, 129-133
  colectivo, 46
  contactos y, 31, 127
  de estilo femenino, 228-235
  definición de, 227-229, 233
  don de la oportunidad, el, y el, 126, 131
  en la infancia, 41-46
  estrés y, 225, 236-237
  expectativas y, 33
  financiero, 237-241
  fulminante, 33, 149
  impacto en gente conocida, 200-206
  impulso femenino de proteger y conectar y, 195-222
  inconvenientes del, 227-228
  justificaciones del, 30-32
  miedo al, 17, 225, 237, 243

personalidad y, 128-130, 133
posibles consecuencias del, 197-200
relaciones personales y el, 206-222
suerte, la, y el, 122-125, 131, 133
zona de confort, 242-243
expectativas autoimpuestas, 40
expectativas y mensajes de la familia, 40-48, 64
*Expecting Adam* (Beck), 271
explicadores, hombres, 250-252

falsedad, 231-232
falta de confianza en las propias capacidades y decisiones, 10, 17, 34-35, 268, 273, 300
  cultura organizativa y, 52
  trabajar en solitario y, 54
fanfarronería, 217
Farenthold, Sissy, 72
Farley, Frank, 282
*Feeling Like a Fraud* (McIntosh), 235
Feldt, Gloria, 199
Fels, Anna, 200, 237
«Fenómeno de la impostura en mujeres de consumada valía» («Impostor Phenomenon in High Achieving Women, The») (Clance e Imes), 11-12, 27
Fey, Tina, 173
fingir, 61, 151
«fingir hasta conseguirlo», estrategia de, 246-248, 253, 261, 266-267, 274
Foer, Jonathan Safran, 54
Foster, Jodie, 35
fracaso, 11, 16, 44, 45, 179-184, 187,

188, 193, 322, *véase también* síndrome de la impostura
Frankfurt, Harry G., 257, 261, 264, 268, 271
Frost, Robert, 288
*Fuera de serie (Outliers): por qué unas personas tienen éxito y otras no* (Gladwell), 124

Gates, Bill, 124, 143
General Atomics, 156
género
  arte y, 77
  asumir riesgos y el, 276-279
  competencia, opiniones sobre la, 141, 151, 166
  comunicación y, 185
  crítica y, 180, 181, 185, 193
  deportes y, 90
  estereotipos y, 87-93
  estrategia de «fingir hasta conseguirlo» y, 249-256, 268
  éxito, distinta actitud hacia el, 207-208, 212-215, 230
  fracaso y, 179, 184
  habilidad matemática y, 89, 90, 210, 213, 269
  ira y, 74
  negociaciones salariales y, 315
  perfeccionismo y, 141
  razonamientos morales y, 196
  síndrome de la impostura y, 18-21, 51, 60, 68-73, 90-91
  tareas domésticas y, 80
Gilligan, Carol, 196-197, 200, 207

Ginsburg, Ruth Bader, 79-80
Girl Scouts, 220
Girls Inc., 92, 100
Gladwell, Malcolm, 124, 126
Gless, Sharon, 214
Godwyn, Mary, 238
*Good Enough* (Yoo), 46
Google, 15
grados, 46, 49, 157, 233
Graham, Martha, 57
Grant, Hugh, 107
Gray, Peter, 190
guías personales, 190-191

hablar en público, miedo a, 290
hacer trampas, 29
Hall, Starr, 288
Hammer, Armand, 124
Hanks, Tom, 97
Hardiman, Rita, 87, 314, 316
Harvard, Facultad de Ciencias Empresariales de, 236
Harvard, Universidad de, 15
Harvey, Joan, 45
Hawking, Stephen, 288-289
Heath, Erica, 247
Heim, Pat, 220
Heimel, Cynthia, 275
Hello Fresh, 15
Holtz, Sara, 152
Home Depot, 287
Hopper, Grace Murray, 291
humildad, 282
Humildes Realistas, 303
humor, sentido del, 104, 185

**348** El síndrome de la impostura

IBM, Corporación, 144
*I'm Wild Again: Snippets from My Life and a Few Brazen Thoughts* (Brown), 293
Imes, Suzanne, 11, 27, 98, 102, 103
improvisar, *véase* estrategia de «fingir hasta conseguirlo»; «fingir hasta conseguirlo», estrategia de
*In a Different Voice* (Una voz diferente) (Gilligan), 196-197
inautenticidad intelectual, 102
*Inc.*, revista, 240
industria del entretenimiento, 54-55, 70
infancia
juegos por parejas, 79
raíces del síndrome de la impostura en la, 40-48
Informe Bloomberg, 279
«Inseguridad crónica: ¿Por qué afecta a tantas mujeres?» (Rollin), 300
Instituto Nacional del Cáncer (Estados Unidos), 15
Instituto Tecnológico de California, 30
Instituto Tecnológico de Massachusetts (MIT), 15, 62
inteligencia, 25, 50, 90, 99, 100, 145-147, 217
social, 129
intuición, 282
Isherwood, Christopher, 122

Jackson, Bailey, 87
Jacobs, A. J., 56
Jessup, Claudia, 287
Jesús, 165

Jobs, Steve, 143
Jordan, Michael, 188
juego de las dos verdades y la mentira, 293
Junta Asesora del Congreso sobre la Defensa contra Misiles, 156

Kaiser, Henry J., 163
Keillor, Garrison, 294
Keller, Helen, 282
Kerouac, Jack, 190
Kets de Vries, Manfred F.R., 311
Kissinger, Henry, 163
Koppel, Ted, 254-256, 320
Kripalvananda, 317
Kristof, Nicholas, 278

*La bolsa o la vida* (Domínguez y Robin), 239
Laboratorios Bell, 128
Landrum, Gene N., 284
*Las mujeres no se atreven a pedir: saber negociar ya no es solo cosa de hombres* (Babcock y Laschever), 85
Laschever, Sara, 85
Lauder, Estée, 284, 294
Laybourne, Gerry, 53
lealtad, 201, 204
Lee, Jennifer, 91
Lehman Brothers, 278
Leonardo da Vinci, 135
Lieberman, Nancy, 202
*Life*, revista, 287
Lincoln, Abraham, 188

## Índice     **349**

lista de logros, 129-133
logros
    acción afirmativa, 63, 71-72
    *Acusados* (película), 35
    Alter, Jonathan, 254
    Amanpour, Christiane, 122
    Ambler, Eric, 258
    Angelou, Maya, 55
    ansiedad, 35, 39, 61, 62, 106, 111, 114, 227, 229, 234, *véase también* éxito
    Armstrong, Thomas, 50
    Aronson, Joshua, 89
    arte, género y, 77
    Asimov, Isaac, 143
    Asociación Estadounidense de Psicología, 28
    Astaire, Fred, 191
    atletismo, 126, 181, 187-188, 260
    autenticidad, 281
    Avon, 23, 100
    diversidad de logros, *véase* éxito
    edadismo, 17
    hablar de, 84-87
    historia de logros, creación de, 129-133
    horrorificación, 110
    ira, género y, 74
    lista de, 130-133
    paradoja de los logros, 91
Londono, Zoe, 201
Lorde, Audre, 316
*Los Angeles Times*, periódico, 250
*Los hombres me explican cosas* (Solnit), 250-251

Maathai, Wangari, 39
Macy, Rowland H., 188
*Mamma Mia!* (película), 261
Mandela, Nelson, 187
«mandonas», mujeres, 220-222
matemáticas, género y, 89-90, 269-270
materialismo, 237
matrimonio y citas, 212-213
Matthews, Gail, 28
McIntosh, Peggy, 59, 203, 235
McKinsey, 199
Mead, Margaret, 282
Meharry, Facultad de Medicina, Nashville, 15
Men with Pens (Hombres, pluma en mano), 75
Mencken, H.L., 283
mentalidad
    de crecimiento, 147-148
    fija, 146-147
mentir, 258-263
*Miami Herald*, periódico, 80
Microsoft, Corporación, 124, 142
miedo, 118, 195, 289, 305, 310, 317, *véase también* síndrome de la impostura
    al éxito, 17, 225, 237, 242, 243
    al fracaso, 177, 192
Miguel Ángel, 149
Mills, Donna, 214
*Mindset: actitud de éxito* (Dweck), 146
mitos y etiquetas en las familias, 45-46
modestia, 218, 268
Moody's (organización), 15
Morley, Christopher, 225

**350** El síndrome de la impostura

mujeres músicas, 72
Murphy, Susan, 221
Muybridge, Eadweard, 251
Myers, Dee Dee, 67, 80-82, 85

«Nadie tiene ni p*ta idea de lo que hace (o "Los tres tipos de conocimiento")» (Schwartz), 262
NASA (Administración Nacional de Aeronáutica y el Espacio), 15
Nast, Condé, 286
Navratilova, Martina, 202
Nelson, Mariah Burton, 202
nepotismo, 127
*New York Times*, periódico, 107, 278, 300
*Newsweek*, revista, 213, 260
Nidetch, Jean, 155-156
Nightingale, Earl, 125
*Nightline* (programa de noticias), 254
*No Excuses: 9 Ways Women Can Change How We Think About Power* (Feldt), 199
«No te preocupes, bonita», 183
Northrop Grumman, 156

Ochoa, Ellen, 289
O'Connor, Sandra Day, 62
«On Bullshit» (Sobre la charlatanería) (Frankfurt), 257
Oracle Corporation, 236
ordenadores, 124
organizativa, cultura, 52, 58, 64
Orwell, George, 190
Oxygen Media, 53

Panetta, Leon, 82
parental
  culpa, 205
  sensación de fingir saber, 27
Parks, Rosa, 288
parto, 280
patrón de comportamiento limitador, autopromoción, 109-116
*People*, revista, 213
percepciones distorsionadas, 103-104
perfeccionismo, 41, 53, 139, 144
perfil discreto o continuamente cambiante, mantener un, 98, 102, 109-110,
Perls, Fritz, 290
*Perseverance* (Wheatley), 291
personalidad
  de tipo A, 88
  de tipo T, 282
personas con discapacidad, síndrome del impostor y, 61
Perspectiva de la competencia como Genio Natural, 137, 145-149, 166, 172, 173, 232, 263, 304
Perspectiva Experta de la competencia, 137, 150-158, 172, 174, 304
Perspectiva Perfeccionista de la competencia, 137-144, 150, 159, 166, 171, 174, 304
Perspectiva Solista de la competencia, 159-165, 169, 171, 174, 263
Perspectiva Superhumana de la competencia, 137, 166-171, 172
pertenencia, sentido de, 57-60, 63, 210
pesimismo defensivo, 111

## Índice  351

Peters, Tom, 275
Pfizer, 15
Pink, Daniel, 199
plagio, 29, 73, 165
Plath, Sylvia, 190
potenciación de la parte contraria, estrategia de (other-enhancement), 106
práctica, 147
prejuicios sexistas, 93-96, 151
Premio Stevie, 24
Premios Óscar, 35
preparación obsesiva, 99-100
Presley, Elvis, 190
procrastinación, 98, 104-105, 108
Procter & Gamble, 15
profesorado, 72
profesoras de ciencias, 72
*Profiles of Female Genius: Thirteen Creative Women Who Changed the World* (Landrum), 284
promociones laborales, 67, 86, 101, 207-210

Quindlen, Anna, 242

racismo, 17, 95, 302
Radio Pública Nacional de Estados Unidos (NPR), 215
«Rant About Women, A» (Shirky), 215
raza y etnia, síndrome de la impostura y, 23, 61-64, 74, 91, 95
razonamiento moral, 197
Red de Financiamiento para la Mujeres (WFN), 342

regla del poder paritario, 221
relaciones
    éxito y, 206-222
    sentimientos de fingir y las, 27-28
«Repensar el síndrome de la impostura» (taller de la autora), 14
Revlon, 23, 100
Rich, Adrienne, 93
riesgos
    emocionales, 281, 293-294
    éticos, 281
    financieros, 280, 295
    para la salud y la seguridad, 280
    recreativos, 280
    sociales, 280-281
Roberts, Robin, 125
Robin. Vicki, 239
Roché, Joyce, 23, 100
Rock, Chris, 148, 240
*Rocky Mountain News*, 247
Rodríguez, María, 31
Rogers, Melissa, 218
Rogers, Will, 154
Rollin, Betty, 19, 300-301
Ronstadt, Linda, 214
Roosevelt, Eleanor, 95, 189, 195, 290
Rumi, 163
Russell, Bertrand, 23, 247
Ruth, Babe, 187
Ryan, Liz, 23

salarios, 67, 85-86, 219
Sandberg, Sheryl, 83, 207
Sandrow, Hope, 122
Sassen, Georgia, 203

**352** El síndrome de la impostura

satisfacción laboral, 17
Sawyer, Diane, 214
Schwartz, Steve, 248, 262
seguir la corriente, *véase* estrategia de «fingir hasta conseguirlo»
Seidman, Ricki, 81
sensibilidad, 199, 282
sentimiento de culpa, 192
sentimientos fraudulentos, 14, 24-33, 36, 39, 55, 58, 59, 64, 96, 97, 114, 121, 138, 235
sesgo por interés personal, 179
sexismo, 63, 94, 302
Shadegg, Stephen, 286
Shapiro, Laura, 259-260
Shirky, Clay, 215
*7 clases de inteligencia: identifique y desarrolle sus inteligencias múltiples* (Armstrong), 50
*7 hábitos de la gente altamente efectiva* (Covey), 266
Sills, Beverly, 87
simpatía, 30, 128, 292
síndrome de autoconfianza irracional (ISC), 247, 250, 274
síndrome de bajo esfuerzo, 101
síndrome de la impostura, 10-16, *véase también* éxito
ansiedad y el, 35, 39, 61, 62, 106, 111, 114, 227, 229, 234
antes y ahora, 16-18
apoyo y, 36
arrogancia en el, 132
asumir riesgos y el, 45, 275-282, 289-294

autoestima y el, 29, 62, 63, 220-221, 230
celebridades y el, 40, 54-57
clase socioeconómica y el, 57-59
cómo superar el, 36-38
contexto social y el, 69-96
cuestionario sobre el, 24-25
cultura organizativa y el, 52, 58, 64
definición del, 28
educación y el, 41-44, 46, 49-51, 62, 92, 156, 232-233
ejemplos del, 23
estudiantes y el, 48-53, 57-60, 218
expectativas socioculturales y el, 16
expectativas y mensajes familiares, 40-48, 63-65
género y el, 18-21, 51-52, 59-60, 68-73, 91
incidencia del, 27
inseguridad y el, 9, 17, 34-35, 62, 69, 195-196, 204, 226, 228, 243, 253, 268, 273
mecanismos de afrontamiento y protección y el, 97-119
orígenes y agravantes del, 40-65
personas discapacitadas y el, 61
prejuicios sociales y el, 65, 67-96
raíces del ~ en la infancia, 40-48
raza y etnia y el, 23, 61-62, 74, 91
sensación de ser un fraude, la, y el, 23-33, 36, 40, 55, 59, 65, 92, 97, 104, 107, 112, 114, 121, 136, 203, 235

**Índice** **353**

sentirse representante de todo un grupo social y el, 61-64
simpatía y, 30, 128
talleres sobre el, 14
trabajar en solitario y el, 53-54, 63
trabajo creativo y el, 54-57
síndrome de respuesta masculina, 249, 268, 274
Siriano, Christian, 245
*60 Minutes* (programa de información periodística), 35
Smith, Harry, 240
Smith College, 15, 31
socialización, 209, 264
Sociedad Internacional de Mujeres Ingenieras, 15
socioculturales, expectativas, 16-17
socioeconómica, clase, 57-60, 90-91
Sócrates, 165
Solnit, Rebecca, 250-252
Sotomayor, Sonia, 58
Southwestern University (Texas), 250
Spielberg, Steven, 285-286
Spitzer, Eliot, 107
Steele, Claude, 89
Stephanopoulos, George, 81
Stoddard, Donna, 238
Streep, Meryl, 56
subidas salariales, 14, 81-82, 85
suerte, 11, 25, 30, 71, 76, 122-125, 131, 132
«Superar el síndrome de la impostora: la falta de confianza de las mujeres en sí mismas y en sus capacidades» (taller de la autora), 14

supervivencia del más apto, 261
Sweeney, Anne, 233

Tannen, Deborah, 259
tareas domésticas, 80
Taylor, James, 246
Taylor, Shelley, 186
Taymor, Julie, 289
técnicas para detener el pensamiento, 192
*10 Reasons Why Women Don't Go into Engineering* (Widnall), 213
testosterona, 278
Thatcher, Margaret, 121
*Time and Money* (Cross), 239
*Today Show, The* (programa de televisión estadounidense), 180
*Todo está iluminado* (Foer), 54
trabajar
en serio, 98-99, 108
en solitario, 53-54
o estudiar en otro país, 57, 60
Tribunal Supremo de los Estados Unidos, 80
«trituradora», declaración, 113
tutores y tutoras, 50
Twain, Mark, 158

*Una nueva mente: una fórmula infalible para triunfar en el mundo que se avecina* (Pink), 199
Universal Pictures, 285
universidad, vuelta a la ~ en la edad madura, 32
Universidad de Cambridge, 277

**354** El síndrome de la impostura

Universidad de Columbia, 279
Universidad de Duke, 168
Universidad de Georgetown, 259
Universidad de Oxford, 15
Universidad de Princeton, 58
Universidad de Stanford, California, 15
Universidad de York, Canadá, 52
Universidad del Estado de Georgia, 27
Universidad del Temple, Filadelfia, 282
Universidad Wake Forest, 246
universidades históricamente negras, 63
Uslan, Michael, 55
*Utne Reader*, revista, 249

*Vanity Fair*, revista, 286, 287
visualización, 188
*Vogue*, revista, 286
vulnerabilidad, 281

Walker, Madam C.J., 289
Wall Street, operadores de, 277-278
Washington, Denzel, 289
Wasserstein, Wendy, 312
Weight Watchers (plan de adelgazamiento personalizado), 156

Weinstein, Gerald, 109, 111, 305, 307
Weisz, Rachel, 201
Wenneras, Christine, 71-73
Wheatley, Margaret, 291
White, Jennifer, 144
«Why James Chartrand Wears Women's underpants» (Por qué lleva James Chartrand ropa interior de mujer), 75
*Why Women Should Rule the World* (Myers), 81-82
Widnall, Sheila, 177, 213
Williams, Andy, 40, 44
Williamson, Marianne, 310
Wilson, Woodrow, 163
Winfrey, Oprah, 312-313
Winslet, Kate, 55
Wold, Agnes, 71
Wooden, John, 157
Woodward, Bob, 320
WorldWIT, 23
Wyse, Lois, 88

Yoo, Paula, 46

Zhou, Min, 91
Zorn, Diane, 52

editorial **K**airós

Puede recibir información sobre
nuestros libros y colecciones inscribiéndose en:

**www.editorialkairos.com**
**www.editorialkairos.com/newsletter.html**

Numancia, 117-121 • 08029 Barcelona • España
tel. +34 934 949 490 • info@editorialkairos.com